VILLE LIBRE ET BARONS

ESSAI

SUR

LES LIMITES DE LA JURIDICTION D'AGEN

ET

SUR LA CONDITION DES FORAINS DE CETTE JURIDICTION
COMPARÉE A CELLE DES TENANCIERS DES SEIGNEURIES
QUI EN FURENT DÉTACHÉES

Par G. THOLIN

ARCHIVISTE DU DÉPARTEMENT DE LOT-ET-GARONNE.

PARIS
ALPHONSE PICARD
RUE BONAPARTE, 82

AGEN
J. MICHEL ET MÉDAN
RUE PONT-DE-GARONNE, 16

1886

ESSAI
SUR LES LIMITES DE LA JURIDICTION D'AGEN

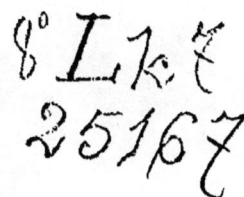

VILLE LIBRE ET BARONS

ESSAI

SUR

LES LIMITES DE LA JURIDICTION D'AGEN

ET

SUR LA CONDITION DES FORAINS DE CETTE JURIDICTION
COMPARÉE A CELLE DES TENANCIERS DES SEIGNEURIES
QUI EN FURENT DÉTACHÉES

Par G. THOLIN

ARCHIVISTE DU DÉPARTEMENT DE LOT-ET-GARONNE.

PARIS | AGEN
ALPHONSE PICARD | J. MICHEL ET MÉDAN
RUE BONAPARTE, 82 | RUE PONT-DE-GARONNE, 10

1886

INTRODUCTION.

Cette préface commencera par une excuse ou, si l'on veut, par une explication. Un ouvrage doit répondre à l'annonce, et l'on aurait quelque droit de chicaner sur une partie du titre donné à une fort petite monographie : *Ville libre et barons*. La première ligne, en grosses capitales, n'est-elle pas hors de mesure ? Le sous-titre est plus exact sans doute ; c'est bien avant tout une étude de géographie historique que l'on va lire : il y sera question de bornage, de petits Rubicons agenais, que l'on passe et repasse, avec des escortes de soldats ou d'huissiers ; tantôt une guerre véritable, courte et décisive, tantôt une procédure longue et boiteuse décideront du sort de quelques paroisses. Voilà bien le côté précis, local de ce mémoire. Mais, comme les acteurs dans ces luttes, les parties dans ces procès sont toujours, d'une part, une ville royale aux institutions libres, d'autre part de grands seigneurs, le récit de ces duels sur une étroite frontière devient en réalité une histoire de *Ville libre et barons*, et c'est là ce qu'il fallait accuser.

Le territoire de la juridiction d'Agen n'était pas fort étendu et l'intérêt que peuvent offrir ses variations de limites est presque secondaire si l'on ne remonte pas aux causes. Il faut tenir compte de l'époque où l'état ancien fut modifié, qui est la guerre de cent ans; puis on peut faire valoir la situation, la force et les moyens d'action des antagonistes : une commune, non pas un petit village mais Agen, la plus grande ville de Guyenne après Bordeaux; la féodalité, représentée par les puissantes familles des Durfort, des du Fossat et des Montpezat. Les partis en présence peuvent avoir pour auxiliaires les rois eux-mêmes, car la juridiction d'Agen touche souvent aux frontières entre Anglais et Français. Ainsi la lutte entre deux principes opposés au moyen âge et parfois aussi la lutte entre deux nationnalités se trouve engagée à propos de quelques centaines de carterées.

C'est assez pour que nous puissions saisir quelques traits de la politique à double jeu des rois, qui, tour à tour ou simultanément, protègent et ménagent les communes et les seigneurs. Donner à ceux-ci des terres, au détriment des communes ; accabler les communes de privilèges, comme compensation : telles sont les petites habiletés mises en œuvres par des souverains trop souvent impuissants à faire respecter leurs propres droits et moins capables de défendre leurs sujets qu'empressés à tirer parti de leur fidélité.

Ces appréciations ressortent même du récit de fort petits évènements. On pourra voir comment des seigneurs voisins d'Agen ont constitué de beaux fiefs aux dépens d'un domaine royal et l'on saura pourquoi les privilèges de la ville d'Agen ont été constamment accrus jusqu'à une période avancée du moyen âge, l'an 1370, tandis que son territoire était réduit.

Quel est la portée de cet enseignement ? S'agit-il d'un fait particulier, ou doit-on croire que dans tout le pays d'Agenais et dans les régions voisines ou éloignées il s'est produit des incidents de même nature ? La discussion de ce problème ne sera pas abordée dans cette monographie qu'il fallait bien limiter. D'autres pourront entreprendre des études comparatives. Il n'est pas indifférent toutefois de bien poser la question pour l'Agenais.

Voici le fait à expliquer. Dans notre pays, au XIIIe

et au xive siècle, les juridictions libres, comtales jusques à la mort d'Alphonse de Poitiers, royales depuis, étaient plus nombreuses ou mieux plus étendues que les juridictions seigneuriales. Nous en avons pour témoignages nombre de documents qui seront cités au cours de ce mémoire : la liste des bailliages sous Alphonse de Poitiers, en 1259; les dénombrements fournis en 1271 à l'occasion des prestations de serment faites au roi Philippe-Le-Hardi; une enquête de 1311; les comptes anglais de Filongleye de 1364 à 1370, les comptes français de Jean de Léglise de 1372 à 1374, etc.

D'autre part, toute une série de documents du xvie et du xviie siècle prouvent qu'alors, dans l'Agenais, les juridictions seigneuriales l'emportaient de beaucoup comme nombre et comme superficie sur les juridictions royales.

Une révolution s'est donc produite dans notre pays de la fin du xive siècle au xviie. La féodalité a gagné du terrain sur les communes. Ainsi, quelle que soit son origine, son expension dans notre pays, est relativement moderne. Pour les seigneuries voisines d'Agen nous sommes fixés; on peut déterminer chaque étape de la marche en avant des barons. L'histoire des seigneuries plus éloignées de la capitale reste à écrire. En cherchant bien, on trouvera, je le présume, que les incidents varient d'une juridiction à l'autre, mais qu'à voir l'ensemble, les mêmes causes ont produit les mêmes effets. Dans l'Agenais, la guerre de cent ans a eu pour résultat de doubler, de tripler les domaines des familles féodales. Cette révolution politique ou, si l'on veut, cette transformation géographique devait entraîner peu après une révolution sociale.

Après avoir déterminé les limites de la juridiction d'Agen, j'ai cru qu'il importait de définir autant que possible la condition des forains. Dès lors une comparaison s'imposait d'elle-même : les forains détachés du bailliage d'Agen pour être placés sous la main des barons, ont-ils perdu ou gagné à l'échange ? Des procès considérables, qui ont agité tout le pays, au cours des deux derniers siècles, fournissent assez d'éléments pour répondre à cette question.

La théorie des faits accomplis n'est pas moderne : on invoquait autrefois la prescription pour justifier les usurpations. Des contrats consentis plus ou moins librement constataient un état présent, en faisant abstraction du passé, et créaient de nouveaux droits. Les seigneurs qui avaient bénéficié du démembrement de la juridiction d'Agen exercèrent le droit de justice sur les territoires occupés, sans aucune contestation, à partir de certaines dates déterminées, antérieures à la fin du moyen âge. Mais leurs prétentions allèrent plus loin. Ils s'arrogèrent peu à peu des droits fonciers sur toutes les terres des paroisses réunies à leurs baronnies. Cette transformation du régime de la propriété fut consacrée au XVIe siècle par des transactions, qui laissent supposer une contrainte subie par les justiciables devenus aussi des tenanciers. Rien de plus difficile à débrouiller que cette période de transition. Dans les procès soutenus au siècle dernier par les forains détachés de la juridiction d'Agen contre les ducs d'Aiguillon, barons de Madaillan, certains faits sont mis en pleine lumière, mais leur interprétation est contraditoire. J'ai dû faire l'histoire de ces procès sans pouvoir répondre avec toute la précision désirable à ces questions : comment les seigneurs ont-ils acquis la directe sur des territoires autrefois libres? Comment n'y a-t-il pas eu de distinction entre le droit de justice et la directe dans un pays de franc-alleu comme l'Agenais ?

Un aspect nouveau du régime féodal nous apparaît donc à une époque qui passe à tort pour marquer la décadence de la féodalité. Un tel sujet fort complexe est bien digne d'études. Dans notre pays, le régime territorial de la féodalité daterait seulement de la dernière période du moyen-âge. L'imposition de charges nouvelles ou l'aggravation des charges anciennes deviennent des conséquences de ce développement durant la première période des temps modernes. Ce n'est pas un fait isolé, particulier aux paroisses détachées de la juridiction d'Agen. C'est bien là ce que nous révvèlent les factums des tenanciers de la baronnie de Montpezat, comme ceux des syndics de Madaillan, et nombre de transactions que nous aurons à citer, et les cahiers des doléances du tiers-état de l'Agenais rédigés pour les Etats généraux de 1588 et 1614. L'époque moderne est donc celle de la progression de cette féodalité qu'un historien de la région [1] a qualifié fort justement de *féodalité rentière*.

---

[1] M. Georges Bussières. *Etudes historiques sur la Révolution en Périgord* 2ᵉ partie. Bordeaux, Chollet, 1885.

« Les cahiers (du Tiers-Etat du Périgord, en 1789) nous montrent, dit-
« il, la féodalité réduite à sa plus ingrate expression: de seigneur à tenan-
« cier il n'est plus question que d'argent. La féodalité d'apparat n'est plus,
« mais la féodalité rentière a la vie dure. Elle est aussi lourde que le fisc. »
(p. 103).

Ces observations sont parfaitement applicables à l'Agenais pour la période qui commence au milieu du XVIᵉ siècle et finit en 1789.

Tels sont les aperçus qui ressortent d'une simple monographie. Nous verrons l'unité se faire peu à peu dans la juridiction d'Agen pour l'égale répartition des charges entre tous. Après la période des contrats particuliers, des privilèges aux termes desquels les forains contribuent d'une façon inégale aux impositions, un nivellement s'opère au xv⁰ et au xvi⁰ siècle et c'est justice.

Parallèlement, l'égalité s'établit dans les juridictions seigneuriales voisines, mais d'après quels principes ! Est-ce une évolution qui marque comme l'autre un progrès social ? Les emphythéotes, qui étaient le petit nombre, s'élèvent-ils à la condition de propriétaires libres ? Nullement ; tout au contraire, les propriétaires libres, qui étaient en majorité, tombent dans la condition des emphytéotes. Juges dans leur propre cause, les barons ont-ils jamais eu le droit de transformer un jour en débiteurs ceux qui ne leur devaient rien la veille ? Toute la question est là. A cette maxime *nul seigneur sans titre* qui régissait l'Agenais, pays de franc-alleu, les intéressés tendaient à substituer, de leur propre autorité, la maxime opposée *nulle terre sans seigneur*. C'est le régime des transactions imposées, sous peine de procès et de ruine, aux habitants des juridictions seigneuriales durant les xvi⁰ et xvii⁰ siècles.

Cette féodalité rentière nous apparaît plus dangereuse que la féodalité militante du moyen âge. Elle se développa sans opposition possible, souvent à la faveur des guerres, sans grand tapage. En vain quelques plaidoiries sont parfois prononcées au nom de ses victimes, trop faibles pour résister longtemps ; les murailles des prétoires sont sourdes, la grande publicité moderne n'existe pas. Le total subitement grossi des rentes de certaines seigneuries usurpées nous représente le chiffre des petites économies que des centaines de propriétaires auraient pu réaliser, livre par livre, d'une génération à l'autre, s'ils avaient gardé leur condition première. Les tailles avec leurs accessoires, les impositions municipales, les dîmes une fois soldées, il leur fallait donner encore un tiers une moitié en plus pour des censives que ne payaient pas leurs ancêtres. Telle était du moins, au XVIII° siècle, la situation des habitants détachés de la juridiction d'Agen,

Il fallut, pour leur rendre leur état ancien et les enrichir à la fois une révolution du pays tout entier : 1789. Nous aurons à dire quelles furent les hésitations du Parlement de Bordeaux, appelé à juger entre eux et les seigneurs ; comment, après leur avoir donné gain de cause, il remit tout en question ; comment il les laissa succomber sous le poids des frais à couvrir, sous la charge des procédures à reprendre éternellement. Véritable déni de justice !

De ces contradictions dans les arrêts, de quelques détails, que nous essayons de mettre en relief, se dégage la preuve de l'intérêt exceptionnel qui s'attache aux procès que nous avons à raconter. L'affranchissement des censitaires d'une grande seigneurie de la Guienne aurait eu pour résultat de faire discuter les titres de nombre d'autres seigneurs ; déjà, dans toute la région, on entrait largement dans cette voie de la vérification des actes primitifs. Une révolution sociale bienfaisante pouvait donc s'accomplir au XVIIIe siècle, paisiblement, par voie judiciaire, dans notre pays sinon dans la province. Les magistrats l'ont pressenti ; mais, effrayés de leur responsabilité, se sentant ou trop au-dessous d'une grande tâche ou trop mal secondés pour mener à bien une juste réforme, ils ont préféré eux aussi reconnaître les faits accomplis.

Heureusement les intéressés, les victorieux n'ont pas toujours la force à opposer au droit Leur jouissance peut être longue, elle reste précaire. Parfois même leur conscience proteste contre les iniquités dont ils ont eu le bénéfice. La triste histoire des seigneuries formées du démembrement de la juridiction d'Agen finit par un aveu retentissant bien significatif, en dépit des circonstances fort impérieuses qui l'ont provoqué, et malgré le vague de sa forme oratoire. En 1789, le duc d'Aiguillon fut un des premiers à solliciter l'abolition ou le rachat des droits féodaux. Peut-être avait-il gardé le souvenir des doléances si justes et si mal écoutées de ses tenanciers agenais.

Ainsi de petites questions de limites, une étude terre à terre de la condition des personnes sur notre territoire depuis le XIIIe siècle jusqu'au temps de nos arrière grands-pères — il y aura bientôt cent ans — forment le fonds de ce petit ouvrage. Mais ces épisodes offrent une suite et font entrevoir des conséquences qui grandissent à tout moment le sujet.

Je me suis efforcé de simplifier le récit en évitant les digressions ; c'est pourquoi de véritables chapitres sur nos institutions ont été rejetés en note. Pour ne pas abuser de l'hospitalité déjà si large du *Recueil*, il a fallu faire un choix parmi les pièces justificatives. Les références sont partout indiquées, mais seuls les textes les plus importants figurent dans l'appendice.

Les documents conservés aux archives de l'hôtel de ville d'Agen sont le plus souvent cités simplement sous leur numéro d'ordre (une double lettre et un chiffre) correspondant au classement fixé dans le volume de l'inventaire sommaire.

Une petite carte indiquant les diverses limites de la juridiction d'Agen est placée en tête des pièces justificatives.

PREMIÈRE PARTIE.

LES LIMITES DE LA JURIDICTION D'AGEN
AU MOYEN-AGE

D'après les cadastres établis sous les règnes de Henri IV et de Louis XIII (Arch. d'Agen, CC. 3 et 6), vingt-neuf paroisses rurales faisaient alors partie de la juridiction d'Agen :

Sur la rive gauche de la Garonne, Dolmayrac et Monbuscq ; sur la rive droite, La-Capelle-Renaud, Saint-Sulpice-de-Boë, Sainte-Ruffine, Sainte-Radegonde, Saint-Pierre-de-Gaubert, Saint-Amans, Saint-André, Saint-Caprais-de-Lerm, Cassou, Mérens, Saint-Denis-Lasgourgue, Saint-Ferréol, Saint-Vincent-des-Corps, Serres, Sainte-Foy-de Jérusalem, Artigues, Foulayronnes, Saint-Martin-de-Metges, Saint-Julien-de-Terrefosse, Paulhiac, Monbran, Cayssac, Saint-Cirq, Cardounet, Montréal, Saint-Hilaire-de-Colayrac.[1]

---

[1] Un certain nombre de ces églises paroissiales sont actuellement détruites : Sainte-Ruffine, commune de Boë ; Saint-Vincent-des-Corps ou des Corvs, commune de Bon-Encontre ; Montréal, sur les hauts plateaux de la commune de Saint-Cirq ; Saint-Martin-de-Metges, près du château d'Arasse, commune de Foulayronnes.

La délimitation de ce territoire est déterminée d'une façon précise dans un arpentement de l'Agenais qui fut exécuté en l'année 1605. (Archives départementales, E. St, 590.) Comme les documents de cette nature ne peuvent pas être résumés, j'ai pensé qu'il était indispensable de publier telle quelle, cette pièce tout entière. (Notes et pièces justif. A.)

Une référence aux divisions actuelles permet d'établir approximativement cette démarcation dans ses grandes lignes. La juridiction d'Agen comprenait : 1° à peu près dans leur entier, les territoires de sept communes limitrophes: Le Passage, Boë, Bon-Encontre, Pont-du-Casse, Foulayronnes, Saint-Cirq, Saint-Hilaire ; 2° des fractions de trois autres communes plus éloignées : Bajamont (par. de Saint-Arnaud et de Serres), Castelculier (par. de Saint-Amans et de Saint-Denis), Madaillan (par. de Saint-Julien-de-Terrefosse).

Ce territoire a dans son ensemble la forme d'une losange, dont les angles sont orientés et dont les côtés ont une longueur de 15 kilomètres. D'un angle à l'autre, du nord au sud et de l'est à l'ouest, la largeur est de 18 kilomètres.

Cet état, qui n'a pas varié depuis le xvi° siècle, jusques à la création du département de Lot-et-Garonne, paraît avoir été fixé à la fin du moyen-âge, à la suite de luttes à main armée, dont un petit nombre d'épisodes sont connus, et de longs procès dont les pièces principales ont été conservées.

Il résulte de ces documents que, dès le commencement du xiv° siècle, de nombreuses usurpations commises par les seigneurs, avaient réduit de près d'un tiers l'étendue de la juridiction d'Agen, et, s'il nous est impossible de reconstituer avec précision les limites anciennes, du moins nous pouvons poser quelques jalons sur les frontières perdues et faire connaître tout ensemble quelques-unes des causes de la déchéance partielle d'un domaine royal.

Le sujet est assez complexe pour exiger des subdivisions.

La juridiction d'Agen a été réduite surtout dans la partie nord. Notre premier chapitre en fournira la preuve.

Les variations des limites à l'est et à l'ouest sont peu sensibles et ne nous occuperont pas longtemps.

Nous produirons ensuite quelques pièces relatives aux délimitations du territoire agenais situé au sud, sur la rive gauche de la Garonne.

I

Limites de la juridiction d'Agen au nord. Usurpations des seigneurs de Madaillan et de Bajamont.

Il faut avouer notre ignorance sur les limites réelles de la juridiction d'Agen avant la seconde moitié du xiii° siècle. Les textes font absolument défaut.

Comme les divisions ecclésiastiques ont été communément calquées sur les divisions administratives, on peut conjecturer que cette juridiction avait à l'origine les mêmes frontières que l'archiprêtré d'Agen,[1] qu'elle s'étendait par conséquent sur les rives de la Garonne jusques au confluent du Lot, et, en amont de cette dernière rivière, jusques à Granges. Les limites au nord auraient été tracées dans les communes de Montpezat, Cours, Sembas, Saint-Antoine ; à l'est et au sud, elles n'auraient pas varié.

---

[1] Voir le pouillé du diocèse d'Agen de 1520, publié par M. J. de Bourrousse de Laffore. (*Rec. des tr. de la Soc.*, Ire série, t. VII, p. 86.)

Une portion considérable de ce territoire, à l'ouest et au nord-ouest, dans les cantons de Port-Sainte-Marie et de Prayssas, en aurait été détachée, par suite de circonstances qui nous sont inconnues. L'autonomie de Port-Sainte-Marie, qui devint le chef-lieu d'un bailliage, et resta, comme Agen, une ville royale, fut vraisemblablement assurée à une époque ancienne.

Ce sont là de simples hypothèses.

Les plus anciens témoignages que nous possédions sur les divisions de la partie de l'Agenais comprise entre la Garonne et le Lot se trouvent dans les procès-verbaux de prestation de serment de fidélité des villes agenaises à Philippe-Le-Hardi.

A la mort d'Alphonse de Poitiers, comte de Toulouse, seigneur de l'Agenais, Guillaume de Cohardon, sénéchal de Carcassonne et de Béziers, fut délégué par le roi de France pour recevoir ces hommages. Il parcourut l'Agenais, en 1271, et rallia facilement les villes et les barons à sa cause. Ces assises solennelles fournirent à chacun l'occasion de déclarer quels étaient ses droits et ses possessions.[1]

Seuls, les consuls et les habitants d'Agen négligèrent d'insérer dans l'acte de serment la liste des paroisses de leur juridiction. Mais il est possible de réparer cet oubli et de fixer à peu près les limites de leur territoire en se servant des déclarations de leurs voisins.

---

[1] On trouve des fragments de ces actes dans les archives de Laroque-Timbaud (portefeuille AA. 2), aux archives départementales (E. St, Frespech, FF. 1). Un exemplaire plus complet existe aux archives nationales (Q. 1, n° 254). M. O. Fallières, qui en possède une copie, a eu la complaisance de la mettre à ma disposition. Je fais des vœux pour que M. Fallières publie, sans plus tarder, ce document d'un intérêt exceptionnel.

La partie de l'Agenais qui s'étend entre le Lot et la Garonne était alors divisée en cinq grandes juridictions : [1] Port-Sainte-Marie, qui comprenait dans ses dernières limites, à l'est, les châteaux ou paroisses de Cours, Floirac, Pechbardat, Lusignan ; Sainte-Livrade, qui, se rattachant à Villeneuve, n'atteignait pas le territoire d'Agen ; Villeneuve, qui comprenait, au sud, Noaillac, Monberos (*sive* Fontirou?) et Sainte-Colombe; Penne, qui formait un angle, vers le sud, en englobant Cassignas, Monbalen, Laroque-Timbaut et Bajamont ; Tournon, qui ne nous touchait pas ; Puymirol, qui, à l'ouest, absorbait aussi Laroque,[2] Sauvagnas, Pléneselves, Castelculier.

---

[1] Ces subdivisions sont les mêmes que l'on trouve simplement indiquées dans un état des baylies de l'Agenais de l'année 1259 (Bibl. nation. n° 9019, f° 14. — *Trés. des Chartes*. I. 317, n° 62. Cité d'après Boutaric. *Saint Louis et Alfonse de Poitiers*, p, 175).

On remarque que Villeneuve, alors appelée Villeneuve-de-Pujols, est déjà unie à Sainte-Livrade.

En 1259, l'Agenais tout entier était divisé en 14 baylies ; en 1271, celles-ci étaient toutes royales, moins Sainte-Livrade dont un quart seulement appartenait au roi, successeur des comtes de Toulouse, et peut-être Tournon. De nombreux seigneurs, des abbayes avaient leurs fiefs et leurs domaines particuliers sur ces territoires.

Je ne me suis pas préoccupé des limites extrêmes de ces juridictions dans les autres sens ; et, comme je ne me propose pas de faire une géographie de l'Agenais, il suffira de faire remarquer que le bailliage de Port-Sainte-Marie s'étendait autrefois jusques à Barbaste et Cauderouc, au sud, et que Penne avait des possessions jusques à Monsempron, au nord.

[2] Laroque est cité, avec quelques paroisses voisines, comme faisant partie des deux bailliages de Penne et de Puymirol. Il y avait donc des incertitudes sur quelques limites des bailliages. En pareil cas, chacun, dans les actes officiels, s'attribue les territoires contestés, afin de ménager tous ses droits de revendication.

Ainsi, nous avons pu tracer un demi-cercle complet autour de la juridiction d'Agen, qui reste suffisamment délimitée. Elle est à peu près telle que nous la retrouverons au commencement du xvii° siècle pour ses confrontations à l'est et à l'ouest, mais sur la frontière nord elle est beaucoup plus étendue : les dix-sept paroisses de Saint-Denis, Cardounet, Quissac, Laugnac, Montagusou, Bourbon, Sembas, Lacenne, Boussorp, Saint-Pierre-La-Feuille, Marsac, Lasfargues, Savignac, Fraysses, Doulougnac, Sainte-Gemme, Sauvagnas[1] sont renfermées dans ce périmètre, et, si l'on compare cette large frontière avec celle qui fut plus tard arrêtée aux ruisseaux Bourbon, La Masse et Laurendanne, on constate que les Agenais avaient dû perdre, au nord, un territoire d'une longueur de douze kilomètres, de l'est à l'ouest, sur une largeur moyenne de cinq à huit kilomètres, du nord au sud. C'est plus du tiers de l'étendue du bailliage.

Affirmer que le territoire dont il est question se rattachait à Agen parce qu'il ne dépendait ni de Port-Sainte-Marie, ni de Penne, ni de Puymirol, c'est administrer une preuve négative. Si cette preuve paraît insuffisante, il est facile de la fortifier par la production de documents irrécusables.

On a dû remarquer que le point extrême, au nord, de cette frontière présumée est représenté par la commune de Sembas.

Or, il arriva que douze ans après les reconnaissances reçues par Guillaume de Cohardon, en 1283, le sénéchal d'Agenais pour le roi d'Angleterre,[2] d'accord avec l'abbé de

---

[1] Ces deux dernières paroisses sont mentionnées comme faisant partie de la juridiction d'Agen dans deux pièces des années 1308 à 1316. (*Chartes d'Agen*, n°⁸ CXXXVIII et CXXXIX.)

[2] Dans l'intervalle, l'Agenais avait été cédé au roi d'Angleterre (1279), en exécution du traité d'Abbeville.

Pérignac,[1] jeta les fondations d'une bastide au nord de Sembas. Il avait choisi pour emplacement le plateau à pentes douces de Lacenne. Comme il était d'usage pour les créations des villes neuves, il donna un nouveau nom à cette localité, celui de *Penchavilla* ou *Pictavilla*, c'est-à-dire *Villepeinte*.[2]

Les Agenais protestèrent vivement, parce que Lacenne faisait partie de leur territoire. Ils en appelèrent au sénéchal de Gascogne. Le roi Edouard reçut aussi leurs plaintes et manda au sénéchal d'instruire promptement cette affaire et de prévenir de nouveaux recours à son autorité en remettant toutes choses en leur état primitif.

Les termes de cette lettre royale sont fort impératifs. Mais la complicité du sénéchal dans cette entreprise faisait préjuger la sentence. Celui-ci confia l'enquête à Jean de Gruère et laissa la décision à un commissaire, Bernard de Cassagne, qui l'un et l'autre consommèrent une injustice.[3]

La fondation de Lacenne était un fait accompli ; nous devons mettre au compte de l'abbaye de Pérignac un des premiers empiètements[4] constatés sur le domaine royal qui constituait le bailliage d'Agen.

---

[1] Abbaye aujourd'hui détruite, située sur le territoire de Montpezat. Nous verrons par la suite quelles usurpations elle eut à subir à son tour par le fait des seigneurs de Montpezat.

[2] Voir sur la bastide de Lacenne, note B.

[3] *Qui non habent respectum concientie quem deberunt* (Enq. de 1311. Art. 16. Nous désignerons sous cette rubrique un document fort précieux, publié par M. Tamizey de Larroque, dans les *Arch. hist. de la Gironde*, t. VIII, p. 267. C'est une enquête des usurpations commises sur le domaine du roi en Agenais, datée du 31 mars 1311. Voir note D.)

[4] Déjà, vers 1281, les seigneurs de Castelculier avaient usurpé le territoire de la paroisse de Saint-Amans. (Enq., art. 8.)

C'était de grave conséquence. Non seulement les Agenais perdaient une petite portion de leur territoire, les revenus qu'il produisait, la population détournée vers ce nouveau centre, mais encore ils avaient à craindre le voisinage d'une place forte, en un temps où les amis de la veille pouvaient devenir les ennemis du lendemain.

Ceci doit être expliqué ; il convient de faire une digression plus apparente que réelle sur quelques points qui se relient étroitement au sujet principal de ce mémoire.

Depuis plus d'un siècle, Agen avait subi de nombreuses révolutions politiques sans pouvoir jouer un rôle actif, parce que c'était un ville ouverte.

Lorsque Richard-Cœur-de-Lion avait fait irruption dans l'Agenais, en 1175, à la tête d'une nombreuse armée,[1] ce n'est pas le siège d'Agen qu'il avait eu à entreprendre, mais celui de Castillou, à deux kilomètres de cette ville.

Au milieu du XIIIᵉ siècle, la ville n'était pas encore close ; enfin, au milieu du XIVᵉ siècle, il manquait encore 5,465 brasses à la ceinture des remparts, et les Agenais, en pleine guerre, travaillaient à combler ce vide par des palissades en bois d'aune.[2]

---

[1] *Cum magno exercitu*, est-il dit dans les textes (Voir : Teulet, *Trés. des Chartes*, t. I, p. 115 a ; — *Recueil des hist. de France*, t. XIII, p. 163 d ; — Enq. de 1311, art. 46). Ce dernier document ne laisse aucun doute sur l'identification de Castillou, près d'Agen, avec le *Podium de Castillone*.

Un fait aussi marquant dans notre histoire n'a cependant été relevé par aucun de nos annalistes.

[2] La ville d'Agen avait été quelque temps fortifiée, au commencement du XIIIᵉ siècle, mais ses remparts furent rasés, en 1228 et

Le vieux quartier du château pouvait être protégé par quelques ouvrages de défense, et de même le château de Monrevel, le Temple et l'Evêché;[1] mais on voit que rien ne reliait cet ensemble, que les faubourgs devaient être sacrifiés à la première alerte et que les Agenais étaient bien mal préparés à subir les assauts de la guerre de cent ans.

Entre ennemis, la force des uns est relative et dépend de la faiblesse des autres. Les habitants d'Agen devaient redou-

---

1229, par suite de divers traités. (Voir P. just. de l'éd. Privat, de l'*Histoire du Languedoc*, t. VIII, p. 196, 882, 889.)

En l'année 1242, Raymond VII, comte de Toulouse, prescrit aux consuls d'Agen de clore leur ville (*Chartes d'Agen*, n° XXXVIII).

Au sujet de l'insuffisance des fortifications d'Agen au xiv° siècle, voir trois pièces des archives de la ville, de l'année 1354 (EE. 15), et divers passages du plus ancien de nos livres de jurades BB. 16).

[1] Le château de Monrevel, qui s'élevait sur l'emplacement de l'hôtel de ville actuel, était si bien isolé de la ville que les Anglais purent s'en emparer, en 1345, sans éveiller l'attention des Agenais (BB. 16, f° 8).

Le *Castrum sancti Stephani*, qui paraît avoir compris dans son enceinte la cathédrale, les cloîtres, l'évêché et un cimetière, est cité dans l'enquête de 1311 (article 28).

Le Temple avait été fondé au xii° siècle. Une salle de rez-de-chaussée aux murailles épaisses, complètement voûtée en berceau, qui faisait partie de la maison Aunac, démolie en 1884, était probablement un reste de ce château.

Ainsi trois îlots fortifiés et indépendants les uns des autres existaient dans un périmètre restreint, à l'est et au sud-est de la cité, bordés d'un côté par les Cornières (mentionnées dans l'enq. de 1311, art. 13).

Un faubourg, qui donnait son nom à la chapelle Notre-Dame, s'étendait au sud et communiquait avec le *Castrum sancti Stephani* par la porte Saint-Anguille.

ter d'avoir des voisins mieux armés et considérer avec les plus vives inquiétudes la transformation du pays qui, dès la seconde moitié du xiii⁰ siècle, se couvrait de châteaux et de places fortes.

Dans un grand nombre de provinces de France nul seigneur ne pouvait bâtir un château-fort sans obtenir l'autorisation du roi ou le consentement des communes. Il en était autrement dans l'Agenais, où chacun pouvait élever sur ses terres des constructions à pierre et à chaux, munies de tours, de créneaux et de portes fortifiées.[1]

Le territoire d'Agen ne faisait pas exception ; tout bourgeois d'Agen pouvait y bâtir sur ses propriétés une place forte, et, qui plus est, donner des coutumes à ceux qui viendraient se fixer sur ce domaine.[2]

Une liberté aussi complète n'avait pas créé de périls au temps peu éloigné où les châteaux consistaient en une seule tour en bois ou en pierre, avec une ceinture de palissades et de haies vives ou de simples fossés pour clôture.[3] Mais,

---

[1] Témoin cette charte d'Edouard II du 4 octobre 1316 : *De inquirendo ex parte Amanevi de Fossato super portale prostrato contra consuetudines in Agennesio, ubi domini castrorum et villarum partium earundem castra et villas suas prædictas petra et calce claudere et hernellare ac turres et portalia sine licentia regis facere possint.* (Th. Carte. *Rolles gascons*, t. I, p. 50.)

[2] Coutumes d'Agen, publiées par M. A. Moullié, chapitre XXXI. *Rec. de la Soc.*, 1ʳᵉ série, t. V, p. 296. Nous aurons à citer un exemple de fondation de ce genre à Lamothe-Bézat.

[3] Telle fut, en France, la forme la plus ordinaire des châteaux avant le règne de Philippe-Auguste. Cependant le château de Castillou avait bien des murailles, que fit renverser Richard Cœur-de-Lion et dont il subsiste encore un petit massif appliqué au rocher qui fait face à la ville d'Agen ; toutefois son assiette naturelle, ses

depuis la guerre des Albigeois, qui avait divisé tout le pays, on avait éprouvé la nécessité de mieux assurer la résistance, et, comme par un pressentiment des luttes futures, chacun se préparait à défendre, en même temps que sa vie, ses intérêts et ses opinions. Les villes et les abbayes s'entouraient d'une ceinture de murs crénelés et quiconque, noble ou bourgeois, possédait une vaste étendue de terres songeait à les protéger par un château-fort.

Si donc la bastide de Lacenne eût été fondée par un bourgeois d'Agen, l'opposition des consuls n'aurait eu aucun fondement en droit. Dans un cas pareil, on se contentait d'exiger du fondateur ou du possesseur le serment de bourgeoisie, par lequel celui-ci s'engageait à être *bons e leials als senhors e al cosselhs* d'Agen, à obéir à leurs ordres, à fournir le service militaire *(ost)*, à payer les impositions (*questa e talhada*) pour les biens qu'il possédait ou acquerrait à l'avenir dans la juridiction (*dins los dex ni dins la honor d'Agen*).

Telle est la formule du serment que les consuls d'Agen avaient fait prêter, en 1279, à Rainfroid de Durfort, seigneur

---

rochers à pic, son isolement le protégeaient sans doute mieux que ses courtines.

Le château de Lafox, cité dans un acte de 1239 (voir une étude bibliographique sur le *Cartulaire des Alaman*, publié par MM. Cabié et Mazens, *Revue*, t. X, 1883, p. 274), se composait d'une seule tour en pierre élevée sur une motte entourée par des fossés ; cette tour existe encore. Je ne connais, dans tout notre département, qu'un bien petit nombre de châteaux qu'on puisse attribuer dans leur état actuel à une période antérieure à l'an 1200 : ce sont quelques parties des constructions des Templiers au Temple et au Nomdieu, la tour d'entrée du château de Blanquefort et peut-être les ruines du château de Montgaillard et du petit château de Péchagut (commune de Saint-Astier).

de Bajamont.[1] Et celui-ci avait pu construire ou posséder en paix un château-fort des plus redoutables, situé sur le territoire d'Agen.

On avait vu s'élever sur le même territoire les châteaux de Madaillan, de Savignac, du Castella, de Laugnac, de Castelnoubel, les manoirs de Pléneselves et de Fauguerolles. Et Mérens, et le temple de Sainte-Foy-de-Jérusalem, et celui de Sauvagnas, et Monbran et, peut-être dès cette époque, Artigues, Monbalen, Montréal, complétaient un véritable réseau de places fortes, au cœur du bailliage d'Agen.[2]

En dehors des frontières et tout près (à huit kilomètres) deux formidables citadelles, Lusignan, d'une part, et, de l'autre, Castelculier, enserraient notre territoire.

Telle était, à la fin du xiii° siècle, la situation d'Agen au point de vue militaire. Au point de vue politique, les morts simultanées du comte Alphonse et de la comtesse Jeanne avaient rompu le lien qui, depuis un siècle, avait rattaché notre pays à la fortune des comtes de Toulouse. Cet avantage d'une capitale voisine, de prompts secours aux heures de péril était perdu. Cependant, dans cette grande lutte engagée désormais entre la France et l'Angleterre, il fallait subir les événements. Les crises et les conflits se succédaient de Paris à Londres. Quel devait être le lendemain? Combien d'incertitudes dans l'exécution des traités! Les actes mêmes

---

[1] J'ai publié ce texte dans une étude sur *les Cahiers du tiers état de l'Agenais aux Etats généraux* (*Revue*, t. X, 1883, p. 336 et 337 — tirage à part, p. 68). J'ai cité à la suite des serments pareils prêtés aux consuls par Bertrand de Savignac, seigneur de Mérens, en 1336, et par Aymeric de Noailhac, en 1346.

[2] Voir sur ces châteaux la note C, sur le château de Madaillan la note E.

des souverains en témoignent : après avoir saisi l'Agenais, en 1271, le roi de France le rend à l'Angleterre huit années après,[1] en vertu de conventions qui remontaient elles-mêmes à vingt années (1259). Dans l'intervalle, combien d'intrigues, combien de divisions entre les communes et les seigneurs, selon les intérêts ou les préférences de chacun !

En 1279, Philippe-le-Hardi avait délié les villes et les barons de l'Agenais des serments qu'ils lui avaient prêtés en 1271 ; mais des révolutions politiques si multipliées, des changements aussi soudains ne pouvaient être acceptés par tous d'un cœur impassible. Aussitôt la guerre rallumée, en 1293, chacun reprit sa liberté d'action. Le même fait se reproduisit pendant toute la durée de ces luttes de plus d'un siècle.

Or, il arriva souvent que, tandis que la ville d'Agen manifestait ses préférences pour la cause française, des seigneurs établis dans son voisinage ou même dans sa juridiction, s'allièrent au parti contraire. C'était gagner l'appui des Anglais et, de la sorte, non seulement les seigneurs purent garder des positions défendues par leurs châteaux-forts, mais encore il leur fut assez facile d'accroître leurs domaines.

Nous allons rentrer dans notre sujet en constatant les nouvelles usurpations commises sur le territoire d'Agen.

En 1301, Amanieu du Fossat, seigneur de Madaillan, s'em-

---

[1] Voir la série des pièces relatives à cette cession (*Chartes d'Agen*, n° LX ; — Rymer, t. I, 2e partie, p. 179).

pare des paroisses de Fraysses, Cardounet, Saint-Denis et Laugnac.[1]

Les seigneurs de Pléneselves proclament leur indépendance et de même Rainfroid de Bajamont,[2] sur le territoire de ce nom. Pour mieux affirmer ses prétentions de justicier, celui-ci fait pendre un sergent.

Le seigneur de Castelnoubel, Arnaud de Marmande, avait tenté de secouer le joug quelques années auparavant ; il profite de ces troubles pour se déclarer indépendant en 1306.

Vers le même temps, Paniget (?) de Bajamont, chevalier, crée de sa propre autorité un péage près du château de Bajamont. Ce méfait ne resta pas cependant impuni : le bailli d'Agen arrêta ce seigneur trop entreprenant et le livra au sénéchal Arnaud de Caupène.

Le seigneur de Laugnac occupe les paroisses de Marsac et de Montagusou, du ressort d'Agen, et tente, en l'année 1310, de faire légitimer son usurpation.[3]

---

[1] Il faut peut-être lire Doulougnac.

[2] Le texte de l'enquête de 1311 (voir note D) est fort incorrect. Je traduis par Rainfroid de Bajamont le *Ranfredus de Emalmont* (?) *apud Emalmont* de l'art. 11. J'avais songé à Réalmont pour Monréal, mais la première restitution est plus vraisemblable.

Les indications qui précèdent et qui suivent sont tirées des articles 1, 12, 7, 48, 6 de l'enquête.

[3] Je n'ai cité que les usurpations commises par les nobles sur le territoire d'Agen. Les articles 2, 3, 4, 5, 9, 11 mentionnent brièvement des usurpations commises dans les baillages de Port-Sainte-Marie, Villeneuve, Puymirol et Outre-Garonne par Gautier du Fossat, les Templiers, les seigneurs de Montpezat, de Cours, de Lafox, le vicomte de Bruilhois et les seigneurs de Sainte-Colombe et d'Estillac.

Ainsi, toute la partie nord de la juridiction d'Agen était violemment détachée du domaine royal, et, du même coup, les consuls et les habitants d'Agen étaient frustrés de leurs droits sur ce territoire et de leurs revenus.

Les seigneurs avaient-ils agi avec la complicité des habitants des paroisses? C'est possible. Avant et après ces évènements, des conflits éclatèrent à diverses reprises entre les citadins d'une part et les forains des parties les plus éloignées de la juridiction, d'autre part. Pour ceux-ci, les obligations des corvées et des gardes étaient plus difficiles à remplir que pour les autres, car elles exigeaient de plus grands déplacements. Et de même leur éloignement rendait aussi moins efficace la protection de la ville en temps de guerre. Nous aurons à revenir sur ce sujet dans le chapitre relatif à la condition des forains.

Toutefois l'assentiment des forains, fût-il prouvé, — et il ne l'est pas — ne pourrait justifier la double violation des droits du souverain et de ceux de la ville.

On s'étonnera peut-être que ces coups de main aient été exécutés tous à la fois, avec tant de succès, que la répression n'ait pas été plus active. Mais il faut connaître l'état d'anarchie que nous révèle l'enquête de 1311. Durant les dix premières années du xive siècle, le bouleversement est complet dans notre malheureux pays : aux droits jusque-là reconnus, aux usages établis se substitue partout la loi du plus fort. Les seigneurs ne furent point seuls coupables en ce temps là, mais aussi les mandataires et les représentants du roi tels que les sénéchaux et les baillis, le clergé, les consuls eux-mêmes. La justice est vénale, et les forts et les riches, assurés de l'impunité, donnent un libre cours à leurs haines, à leurs vengeances ; les querelles privées, même entre les seigneurs, se dénouent souvent par de lâches assassinats·

les attentats contre les personnes et contre les propriétés se multiplient. C'est le régime de la terreur précédant la guerre civile.[1]

Ainsi, l'équilibre si laborieusement établi par Alphonse de Poitiers était rompu. Le dernier comte de Toulouse avait assuré l'ordre dans toute l'étendue de ses domaines, en exerçant une surveillance active sur les sénéchaux et sur les baillis ; il avait réduit la puissance des barons, en créant des villes neuves,[2] en maintenant les privilèges et les droits des communes. Son œuvre était compromise. La révolution s'opérait surtout au détriment des pays frontières, à la destinée incertaine, comme d'Agenais. Les souverains étant si éloignés du pays et les crises incessantes, chacun pressentait qu'il fallait d'abord compter sur soi-même. L'impuissance des souverains devenait manifeste puisque leurs droits étaient

---

[1] Pour ne pas être taxé d'exagération, je crois devoir faire la revue sommaire des crimes et des méfaits reprochés aux uns et aux autres ; toutefois, pour éviter une digression nouvelle, je rejette en appendice (note D) ce tableau de l'état du pays au moment où les seigneurs entreprennent leurs usurpations.

[2] On lui doit la fondation des bastides agenaises, de Villeneuve-sur-Lot, Laparade, Castillonnès, Sainte-Foi-la-Grande et Clermont. Les autres villeneuves qui, sous son administration, étaient des chefs-lieux de bailliage sont Puymirol, Saint-Pastour, Monclar, Monflanquin, Villeréal, Tournon (voir : E. Boutaric, *Saint-Louis et Alfonse de Poitiers*, Paris, Plon, 1870, p. 175 et 512.)

L'ouvrage que je viens de citer est un des plus importants qui aient été écrits sur nos institutions du moyen âge. Il nous révèle dans le frère de Saint-Louis un administrateur de premier ordre. Les chapitres II et III du livre V, sur les rapports d'Alphonse avec la noblesse et le tiers état, fournissent assez de preuves de l'esprit de justice du comte de Toulouse et du soin qu'il prit constamment de contenir la féodalité.

aussi facilement sacrifiés. Dans un pareil état, ceux qui bénéficiaient de ces faiblesses auraient-ils eu le scrupule de mieux respecter les droits de leurs voisins que ceux du roi lui-même ? C'était donc à qui se fortifierait et s'enrichirait le plus au dépens des autres. Mais, à considérer les partis en présence, les ambitions n'étaient pas les mêmes, non plus que les moyens employés pour les satisfaire : d'une part, les communes ne songeaient qu'à la défensive, et les Agenais n'ont assurément jamais cherché à s'emparer de quelques paroisses des bailliages voisins ; d'autre part, les barons armés, convoitaient les revenus des terres et des péages, ils s'efforçaient de grossir, en même temps que leur territoire, le nombre de leurs vassaux, dont ils pouvaient faire des soldats, et, n'étant plus contenus, ils franchirent partout les limites de leurs domaines.

Les opprimés se bornaient à faire entendre leurs plaintes ; à défaut de sanction, des témoignages tels que des lettres adressées au roi portaient leur date, pouvaient empêcher la prescription et servir en des temps meilleurs à leur faire rendre justice. Les oppresseurs n'étaient pas non plus inactifs ; ils s'efforçaient de faire accepter leur situation nouvelle par les souverains auxquels ils avaient déjà rendu et promettaient de rendre des services. Ils songeaient même à s'étendre davantage. C'est sans doute à quelque manœuvre des nobles implantés dans le bailliage d'Agen qu'il faut attribuer une singulière démarche du roi d'Angleterre. Au moment même où il ordonnait l'enquête dont nous avons exposé les résultats, il prenait sous sa protection quelques paroisses de la banlieue d'Agen ; il paraissait donner raison aux paysans de Pauliac, de Cayssac et de Serres qui faisaient des difficultés pour payer leur quote-part des impositions mises sur le bailliage.[1]

---

[1] 26 février 1311. De protegendo homines parochiarum de Cas-

Cette même année 1311, à la réception du nouveau sénéchal Géraud de Tastes,[1] on put sans doute constater une séparation hostile entre la cité et la noblesse du voisinage. Les barons furent convoqués, selon l'usage, à cette cérémonie. Plusieurs s'y rendirent, mais, on ne trouve pas leurs noms parmi ceux des témoins. Les seigneurs cités dans l'enquête à titre d'inculpés, osèrent-ils paraître devant celui qui était appelé à les juger ? Le nouveau sénéchal, en prêtant aux consuls d'Agen le serment de les protéger, de maintenir leurs droits et leurs coutumes, ne prononçait pas une vaine formule ; il assumait une lourde tâche.

S'il voulut la bien remplir, il y fut aidé. Bernard Lespinasse, nommé bailli d'Agen par le roi d'Angleterre (année 1313), avait travaillé de tout son pouvoir à réprimer les usurpations des nobles et à restaurer le bailliage d'Agen dans son intégrité. Heureux de se sentir quelque peu soutenus, les consuls supplièrent Edouard II de le maintenir dans ses fonctions. Ils lui révélèrent, en même temps, un des moyens employés par les nobles pour tirer parti de leur situation nouvelle et se mettre à l'abri. Certains d'entre eux vendaient à de plus puissants les portions du bailliage qu'ils avaient occupées et qu'ils craignaient de ne pouvoir conserver.[2]

---

shaco, Pauylhaco, Serris et aliorum contra cives Agennenses super impositione consuetudinum. (Th. Carte — t. I, p. 39.) Cette affaire, sur laquelle nous reviendrons, fut terminée par une transaction en l'année 1316 (*Chartes*, n° CXLV.)

[1] *Chartes*, n° CXLI.

[2] Année 1315..... « cum nobiles ac vicini civitatis vestræ Agennensis memoratæ ejusdem dominium sæpius usurpare non formident ac bailliviam ipsius civitatis per alienos emi faciant ut eorum interventu obtineant quod propriis viribus non merentur. » (Rymer, t. II, part. I, p. 89.)

Les satisfactions données au pays n'étaient pas suffisantes. Il y eut des soulèvements. La porte d'un château-fort d'Amanieu du Fossat fut rompue et celui-ci s'en plaignit au roi[1]. Le nom de la forteresse qui subit cet assaut ne nous est pas connu. Cet Amanieu du Fossat, qui commence contre les Agenais une lutte soutenue, pendant plus d'un demi siècle, par son fils et ses petits-fils,[2] possédait de nombreuses places fortes ; dévoué tout entier au parti anglais, il fut largement récompensé de ses services et devint un grand personnage. Quelques traits de sa vie méritent d'être rappelés. Fils d'un autre Amanieu, chevalier, le même sans doute auquel le roi d'Angleterre avait demandé assistance, en 1294, pour recouvrer l'Agenais, il avait reçu, en l'année 1300, de son parent Bonafoux du Fossat, tout ce que celui-ci possédait à Aiguillon, Sainte-Livrade, Colonges, Saint-Salvy. Il était maire de Bordeaux en 1311. En 1315, le roi d'Angleterre le comprit au nombre des barons auxquels il demandait des secours pour la guerre d'Ecosse. Il le nomma sénéchal d'Aquitaine, en 1319. Amanieu donna sa sœur en mariage à Bernard de Montpezat, qui était, comme lui, un des plus puissants seigneurs de l'Agenais. Deux lettres des rois d'Angleterre, Edouard II et Edouard III (1325 et 1328), prouvent qu'il ne cessa pas d'être fidèle à leur cause[3].

Tel était le dangereux voisin dont les Agenais avaient à contenir les envahissements. En lui cédant les droits du salin

---

[1] Année 1316. — (*Rolles Gascons*, t. I, p. 50.)

[2] Voir note E, liste des seigneurs de Madaillan.

[3] Cf. Rymer, t. I, part. III, p. 85, t. II, part. I, p. 85, et part. III, p. 8 ; — *Rolles Gascons*, t. I, p. 53 et 66 ; — Tamizey de Larroque. *Documents inédits pour servir à l'histoire de l'Agenais* 1874, p. 48 ; — J. de Bourousse de Laffore. *Nobiliaire de Guienne et de Gascogne*, t. IV, p. 286.

d'Agen (année 1317) comme payement des sommes qu'il lui devait, Edouard avait même fourni l'occasion à ce terrible Amanieu de prendre pied dans la ville. Un recours au roi d'Angleterre au sujet des paroisses laissait peu d'espoir d'obtenir justice. Néanmoins les consuls d'Agen usèrent de cette voie légale : en l'année 1318, ils adressèrent leurs plaintes à Edouard, qui recevait, dans le même temps, une requête contradictoire d'Amanieu du Fossat. Chacune des parties affirmait que, de tout temps, le droit de justice sur les paroisses de Cardounet et de Fraysses lui avait appartenu. Le roi d'Angleterre manda bien à son sénéchal de Gascogne de faire une enquête,[1] mais cette information ne devait pas aboutir puisque, l'année suivante, c'était Amanieu du Fossat lui-même qui était sénéchal.

Celui-ci paraît avoir abusé singulièrement de son élévation pour arrondir ses domaines ou opprimer ses voisins ; d'autres que les Agenais eurent à s'en plaindre. Il exerça notamment des persécutions si intolérables contre les habitants de Monclar, que le roi d'Angleterre dut prendre cette ville sous sa protection spéciale. A cette occasion, il adressa à deux reprises, les plus sévères remontrances à du Fossat, auquel d'ailleurs il avait retiré le gouvernement de la province après moins d'une année.[2]

---

[1] *Chartes*, n° CXLVIII. Voir sur cette pièce la note E.
[2] Lettre du roi Edouard, du 28 avril 1320 (Tamizey de Larroque. *Documents inédits, loc. cit.*) Les termes dont se sert le roi pour caractériser les méfaits d'Amanieu sont des plus énergiques : *terrores intollerabiles... gravamina gravaminibus cumulatis...*
Vers le même temps Bernard de Montpezat envahissait le territoire du bailliage de Port-Sainte-Marie, ce qui exigeait aussi une

Cet acte de vigueur ne fut pas renouvelé au sujet de l'usurpation des deux paroisses du bailliage d'Agen ; la question resta pendante. Cependant les luttes à main armée devaient succéder aux instances judiciaires. La guerre allait bientôt éclater entre l'Angleterre et la France, à la suite d'un incident qui intéresse particulièrement notre histoire locale.

Le roi Charles-le-Bel avait fondé une bastide à Saint-Sardos (18 kilomètres d'Agen), dont il était seigneur en paréage avec le monastère de Sarlat. Saint-Sardos était une enclave française dans le pays d'Agenais, alors de la mouvance du roi d'Angleterre. Bien que le droit du roi de France ne fût guère contestable, cette fondation donna lieu à des enquêtes contradictoires, à des procédures, à des ambassades ; avant que l'on fût tombé d'accord, on apprit à la Cour de France que des partisans anglais avaient pillé et brûlé la ville neuve et pendu le procureur du roi, à côté du poteau où étaient érigées les armes de son souverain (année 1323.)

Un grand nombre de seigneurs du pays, entre autres le sénéchal de Guienne, Raoul Basset de Drayton, et Bertrand de Montpezat,[1] avaient participé à un coup de main qui

---

information. (Lettre du 26 juillet 1320. Th. Carte. *Rolles gascons*, t. I, p. 58.)

D'après plusieurs actes cités dans un mémoire de Bréquigny, dont je vais avoir bientôt à parler, le roi d'Angleterre eut aussi fort à se plaindre des excès commis par le seigneur de Montpezat, qui était cependant un de ses serviteurs les plus fidèles, comme le seigneur de Madaillan.

Rien ne prouve mieux que de pareils traits l'impuissance des souverains à défendre leurs propres droits et à contenir l'ambition effrénée de leurs partisans en apparence les plus dévoués.

[1] Ou Raymond-Bertrand. C'est le même personnage qui est dési-

devait avoir de si graves conséquences. Quarante seigneurs demandèrent grâce au roi de France et l'obtinrent. Toutefois ils devaient être bannis et leurs biens confisqués.

Après avoir tenté de désavouer les coupables, le roi d'Angleterre ne voulut pas d'abord souscrire à la saisie du château de Montpezat (17 kilomètres d'Agen), où l'on avait transporté le butin fait à Saint-Sardos. Lorsqu'après de longs pourparlers, il s'apprêtait à donner satisfaction sur ce point et sur quelques autres, il était trop tard. La guerre entre les deux nations était partout engagée au mois de juillet 1324.

La ville d'Agen se rendit à Charles de Valois, mais non sans avoir fait quelques difficultés. En moins de deux mois, les principales places de l'Agenais furent soumises à ce prince. Amanieu du Fossat, retranché à Puymirol, dont il était capitaine, résista avec succès à l'armée française.[1]

Arnaud de Durfort, qui commandait la place de Penne, réussit également à se maintenir. L'armée française se vengea de cette résistance sur Astaffort, qui appartenait à ce dernier, et qui tint plusieurs mois. Au mois de juillet 1325, elle mit aussi le siège devant Madaillan, le château d'Amanieu du Fossat,[2] mais cette dernière entreprise paraît avoir

---

gné tantôt par ces deux prénoms, tantôt par celui de Bertrand. Voir à ce sujet : *Nobiliaire de Guienne... loc. cit.*

[1] Ces notes relatives à la fondation et à la ruine de Saint-Sardos, et aux suites que ces évènements devaient avoir, sont tirées d'un *Mémoire sur les différends entre la France et l'Angleterre sous le règne de Charles-le-Bel* par Bréquigny. *Mémoires de l'Académie royale des Inscriptions et Belles-Lettres*, t. XLI, 1780.

Deux pièces se référant à l'affaire de Saint-Sardos, conservées aux archives de Bruxelles, ont été publiées dans la *Bibliothèque de l'Ecole des Chartes*, t. XLV, 1884, p. 78.

[2] J. Delpit. *Collect... des documents fr.*, p. 54. Lettre de Jean Travers, écrite de Bordeaux à Hugues le Despencer. 1 février 1325.

échoué, car deux années après cette place était encore au pouvoir des Anglais.[1]

Peu après la mort d'Edouard II, la paix fut conclue à Paris, le 31 mars 1327, entre le roi de France et Edouard III, qui ratifia ce traité, à la date du 11 avril. La Guienne fut rendue au nouveau roi d'Angleterre. Les barons qui avaient pris part à la guerre furent amnistiés, à l'exception de onze, parmi lesquels figurent Amanieu du Fossat et Arnaud Durfort, qui devaient être bannis; de plus leurs biens devaient être confisqués, et le roi d'Angleterre s'engageait à faire démolir leurs châteaux, en présence d'un commissaire français. Mais la confiscation ayant été prononcée au profit d'Edouard, celui-ci s'empressa de rendre leurs possessions aux seigneurs [2] et, ce qui est plus grave, il ne fit pas exécuter la clause d'après laquelle le château de Madaillan aurait dû être rasé. La ville d'Agen allait subir, pendant plus de deux siècles, les conséquences de ce manque de foi de la part du roi d'Angleterre. Il dut y avoir à ce sujet des incidents dont les détails ne nous sont pas connus. Il existe une lettre de Robert Bertrand, seigneur de Briquebert, maréchal de France, lieutenant du roi de France et de Navarre, datée du 16 mai 1327, *du camp devant Madaillan*.[3] Briquebert avait l'année précédente

---

[1] Suivant l'usage adopté généralement par les historiens, je désignerai, pour plus de brièveté, par le nom d'Anglais, les partisans gascons de ces derniers. Ce terme n'impliquera donc pas une détermination d'origine. A part quelques expéditions exceptionnelles dans lesquelles les commandements furent exercés par des étrangers, la lutte fut soutenue dans notre pays entre capitaines gascons et prit, par ce fait, le caractère des guerres civiles.

[2] Dans tout ce paragraphe, j'ai résumé Bréquigny, *mémoire cit.*

[3] *Chartes*, n° CLIX. Cette lettre, adressée à nos consuls, est relative aux approvisionnements de vin que le maréchal faisait à Agen pour son usage.

enlevé plusieurs places aux Anglais. Comment se fait-il que, plus d'un mois après la conclusion de la paix, il nous paraisse assurer son établissement dans la ville d'Agen tandis qu'il tenait toujours la campagne? Il faut supposer qu'Amanieu du Fossat avait refusé de livrer son château en exécution du traité, et que le roi d'Angleterre dut faire accepter à ce sujet un fatal accommodement.[1]

Le château de Bajamont fut également préservé. D'après un mémoire anglais du 16 octobre 1325, il n'était pas encore occupé par les Français à cette date.[2]

La guerre, qui avait duré deux ans et demi, n'avait donc pas assuré la soumission de l'Agenais tout entier : les Durfort et Amanieu du Fossat avaient réussi à défendre deux villes fortes, Penne et Puymirol, et deux châteaux compris dans le bailliage même d'Agen, Madaillan et Bajamont. Quand les possessions des deux partis sont ainsi enchevêtrées les unes dans les autres, quand les ennemis se coudoient, la campagne n'est pas tenable et la culture des terres, abandonnée sur de grandes surfaces, à moins de traités spéciaux. On juge par là des souffrances que les Agenais endurèrent du fait de la guerre, pendant plus d'un siècle.[3]

---

[1] D'après un factum pour le duc d'Aiguillon, du xviii° siècle, qui cite Dutillet (*Traités*), c'est en 1331 que Philippe-de-Valois à la requête des reines de France et d'Angleterre, aurait rétracté l'ordre de démolition du château de Madaillan et accordé le rappel des bannis.

[2] J. Delpit. *Collect...cit.*, p. 58. « Soit mercie monsieur Ranulfroi de Durfort de ceo qu'il ad garde soen chastel a l'oeps le roi. » Ce Rainfroid, seigneur de Bajamont, probablement parent d'Arnaud, n'est pas compris parmi les barons exceptés de l'amnistie.

[3] Je ne cite que les places peu éloignées d'Agen. On trouvera la liste des villes et des barons de l'Agenais qui restèrent attachés au

Cependant, aux sièges et aux batailles, dont l'ère était close pour bien peu de temps, allaient succéder les instances judiciaires. Les usurpations des barons n'avaient pas cessé. Désormais aux procès engagés par les consuls d'Agen contre les du Fossat se lient étroitement les procès intentés aux Durfort ; nous allons étudier à la fois ces deux causes.

Après des préliminaires qui ne nous sont pas connus, elles furent portées à des assises solennelles tenues à Langon, en l'année 1334. Là s'étaient réunis quatre commissaires nommés par les rois de France et d'Angleterre, Bertrand Boniface et Pierre Raymond de Rabasteins, pour le premier, Jean Travers et Arnaud Payen, pour le second.

Les consuls d'Agen, agissant de concert avec le procureur du roi, déposèrent un mémoire prouvant que douze paroisses de leur juridiction avaient été usurpées par les barons, à savoir : Sainte-Foy-de-Jérusalem, Sainte-Gemme, Serres, Bajamont,[1] Artigues, Metges, Doulougnac, Cassou, Cardounet, Fraysses, Madaillan, Saint-Denis. La légitimité de leur revendication fut hautement reconnue ; ils furent réintégrés par une ordonnance des commissaires dans tous leurs droits de juridiction et de justice sur les paroisses, à l'exception

---

parti des Anglais au cours de la guerre (1325-1327) dans les adresses de lettres circulaires du roi Edouard. Rymer, t. II, part. II, p. 133, 151, 152, 174.

[1] La paroisse dite de Bajamont est probablement Saint-Arnaud. Les noms de Madaillan et de Doulougnac semblent faire un double emploi, car je ne crois pas qu'il ait jamais existé une paroisse de Madaillan. On a pu donner quelquefois ce nom à l'église de Doulougnac ou de Saint-Martin, située à 600 mètres du château. Mais alors, pour expliquer la répétition, il faut peut-être lire *de Lonhaco*, c'est-à-dire *de Laugnac*, au lieu de *de Dolonhaco* que porte notre copie d'ailleurs assez fautive.

de celles de Fraysses et de Cardounet, limitées vers le château de Madaillan, par le ruisseau Bourbon.[1] Cette dernière question demeurait réservée, les commissaires ayant évité, peut-être faute de pouvoirs, de trancher une contestation soulevée, ainsi que nous l'avons vu, seize années auparavant. Aux termes de l'arrêt, la position respective des parties restait singulièrement difficile. La paroisse de Doulougnac, dont l'église est la plus proche de Madaillan, étant restituée aux Agenais, ce château formait une enclave dans leurs possessions; d'autre part les consuls recouvraient la paroisse de Saint-Denis, qui se trouvait enfermée entre celle de Fraysses, provisoirement abandonnée à du Fossat, et le bailliage de Port-Sainte-Marie.

Ainsi des irrégularités subsistaient, en même temps que de nouveaux motifs de procès du côté de Madaillan, mais la satisfaction était entière du côté de Bajamont. Les représentants des deux rois travaillèrent à faire exécuter l'ordonnance, mais non pas avec un égal empressement ni même avec une loyauté aussi entière. Tandis que Pierre-Raymond de Rabasteins, sénéchal d'Agenais et de Gascogne pour le roi de France, un des commissaires aux assises de Langon, s'occupait activement de cette affaire, le sénéchal anglais Fortanier d'Engarranaque, sans quitter sa résidence de Penne, remettait à deux subalternes, Jean de Trenquennes et Bernard de Nérins, le soin d'appliquer aux parties intéressées le règlement de Langon.[2]

---

[1] Cette ordonnance, du 8 juin, figure parmi les pièces justificatives. Pièce F.

[2] 21 juin 1334. Archives d'Agen, FF. 136.

[3] Pour éviter de multiplier les notes, je ferai remarquer que les dossiers des procès de nos consuls d'Agen contre les seigneurs de Madaillan et de Bajamont (1334-1558) sont réunis et largement

A ce moment, tout faisait pressentir les guerres prochaines. Il eut été bien impolitique de la part des Anglais de ne pas ménager des hommes riches, influents dans le pays, braves et d'une fidélité déjà éprouvée, tels que les Durfort et les du Fossat. Sans se compromettre pour tirer ceux-ci d'un mauvais pas, on pouvait s'abstenir de les frapper et, en raison même de cette inertie, leur prêter un appui moral. La ville d'Agen penchait visiblement pour la cause française ; le meilleur moyen de la contenir consistait à laisser toutes leurs forces à ses ennemis les plus proches, c'est-à-dire les plus implacables.

Le sénéchal anglais s'abstint ; mais P.-R. de Rabasteins, qui représentait le roi de France dans un intérêt contraire, devait tirer tout le parti possible de la situation, en s'appuyant sur un droit reconnu. Une série d'actes, du 2 juillet au 11 octobre 1334,[1] prouve qu'il épuisa tous les moyens en son pouvoir pour vaincre la résistance de Rainfroid de Durfort. Il le cite d'abord, comme habitant du lieu de Bajamont, de la juridiction d'Agen (*honoris agenni*) pour qu'il ait à prêter le serment de fidélité et à rendre l'hommage au roi, ainsi que l'ont fait ses prédécesseurs, pour les biens qu'il tient en fief

---

analysés dans l'inventaire sous les côtes FF. 136 à 141. Ces pièces forment la fonds principal de ce mémoire. Je me bornerai à quelques références. Et de même les documents conservés à l'hôtel de ville d'Agen qui font partie des autres séries sont simplement cités sous leurs numéros d'ordre, à savoir deux lettres et un chiffre. J'ai cru inutile de répéter constamment *Arch. de l'hôt. de ville d'Agen.*

[1] Les sept sentences rendues par le sénéchal couvrent plusieurs bandes de parchemin assemblées et d'une dimension inusitée. Cette pièce, scellée du sceau de la sénéchaussée, mesure 2^m 16 de longueur sur 0^m 65 de largeur. (FF. 136.)

Ces sentences suivirent une première prise de possession, en date

noble, à Bajamont, du fief et de la juridiction d'Agen (*in honore et districtu Agenni*).

Il le cite ensuite pour avoir à se défendre sur les accusations suivantes :

Il a déchiré des lettres royales, présentées par un sergent.

Il a érigé, sans droit, des fourches patibulaires.

Il a tué ou blessé trois sergents du roi.

Il a tenu un nouveau marché, sans autorisation.

Il a perçu indûment des impositions sur les paroisses de Sainte-Foy et de Sainte-Gemme, de la juridiction d'Agen.

Il a enlevé et violé des femmes.

Il n'a pas respecté des sauvegardes royales.

Il a donné refuge à des bannis.

Il a tendu des embûches aux serviteurs du roi et s'est rendu coupable d'incendies et d'autres crimes ou excès.

Ordre lui est donné de comparaitre par-devant le sénéchal, sous peine d'encourir la confiscation de ses biens.

La citation, faite à son de trompe par des sergents, aux portes du château de Bajamont, demeura sans effet. Elle fut renouvelée, dans une forme plus solennelle, par Guillaume de Vaure, lieutenant du bailli d'Agen, assisté de sergents, et toujours sans résultat.

Il suffisait alors de posséder, dans notre pays, un hectare clos de fortes murailles pour tenir en échec un sénéchal

---

du 21 juin, dont le texte est reproduit dans un factum des tenanciers de Madaillan (pièce *d* analysée dans la note M).

chargé de faire exécuter des arrêts rendus au nom de deux souverains.[1]

Amanieu du Fossat ne dut pas se soumettre plus facilement que son voisin de Bajamont. Cette même année, le roi de France avait eu à se plaindre de la violation des trèves dans les environs d'Agen.[2] Des deux parts, on avait sans doute à se reprocher des actes de violence et, des deux parts, durant les années qui suivirent, on dut intriguer pour s'assurer des partisans.

Lorsque Edouard déclara brusquement la guerre, le 21 août 1337, la ville de Puymirol, qui, dix années auparavant, s'était si bien défendue sous les ordres d'Amanieu du Fossat, fut une des premières à se rendre.[3]

Au commencement de l'année 1338, Madaillan fut assiégé par des forces considérables. Le sire d'Enguerry, puis Le Gallois et le comte de Foix, ce dernier accompagné de 150 hommes d'armes et de 1,500 fantassins, dirigèrent cette expédition, qui se termina le 16 mars par la capitulation du château. D'après un document que nous allons analyser et

---

[1] M. de Saint-Amans, dans son *Histoire du département*, chronique de l'année 1334, cite, avec quelque détail, une pièce d'après laquelle Gérard de Saint-Lannes, gardien du château de Bajamont pour Rainfroid de Durfort, aurait accordé pleine satisfaction aux consuls d'Agen, à la date du 21 juin. Je n'ai pas retrouvé ce document. Ceux que j'analyse, postérieurs de 11 jours à 4 mois, prouvent que Durfort aurait désavoué son représentant ou bien aurait refusé l'hommage après avoir restitué les paroisses.

[2] Lettre du 26 mars 1334. (Rymer, t. II, partie III, p. 108.)

[3] Voir à ce sujet une ordonnance de Raoul, comte d'Eu et de Guines, connétable, lieutenant du roi de France en Languedoc, datée de La Réole, 9 septembre 1337. (AA. 5.)

reporter à sa date, il parait probable qu'Amanieu du Fossat défendait en personne sa forteresse de Madaillan.

Le 24 juillet 1338,[1] les consuls d'Agen avaient adressé au roi de France une lettre par laquelle ils protestaient de leur fidélité et ensemble de celle des habitants de Puymirol et de Villeneuve. Ils lui rappellent qu'ils lui ont déjà annoncé la prise d'Amanieu du Fossat et ils l'engagent à tout faire pour gagner ce seigneur à sa cause. Ses propriétés personnelles sont considérables ; c'est le meilleur « capitaine des « Gascons que les Anglois ayent en cestes parties, excepté le « captal. » Les Anglais lui ont confié le commandement de nombreuses places, entre autres Penne, Port-Sainte-Marie, Castelmoron, Clairac, Laparade. Sa soumission entrainerait sans doute celle du sire de Montpezat, son neveu « et « croyons que entre cy et La Réole [ne] demorroyent petitz « lieux qui ne venissent tost a vostre obeissance. »

Cette requête des Agenais fut trop bien écoutée. Ce sont eux, ces fidèles serviteurs, que Philippe-de-Valois devait sacrifier pour gagner du Fossat. Il rendit à la liberté le seigneur de Madaillan, le remit en possession de son château, et, qui plus est, lui céda le territoire jadis usurpé par lui et qu'on avait eu tant de peine à recouvrer : les paroisses de

---

[1] 24 juillet, sans autre date. Cette pièce, conservée aux archives de l'hôtel-de-ville (AA. 8), a été publiée par M. J. de Bourrousse de Laffore dans le *Nobiliaire de Guienne*..., t. IV, p. 289. Elle a été analysée, par erreur, dans l'inventaire sommaire parmi les chartes des années 1345 à 1353. Postérieure à la soumission de Puymirol (1337), antérieure à la reddition de Penne (1339), elle doit donc être rapportée au 24 juillet 1338.

Sur Rainfroid de Montpezat, neveu d'Amanieu du Fossat, dont il est aussi question dans cette requête des consuls, voir *Nobiliaire... cit.*

Cardounet, Doulougnac, Fraysses, Saint-Denis, Quissac et Saint Julien furent, de par la volonté du roi, distraites de la juridiction d'Agen et livrées au plus implacable ennemi des Agenais.[1]

Un trait commun de la politique de tous les souverains qui se disputèrent l'Agenais depuis la mort d'Alphonse de Poitiers jusques à la fin de la guerre de cent ans, se retrouve dans nombre de concessions de ce genre faites aux seigneurs. Sans doute les rois fondaient sur la fidélité des villes leur plus solide appui,[2] mais les communes, assez bien organisées

---

[1] Nous ne savons où trouver les originaux de ces documents ; mais voici, d'après un factum pour le duc d'Aiguillon (pièce e, p. 6 de la note M), des renseignements qui ne furent pas contestés par la partie adverse.
En l'année 1342, Philippe-de-Valois aurait accordé quatre lettres à Amanieu du Fossat.
La première lettre statuait sur la restitution à lui faite du château de Madaillan, des autres châteaux que lui ou ses auteurs possédaient avant la guerre et de la juridiction sur les six paroisses.
La seconde lui assurait qu'il serait compris dans tous les traités à passer avec le roi d'Angleterre.
La troisième comportait une abolition ou amnistie générale accordée à lui, à ses gens, aux habitants de sa terre à l'occasion des excès commis tant par lui que par ses prédécesseurs pendant les guerres.
La quatrième l'autorisait à prendre les armes contre les ennemis du roi et les siens, notamment contre le seigneur d'Albret.

[2] Ils suivaient en cela les traditions de leurs prédécesseurs du xiiie siècle. Ceux-ci avaient eu grand soin de fortifier à tous les points de vue les villes libres anciennes et d'en créer de nouvelles. Plus d'un tiers de nos chefs-lieux de canton sont des bastides. Dans notre pays, le réseau des villes placées sous la protection

pour la défense, étaient d'un faible secours pour une guerre offensive. Leurs obligations, relativement au service militaire, étaient limitées et strictement définies par leurs chartes de coutumes ; leurs milices, plus propres à faire bonne garde sur les remparts qu'à tenir la campagne. Pour répondre au premier appel et courir le pays en tous sens, pour tenter au besoin les hasards des expéditions lointaines,[1] il fallait des hommes rompus au métier, infatigables dans les longues chevauchées, hardis dans les entreprises. Le service des nobles et des aventuriers s'achetait par une grande complai-

---

immédiate des souverains était assez compact pour neutraliser le développement de la féodalité. En vain de puissantes familles, commme les Alaman, les de L'Isle, les Durfort, les Caumont, les Rovignan, les Boville, les du Fossat, les Montpezat, travaillèrent durant les XIIIe et XIVe siècles à s'étendre dans l'Agenais. La division de leurs domaines, enclavés dans les juridictions royales, très peuplées, très jalouses de leur indépendance, ne leur permit de maintenir aucun grand établissement. Leurs usurpations furent limitées à un petit nombre de paroisses, ce qui toutefois, pour une centaine de seigneuries fait un chiffre énorme.

Seuls, les sires d'Albret débordèrent dans l'Agenais outre-Garonne, parce qu'ils n'avaient pas été contenus dans leur domaine primitif composé de déserts inabordables. Le voisinage de quelques villes royales au centre de l'Albret aurait suffi pour les paralyser. Leur isolement fit leur première force. Leur politique dénuée de scrupules sur le choix des moyens, le régime sévère de leur famille au point de vue des successions, leur bravoure, leur avidité, une longue suite de temps assurèrent leur fortune. L'histoire de la maison d'Albret, qui reste à écrire, et pour laquelle les éléments abondent, serait un sujet de premier ordre auprès duquel les annales de la féodalité agenaise ne paraissent que de simples épisodes.

[1] Ainsi les rois d'Angleterre firent plusieurs fois appel à la noblesse gasconne pour leur venir en aide dans les guerres d'Ecosse.

sance à fermer les yeux sur leurs méfaits et surtout à prix d'or. En cas de succès, les biens des vaincus, traités de rebelles, étaient souvent confisqués et le partage de leurs dépouilles récompensait le dévouement des chefs. Parfois, on se contentait de faire des promesses. Plus souvent il fallait consentir à des sacrifices, céder aux uns des revenus, arrondir le domaine des autres. Ainsi, les droits des chefs-lieux de bailliage étaient compromis en même temps que ceux du roi, du gré de ce dernier. Cependant pour ne pas s'aliéner les communes, on s'efforçait d'établir une compensation en multipliant les amnisties et les privilèges. Le résultat de pareilles manœuvres, assurément habiles, était, d'une part, que les barons étaient tentés de se vendre au plus offrant, et que les villes étaient souvent hésitantes, d'autre part que les souverains, après avoir tant donné aux barons et aux communes, ne songeaient plus, en temps de paix, qu'à retirer les concessions faites aux premiers et à atténuer les privilèges octroyés aux secondes.

De longues séries d'actes pourraient être produites à l'appui de ces aperçus sur les agissements des souverains anglais et français dans nos pays. Mais ne faut-il pas éviter de nouvelles et trop longues digressions? On me permettra de retenir simplement comme preuves les documents qui se rapportent au sujet même de cette notice, à cet épisode de nos guerres civiles.[1]

Amanieu du Fossat avait été acheté. Il s'était *tourné* français, et nous avons vu que les habitants d'Agen avaient payé le prix de la trahison. Ils avaient eu le souci patriotique de donner au roi un bon conseil, dont ils étaient victimes.

---

[1] Voir note G, sur les privilèges exceptionnels accordés à la ville d'Agen par Philippe-de-Valois.

Leur indignation fut si grande que la concession des plus beaux privilèges ne put la calmer. Philippe-de-Valois dut redouter de perdre la ville d'Agen à la première occasion s'il n'accordait pas satisfaction entière au sujet des paroisses. En l'année 1343, il manda au sénéchal d'Agenais de faire une enquête afin de déterminer la valeur des droits de juridiction et de seigneurie des territoires enlevés aux Agenais ; il lui prescrivait en même temps de rechercher quelle compensation on pourrait accorder au seigneur de Madaillan, en échange des titres sur les paroisses qui lui avaient été si imprudemment attribués. L'année suivante, le duc de Normandie, fils-ainé et lieutenant du roi, alors en Guienne, fit étudier la question successivement par tous les officiers à ses ordres : sénéchal, bailli, juge-mage d'Agen ; mais ceux-ci ne trouvèrent aucun accommodement (FF. 140). Pour Amanieu du Fossat, la possession d'un territoire que commandait son château de Madaillan était sans prix ; pour les Agenais une seigneurie si fort agrandie et si voisine constituait un danger permanent. Cette affaire délicate ayant été de nouveau remise au roi de France, les consuls d'Agen députèrent auprès de lui, M⁰ Bernard de Cantelause pour soutenir leur revendication. Ce n'était pas assez ; le 6 avril 1345 on envoya à Paris deux consuls et deux prud'hommes qui n'obtinrent pas davantage une ordonnance définitive.[1]

Le dissentiment devait finir après quelques années par un

---

[1] BB. 16, f⁰ 3, 7, 62. On trouvera à cette dernière page un article des mémoires des consuls de l'an 1346, rédigés pour leurs successeurs, prouvant que la question avait été à peu près tranchée en leur faveur : « Recuperentur parochie quas dominus de Madalhano « occupare nititur, nam litteram habemus a domino rege, ne oc- « curatur tempus. » La lettre du roi dont il est question ne nous est pas parvenue.

coup d'éclat. Le chevalier Amanieu du Fossat, au mépris de la foi jurée, s'était *tourné* Anglais. Les chartes qui nous apprennent ce fait ne peuvent nous éclairer sur les mobiles de la défection: elle eut peut-être pour cause le peu d'assurance que le seigneur de Madaillan pouvait fonder sur la possession des paroisses ; on doit aussi observer qu'elle se produisit après des années d'épreuves qui avaient démontré la force du parti anglais.

Le roi de France, libéré de ses engagements par la félonie d'Amanieu, révoqua la cession qu'il avait consentie en sa faveur de Cardounet, Doulougnac, Fraysses, Saint-Denis, Quissac et Saint-Julien. (Lettres patentes de Mars 1350. FF. 139.)

Il mourut cinq mois plus tard. Dans l'administration du bailliage d'Agen, il avait commis une injustice que des faveurs multipliées n'avaient pas fait oublier. La réparation fut tardive et forcée autant qu'illusoire.

Un décret rendu contre un ennemi trop puissant n'a pas de sanction. A une heure de marche d'Agen, sur la rive, partout si facile à franchir, du ruisseau Bourbon, flottait la bannière anglaise.

Avant de commencer le récit des luttes qui allaient s'engager entre Agen et Madaillan, il convient de revenir sur l'origine de la nouvelle guerre et de signaler les faits qui se rapportent à la résistance du seigneur de Bajamont.

Pour la seconde fois, en vingt années, le signal de la rupture d'une trêve entre la France et l'Angleterre partait de notre pays.

La trêve avait été proclamée par Edouard III, le 20 février 1343. Elle avait été assez bien observée de part et d'autre, pendant plus de deux ans, quand, le 4 ou 6 juin

1345, les Anglais s'emparèrent, par trahison, du château de Monrevel, à une portée de trait des remparts d'Agen.[1]

Arnaud de Durfort s'était préparé de longue main à recouvrer par la force les paroisses qu'il avait dû restituer en exécution du règlement de Langon. En l'année 1341, il fut accusé d'avoir contraint des bourgeois d'Agen, habitants de la banlieue, à contribuer aux fortifications de son château de Bajamont, alors confié à la garde de Guillaume de Caumont. Pons Duriana fut commis par Louis, comte de Valence, lieutenant du roi de France en Languedoc, pour informer contre lui. Durfort se défendit en soutenant que cette contrainte avait été exercée sur les forains du bailliage au temps de la guerre contre le roi de France et non depuis. Sa mauvaise foi fut rendue évidente, lorsque l'année d'après il continua à imposer des corvées semblables. Il fallut que Jean, évêque de Beauvais, lieutenant du roi de France en Languedoc, chargeât le sénéchal et le juge-mage d'Agen de s'opposer à ces injustes réquisitions. (FF. 137.)

Il n'est pas question d'Arnaud de Durfort dans les premiers engagements entre les deux partis. Les Agenais, fort menacés, durent réserver leurs milices pour la défense de la ville. Quand le duc de Normandie entreprit le siège d'Aiguillon, à la tête d'une puissante armée, il demanda vainement à nos consuls un secours de mille soldats. A ce moment, les Anglais occupaient Moncaut et Montagnac, au sud, Bo-

---

[1] M. Bertrandy a fait ressortir l'importance de ce fait. La prise de Monrevel est le premier acte d'hostilité qui précéda la fameuse campagne de lord Derby en Guienne. *Etude sur les chroniques de Froissard. Guerre de Guienne* (1345-1346). Bordeaux, Lanefranque, 1870, p. 26.

La mention de cet évènement est tirée du plus ancien registre des jurades d'Agen (1344-1354) déjà cité sous sa cote BB. 16.

ville et Castelsagrat à l'est, au nord, tout près d'eux, Bajamont.[1] En refusant au duc de Normandie de l'assister, les Agenais lui démontrèrent sans doute combien il importait de dégager d'abord leur ville pour assurer le succès de son expédition de Guienne. Evidemment ce fut d'après les ordres de ce dernier que le sénéchal Robert de Houdetot se sépara de l'armée pour investir le château de Bajamont. Cette fois les habitants d'Agen étaient les premiers intéressés à soutenir l'entreprise. Ils envoyèrent successivement au camp de Bajamont, le 14 juin, 200 soldats couverts d'armures et 100 arbalétriers; le 1er juillet, 100 autres arbalétriers; enfin, le 26 du même mois, on décida qu'un homme de chaque maison, sous les ordres de quelques consuls, irait appuyer le sénéchal.[2]

Le duc de Normandie, comme s'il eût compté sur l'effet de cette diversion, fournit aussi des renforts. Le 18 juillet, de ses tentes devant Aiguillon, il déclarait à Othon de Montaut, capitaine de Penne, qu'il le retenait à son service et il lui donnait l'ordre d'aller rejoindre le sénéchal devant Bajamont (EE. 54).

Fortement attaquée, cette position fut vivement défendue. L'entreprise finit par un désastre. Les assiégeants furent battus le 28 juillet. Le sénéchal tomba aux mains des Anglais, qui exigèrent pour sa rançon 10,000 écus d'or.

Le devoir des Agenais était de contribuer au rachat de ce capitaine qui avait succombé en combattant pour leurs intérêts; mais la ville était pauvre : ses ressources ne suffisaient

---

[1] 4 avril 1346. (BB. 16, f° 30). M. Bertrandy a établi que le siège d'Aiguillon commença du 10 au 15 avril 1346 et fut levé du 19 au 20 août de la même année. *Ouvr. cit.*, p. 313.

[2] BB. 16, f° 36, 37, 40, 41.

pas à payer les blocs de pierre et les pièces de bois qu'il fallait tailler et faire venir de loin pour compléter la ceinture des remparts. Et jamais la nécessité de se mettre à l'abri d'un coup de main n'avait été plus pressante. Aussi, le duc de Normandie avait accordé aux Agenais 2,000 livres tournois à percevoir sur le souquet de Toulouse ; cette somme était disponible. Pendant plus d'un mois, du 6 novembre au 14 décembre, on discuta sur la part à faire pour la rançon du sénéchal. Un entraînement généreux domina tout lors des premières assemblées: la somme entière devait être sacrifiée pour cet objet. Il y eut ensuite une réaction : ne valait-il pas mieux consacrer les 2,000 livres à l'achèvement des murailles? Enfin un compromis fut définitivement accepté : 1,000 livres seraient données pour la rançon de Robert de Houdetot, 1,000 livres réservées pour les affaires de la ville.[1]

Des incidents de procédure en temps de paix, des récits de sièges et de combats, quand les trèves sont rompues, forment le fonds principal de ce mémoire. Mais un simple exposé des faits serait insuffisant sans quelques détails sur les circonstances. Cette défense du territoire est une question de vie ou de mort. La ville d'Agen est de toutes parts bloquée par les Anglais ; l'armée française vient d'échouer devant Aiguillon ; chaque famille a envoyé un des siens combattre l'ennemi le plus proche, à moins de deux heures de marche, et la déroute est complète. Alors les notables sont convoqués et délibèrent ; l'un songe aux remparts inachevés, au danger du lendemain qu'il faut à tout prix conjurer ; l'autre veut tout sacrifier à l'honneur, à la délivrance du chef prisonnier. Les débats, les votes sont expri-

---

[1] BB. 16, f° 48 à 52, 62. Un reçu de 1,000 livres délivré par le sénéchal est transcrit au f° 69.

més en trois lignes, rien de plus. Les brèves chroniques rédigées par cette vaillante bourgeoisie du xive siècle révèlent des hommes tout à l'action, sobres de paroles. Le sang-froid de nos consuls, qui doivent être en même temps des soldats, des juges, des administrateurs, est attesté par leur application aux moindres détails, malgré le souci des périls imminents et des grandes entreprises. Les pages ou plutôt les quelques lignes qui révèlent une vive alerte, une grande détresse, sont suivies de notes sur l'application du règlement pour l'entrée des vins ou sur la façon des monnaies. Le même esprit qui soutenait ces magistrats pour la défense des droits de la cité, pour le maintien absolu des limites de son territoire, leur inspirait le respect des moindres règlements transmis par leurs prédécesseurs. Combien étaient sages de pareilles pratiques! Ainsi les renouvellements du consulat n'apportaient d'une année à l'autre aucun trouble dans les affaires publiques. La lecture de nos vieux livres de jurade est pleine de leçons que l'on ignore.

Le vaincu de Bajamont, tiré des mains de l'ennemi, se remit bientôt en campagne. Le 1er mai 1347, les consuls lui envoyaient 100 hommes pour combattre les Anglais devant Sainte-Foy.[1] Là s'élevait, à une faible distance de Bajamont, un château bâti par les Templiers. (Voir note C.) Sa ruine complète remonte peut-être à cette époque.

---

[1] BB. 16, f° 64. N'hésitons pas à identifier cette localité de Sainte-Foy, non avec Sainte-Foy-la-Grande, située à une distance où les Agenais n'auraient certainement pas envoyé leurs milices, mais avec Sainte-Foy dite du Temple ou de Jérusalem, une des paroisses disputées au seigneur de Bajamont. Robert de Houdetot, rendu à la liberté, devait chercher une revanche sur le terrain même où il avait été battu.

En l'année 1350, Baras de Castelnau remplaça Robert de Houdetot comme sénéchal d'Agenais ; il prêta le serment accoutumé aux consuls le 9 juin.[1] Le pays était loin d'être pacifié. Nous avons vu que la trahison d'Amanieu du Fossat date de cette même année. C'est à son de trompe que le terrible baron affirmait ses droits sur le territoire le plus proche d'Agen. Le 17 septembre, il somma les habitants de Saint-Cirq et de La Tricherie[2] de venir en son château lui prêter serment. Jamais pareille prétention n'avait été encore élevée au sujet d'une paroisse située bien en deçà du ruisseau Bourbon. Les Agenais décidèrent qu'ils avertiraient le maître des arbalétriers et le sire d'Albret de cette entreprise, faite d'ailleurs en violation d'une trêve. Si du Fossat persistait à occuper la juridiction, ils se prépareraient à la défendre.

L'année suivante, la querelle avec Durfort fut malheureusement réveillée. Charles-le-Mauvais, roi de Navarre, alors lieutenant pour le roi de France dans la province, cet auxiliaire plus que douteux, eut le tort de faire des concessions du territoire agenais aux seigneurs de Bajamont et de Pléneselves. Les consuls protestèrent avec énergie.[3]

Pour en finir, on résolut, à l'unanimité, dans l'assemblée de jurade tenue le 4 novembre, de faire visiter par le bailli royal toute la juridiction d'Agen et particulièrement Bajamont et les paroisses voisines. Des panonceaux seraient plantés sur les limites. On érigerait aussi des fourches pati-

---

[1] BB. 16, f⁰ 101.

[2] BB. 16, f⁰ 107. Rien ne peut faire présumer qu'il s'agisse du hameau des Tricheries sur la voie romaine d'Agen à Çahors, entre Laroque et Boville. La Tricherie devait être un lieu dit entre Madaillan et Agen, dont le nom a changé.

[3] 24 juin 1351. Voir BB. 16, f⁰ 124, et pour les faits qui suivent, idib. f⁰ 126 et 127.

bulaires, auxquelles on pendrait un prisonnier,[1] après avoir détruit celles qu'Arnaud de Durfort avaient érigées. On ferait exécuter le règlement (de Langon) arrêté par les commissaires français et anglais. De plus, on produirait des témoignages attestant que Bajamont fait partie de la juridiction d'Agen et on citerait Durfort à comparaître. On rappellerait le serment de bourgeoisie prêté par un seigneur de Bajamont, en l'année 1279. On garderait, on défendrait la juridiction d'Agen, des pieds et des mains, par tous les moyens, à tout prix : « .... e gardem e deffendam la honor e jurisdictio de « nostra vila, ab los pes e ab las mas, per la melhor forma e « manera que poyrem, e que i metam tot so que avem. »

Il fallait aussi s'assurer un appui : des députés seraient envoyés au roi Jean pour lui remettre tous les documents relatifs à cette affaire et pour obtenir la révocation des concessions faites par Charles-le-Mauvais au seigneur de Bajamont. On ferait connaître au souverain l'état lamentable du pays, ravagé par les troupes du roi de Navarre qui devaient le protéger. Si la guerre continue, le menu peuple est décidé à abandonner la ville. Que le roi fasse la paix, ou bien, comme il garde la ville dans son domaine, qu'il lui assure la sécurité.

Après avoir arrêté ces fermes résolutions, on ne manqua pas d'agir. Le 6 novembre 1351, le bailli royal, son lieutenant et le consul Guillaume Cases, escortés de plusieurs habitants d'Agen, tant à pied qu'à cheval, se rendirent sur les limites des paroisses d'Artigues, de Cassou, de Serres, de Sainte-Gemme, de Sainte-Foy et de Bajamont. Ils publièrent qu'il

---

[1] La traduction littérale de ce passage est difficile. Voici le texte : « e forcas i sian mesas, e que i meta hom I home que tenem pres « que a servit mort. »

était prouvé par une enquête faite sur les lieux et par une pièce, en date du 23 avril 1279, que Bajamont et lesdites paroisses faisaient partie de la juridiction d'Agen. Ils firent planter sur les limites des panonceaux aux armes du roi de France et détruire les fourches patibulaires dressées par les gens de Bajamont.

Le lendemain, on apprenait à Agen qu'Arnaud de Durfort, assisté de B. de Durfort et de Séguin de Trousset, du parti anglais, avaient renversé les panonceaux du roi et dressé d'autres fourches.

Les tristes prévisions des Agenais devaient se réaliser. Dans le cours de l'année 1352, leur ville se dépeupla, et Jean, comte de l'Isle, lieutenant du roi en Languedoc, donna aux consuls plein pouvoir pour remédier de leur mieux à la situation.[1]

Un nouveau sénéchal, R. de Rabastens, seigneur de Campagnac, fit son entrée le 13 juin 1352. Le 3 juillet suivant, Craon, lieutenant du roi, assiégeait le château de Madaillan et chaque maison d'Agen fournissait un homme pour cette attaque, qui dut échouer.[2]

L'année suivante, avec l'aide du sénéchal, on tenta de surprendre le fort de Monbalen.[3] Vers le même temps, on suppliait le roi de France de ne rien confirmer des concessions faites au seigneur de Bajamont. Ce fut une année désastreuse. Les Anglais occupaient en force Lusignan et

---

[1] Cette pièce ne nous est connue que par une cote de l'inventaire des archives d'Agen fait au commencement du xviie siècle. Voir invent. som. Série II, p. 11, 1re colonne.
[2] BB. 16, fo 142.
[3] 14 mars 1352-53. *Ibid.* fo 153. Ce fort de Monbalen, dont il ne subsiste aucune trace, était situé hors des limites de la juridiction d'Agen.

Boville. Personne ne pouvait s'aventurer dans la banlieue d'Agen sans s'exposer à être fait prisonnier, et l'on s'efforçait d'obtenir des suspensions d'armes pour travailler les champs.[1]

Presque tous les châteaux de la juridiction fournissaient autant de refuges solides à l'ennemi. Les Agenais en souffraient sans cesse, et c'est pourquoi, sans tenir compte de leurs coutumes si libérales, ils firent une vive opposition aux desseins de Bernard d'Armagnac qui travaillait à fortifier la motte de Lécussan.[2] La perte probable de cette position aurait donné aux ennemis un point d'appui de plus. L'insuccès de tant de sièges entrepris par les habitants d'Agen leur dictait cette mesure de prudence.

A la même époque, un sentiment d'honneur leur fit repousser une convention avantageuse. Il s'agissait d'un échange de prisonniers avec Madaillan, dans la proportion de douze pour deux. Le juge d'Agen ayant fait observer que l'un des deux prisonniers était coupable de trahison envers le roi de France, l'échange fut ajourné.[3]

En l'année 1354, on convint d'une trève, du 20 février jusques au jour de Pâques. Les transactions reprirent, non sans danger : la jurade fut obligée de défendre aux habitants d'Agen de vendre des armes ou de la poudre aux rebelles de Madaillan.[4]

La guerre allait recommencer, plus terrible que jamais. A l'expiration de la trève, le comte d'Armagnac, lieutenant du

---

[1] Ibid. f° 163. — [2] Février 1353-54. Ibid. f° 165.
[3] Ibid. f° 165.
[4] Ibid. f° 166, 167. On trouve dans Rymer (t. III, part. I, p. 96) une lettre du roi d'Angleterre adressée cette même année 1354 à Amanieu du Fossat, seigneur de Madaillan, pour l'observation de la trève conclue avec le roi de France, *in partibus Agenni.*

roi de France, soumettait Boville et ne craignait pas d'assiéger Aiguillon qui, huit années auparavant, avait résisté à une puissante armée. Les Anglais accoururent au secours de cette place et le comte, s'étant replié vers Agen, investit Madaillan. Le 9 juin 1354, la jurade prit des mesures énergiques pour le soutenir dans cette entreprise. On lui envoya deux cents hommes payés pour deux jours et l'on réquisitionna les marchands d'Agen pour ravitailler ses troupes.[1]

Je viens de traduire les dernières lignes du plus ancien livre de nos consuls (1344-1354). La série de leurs registres qui nous ont été conservés ne reprend qu'après plus d'un siècle (BB. 19. — 1481-1505). Pour les deux tiers de la guerre de cent ans, nos annales ne peuvent être restituées que par fragments ; les témoignages sont rares. Nous avons constaté que, durant cinquante ans, les luttes nationales se compliquaient dans notre pays de contestations personnelles. Les habitants d'Agen défendaient à la fois la grande cause française et leurs petites frontières. Leurs ennemis les plus détestés étaient naturellement les seigneurs qui avaient bâti des châteaux sur leur territoire et violé le pacte de bourgeoisie. Nul doute que cette guerre acharnée entre voisins n'ait donné lieu à d'autres épisodes, à de sanglantes rencontres dont nul souvenir n'est venu jusqu'à nous.

Avant de reprendre au delà de ce temps la question spéciale qui est l'objet de ce mémoire, je dois faire observer que je me suis limité le plus possible en faisant un choix

---

[1] Ibid. f° 185. D'après M. l'abbé Barrère (*Hist. rel.*, t. II, p. 118, ce siège finit par une grande défaite du parti français. A ce sujet, il cite en une ligne *les titres scellés de Gaignières*, que je n'ai pas eu l'occasion de consulter.

exclusif des pièces relatives à la défense du territoire Agenais.

Les historiens du pays puiseront dans les procès-verbaux des assemblées tenues pendant ces dix années de guerre des notions du plus vif intérêt sur l'administration républicaine d'Agen et particulièrement sur le rôle des notables qui assistaient les consuls et les jurats. Ils constateront que cette ville était, dès le milieu du xiv° siècle, pourvue de nombreux engins d'artillerie. Ils auront à mentionner nombre de grands personnages qui ont servi les Agenais dans leurs intérêts ou qui ont voulu s'appuyer sur eux ; le rôle, les commissions, les itinéraires des uns et des autres, la condition de leurs auxiliaires, dont quelques uns n'étaient pas français, restent à étudier. Il faudra citer les ravages causés par une peste et par les famines, et déterminer l'état des pays circonvoisins, tour à tour anglais et français. De ce dernier chef, on peut retenir un simple aperçu. La Garonne forma une barrière infranchissable au sud ; tandis qu'au nord les Agenais avaient sans cesse à lutter contre les Durfort et les du Fossat, à l'est ils furent protégés par l'assistance du seigneur de Castelculier et par la fidélité des habitants de Lafox ; à l'ouest, leurs frontières restaient accessibles, en raison de la défection ou de la défaite des habitants de Port-Sainte-Marie et de Lusignan.

En 1354, l'Agenais fut réuni par le roi Jean à la couronne de France.[1]

Le roi d'Angleterre n'en avait pas moins un sénéchal dans l'Agenais ; Arnaud Garcies du Fossat, sans doute parent du baron de Madaillan, exerçait alors ces fonctions. Cette famille

---

[1] *Trésor des Chartes.* J. 82, reg., p. 579.

des du Fossat était toujours puissante. Amanieu possédait des terres, fort loin du pays, jusques aux environs de Bordeaux. Prayssas lui fut cédé.[1] Ainsi la baronnie de Madaillan s'étendit fort avant dans le territoire de l'ancien bailliage de Port-Sainte-Marie.

Amanieu et Arnaud-Garcies du Fossat figurèrent, en 1357, au nombre des députés chargés par le roi d'Angleterre de discuter les conditions d'une trêve avec les commissaires du roi de France.[2]

Trois ans après, le malheureux traité de Brétigny (8 mai 1360) livrait l'Agenais à l'Angleterre.

Les ennemis de la veille se trouvèrent ainsi réunis sous la même autorité. En l'année 1363, les délégués de la ville d'Agen, convoqués dans la cathédrale de Saint-André de Bordeaux, prêtèrent au roi d'Angleterre le même serment de fidélité que le seigneur de Madaillan, Amanieu du Fossat, et le seigneur de Bajamont, Arnaud de Durfort.[3]

Les comptes anglais de cette époque[4] révèlent d'assez grands bouleversements dans les divisions territoriales de l'Agenais. Nous avons vu qu'au milieu du XIII° siècle (1259), ce pays était divisé seulement en 14 bailliages, dont un seul pour le vaste territoire au sud de la Garonne. En 1363, il comprenait, dans les mêmes frontières 51 bailliages, dont

---

[1] Voir : *Arch. hist. de la Gironde*, t. XVII, p. 145, un acte d'hommage rendu en 1356 à Amanieu du Fossat pour des terres situées aux environs de Libourne; et *Rolles gascons*, t. I, p. 142, pour la cession de Prayssas, en 1358.

[2] Rymer, t. III, part. I, p. 135.

[3] J. Delpit. *Docum. fr.*, p. 94, 98.

[4] Id. ibid., p. 160. Comptes de Filongleye de 1363 à 1366.

21 sur la rive gauche de la Garonne. En moyenne, un ancien bailliage en avait formé 4 nouveaux.

A quelle date et pour quelle cause ce changement fut-il opéré ? Nous l'ignorons. Constatons seulement que la situation des habitants d'Agen n'avait été en rien modifiée : leur juridiction ne fut pas entamée ; leurs voisins ne changèrent pas, sauf à l'est, où le nouveau bailliage de La-Sauvetat-de-Savères et Castelsagrat remplaça, sous ce nom, une fraction importante du bailliage de Puymirol.

Les souverains avaient autant d'intérêt que les villes à maintenir leurs droits sur toute l'étendue des bailliages. Si le Prince noir devait, en bonne politique et par reconnaissance, ménager les anciens serviteurs de la cause anglaise tels que les Durfort et les du Fossat, sa tolérance pour leurs usurpations avait des limites. Il écouta favorablement les requêtes des consuls d'Agen contre les seigneurs de Madaillan et de Bajamont. En 1364, il ordonna au sénéchal d'Agenais de faire justice au sujet des prétentions d'Arnaud de Durfort sur les paroisses de Sainte-Gemme, Sainte-Foy-du-Temple, Artigues, Serres, Cassou, Saint Denis-Lasgourgues et Mérens (FF. 137). Cette lettre, on le voit, nous révèle de nouveaux empiétements : Mérens, aujourd'hui Pont-du-Casse, est fort rapproché d'Agen, et la prise de possession de Cassou et de Saint-Denis-Lasgourgues faisait perdre aux Agenais le château-fort de Castelnoubel et les manoirs de Laval et de Pléneselves.

Des informations furent poursuivies de même, dans le cours des années 1364 et 1365, sur l'affaire de Madaillan. Les lettres de commission données par le Prince noir au sénéchal d'Agenais à son lieutenant ou au juge d'Agen, étaient fort explicites. En s'efforçant de réparer les injustices commises à l'occasion des guerres, le prince travaillait du même coup a recouvrer son entier domaine ; cette fois la politique était d'accord avec l'équité.[1]

Amanieu du Fossat se rendit aux citations de Raymond de Carnels, juge-mage d'Agen, délégué par le sénéchal pour faire l'enquête. Il comparut. Les consuls d'Agen exposèrent en sa présence qu'il détenait indûment les paroisses de Doulougnac, Fraysses, Saint-Denis, Cayssac, Cardounet, Saint-Julien et Pauliac. Ils fournirent la preuve que ces paroisses étaient bien de la juridiction d'Agen, en produisant les pièces et les témoignages que nous connaissons.

Le baron de Madaillan se défendit fort mal. Il se contenta de dire qu'il n'entendait rien au droit et aux procès, qu'il ne pouvait trouver à Agen aucun avocat pour soutenir sa cause.[2] Il réclama des copies des lettres du Prince et demanda quelques jours pour réfléchir.

Dans ces délais, il constitua des procureurs, Arnaud de Moles, damoiseau, Jean de Lubon (? de Lucolono), Gaillard du Puy, Bernard Diziers, Hugues de Serre et Jean de Foys. Le premier seul se présenta à l'audience suivante pour dé-

---

[1] « Vultque pacis articulus ut unusquisque occasione guerrarum a possessione sua justa dejectus restituatur ad eam et habeat quod est suum..... mandamus quatenus omnia et singula loca et membra locorum quæ, sic ut premittitur, vocato dicto procuratore nostro cum ceteris evocandis, inveneritis occupata ad dominium et patrimonium nostrum et ad statum in quo erant ante guerram reducatis... »

[2] « Dominus Amanevus de Fossato dixit quod ipse est laicus et ignorat jura et litigia, et quod ipse in civitate Agenni non poterit invenire aliquem seu aliquos advocatos qui vellent sibi assistere...» (FF. 141.)

C'est un joli trait des scènes qui devaient si souvent se passer entre barons et légistes.

clarer que du Fossat avait obtenu du Prince des lettres
d'ajournement pour cette affaire et que cependant ses occupations ne lui avaient pas permis de les produire.[1]

Ces lettres existaient réellement. Datées du 2 février 1365,
elles renvoyaient le procès après Pâques. Quand l'affaire fut
reprise, on se trouva en présence de nouvelles lettres du
Prince qui attribuaient la connaissance de la cause au parlement de Bordeaux.

Cette dernière lettre fournit une indication sur un acte peut-être supposé, d'après lequel Edouard III aurait fait don des
paroisses litigieuses à du Fossat. La donation faite par Philippe-de-Valois au seigneur de Madaillan pour le gagner à sa cause,
puis révoquée, à la suite de sa rébellion, nous est bien connue. Ce titre, d'ailleurs déchu, ne pouvait pas être invoqué,
en raison de son origine, devant un tribunal anglais. Une
donation semblable faite par le roi d'Angleterre alors régnant
eût été au contraire fort probante. On est surpris que le
baron de Madaillan ait comparu personnellement ou par ses
procureurs et discuté pendant quatre audiences sans faire
état d'un pareil titre.

Le Prince noir, qui, à plusieurs reprises, s'était occupé de
cette affaire, finit par tout laisser en suspens. Par une dernière lettre, en date du 27 juin 1365, il se contenta de faire
la réserve expresse de ses droits sur les paroisses. (AA. 9.)

Les usurpations des barons étaient sans cesse renouvelées

---

[1] « Quod dictus Amanevus de Fossato obtinuerat quasdam suspensionis litteras presentis negotii a domino nostro principe Aquitanie
et quod dictus Amanevus, occupatus, ut dixit, quibusdam negotiis
dicti domini nostri principis, dictas litteras transmisisse nequiverat... »

ou maintenues depuis un demi siècle. Quatre ou cinq régimes différents s'étaient succédé sans apporter à ce mal le remède nécessaire. Chaque souverain accordait volontiers au Agenais un semblant de satisfaction, mais aucun d'eux ne faisait acte de vigueur. Lettres royales, enquêtes, arrêts et ordonnances restaient sans efficacité. Les adversaires de nos consuls étaient trop forts ; le crédit qu'ils avaient auprès des rois et des grands personnages, la possession de fait déjà longue qu'ils ne manquaient pas d'invoquer, tout contribuait à faire oublier les doléances de ceux qu'ils avaient dépouillés. De guerre lasse, les Agenais songèrent à une composition. Ne valait-il pas mieux sacrifier un morceau de territoire que de jouer plus longtemps cette interminable et dangereuse partie sur tout ou rien ?

Des accords furent négociés, en l'année 1369, tant du côté de Bajamont que du côté de Madaillan. A la date du 3 avril, les Agenais déclarèrent que la paroisse de Sainte-Gemme et partie de celle de Serres [1] appartiendraient à Arnaud de Durfort. Ce dernier reconnut que les autres paroisses, Sainte-Foy-du-Temple, Saint-Denis-Lasgourgues, Cassou et Artigues, faisaient partie de la juridiction d'Agen. Il se réservait « tant

---

[1] « .... Ladite paroisse de Sainte Geme toutte par entier et d'illec
« en sus ainsy comme va jusques aux jurisdictions de Falguiroles
« de Bitrac, et partie de ladite paroisse de Serres, c'est à scavoir
« tout ce qui est dedans les deux rios appelés de la Masse et de
« Laurendanne, ainsi comme s'enclos dedans le grand pond de
« Merens appelé Lolme, en allant vers ledit chastel de Bajolmont,
« et d'illec jusques à la jurisdiction de Salvaignas et de Laroche
« en Thibaut estant et appartiennent perpetuellement a toujours,
« mais avec toutes jurisdictions hautes et basses, meres et mixtes
« imperes, cots, gardiages et tous exercices de jurisdiction audit
« sieur Arnaud Durfort, à ses hérés et successeurs... » (FF. 137.)

« seulement les cots et gardiages lesquels ledit sieur Arnaud
« et ses devantiers desquels il a cause ont accoutumé d'avoir
« es fieus et terres qui ont accoutumes estre tenus de luy et
« de ses devantiers pour cause du lieu de Chatelnoubel, qui
« est dedans ladite paroisse de Saint-Denis. »

Le Prince noir ratifia cette convention, qui fut définitive, par lettres en date du 23 janvier 1370.

La transaction avec Amanieu de Fossat fut passée en novembre 1369. Les consuls abandonnaient à ce dernier les paroisses de Cardounet, Fraysses et Saint-Denis, à la condition de recouvrer les autres.[1] Ce contrat ne fut pas exécuté de la part du seigneur de Madaillan.

---

[1] Sur cet acte, dont l'original paraît être perdu, nous n'avons qu'une indication tirée d'un mémoire rédigé par les consuls d'Agen, en 1466, à l'occasion de leur procès contre Charles de Montpezat, héritier des terres et aussi des prétentions des du Fossat. Voici le passage :

« Ledit Messire Amaniou occupant lesdites six paroisses, comme
« dit est, fut fait un traité entre lesdits consuls, joint le procu-
« reur dudit prince, d'une part, et iceluy Amaniou, d'autre, par
« lequel fut dit de commun consentement que ledit du Fossat eut
« perpetuelement et a toujours lesdites paroisses de Cardounet,
« Fraysses et Saint-Daunès ; et les autres deux paroisses de Paul-
« liac et de Saint-Julien, deça et dela le riu de Borbol, c'est a sa-
« voir vers la cité d'Agen, et, de Cardonnet ce qui est deça ledit
« riu vers ladite cité fut et appartint audit prince et a laditte cité,
« avec toutes et chacunes juridictions hautes moyennes, etc., le-
« quel appointement fut par ledit prince, firmé (sic pour confirmé)
« loué et eu pour agréable vingt ans ou environ après la restitution
« [il s'agit de la restitution faite aux consuls par Philippe-de-
« Valois, en mars 1350] et fut fait au mois de novembre mil trois
« cens soixante neuf. » (FF. 141. Copie authentique faite en 1738.)

Cependant une grande révolution se préparait ; la guerre allait recommencer entre Français et Anglais. Depuis l'établissement du fouage, le Prince noir était devenu si impopulaire que presque tous les barons agenais, aussi bien que les villes, se déclarèrent contre lui.[1]

La campagne du duc d'Anjou et de du Guesclin dans l'Agenais, en 1370, amena de promptes soumissions. Agen ouvrit ses portes. Nous ignorons quelles furent les dernières résolutions du seigneur de Madaillan. Amanieu du Fossat était mort en l'année 1373, et son fils, Bertrand, s'était rallié à la cause française.[2]

A partir de cette époque jusques à la fin de la guerre de cent ans aucun incident relatif à notre sujet ne nous a été transmis. Ce fut, durant quatre-vingts ans, une mêlée obscure des villes et des seigneurs de l'Agenais, alliés ou ennemis. Les actes d'héroïsme et les lâches trahisons; des épisodes de places et de châteaux pris et repris ; la chevalerie et le brigandage tantôt opposés et tantôt associés ;[3] la désolation

---

[1] Voir *Commentaires critiques sur quatre années des chroniques de Froissart et du règne de Charles V* (1367-1370), par Siméon Luce. Paris, Renouard, 1878, p. 58 et 99.

[2] Voir *Deux comptes financiers de l'Agenais sous Charles V. Rec. des tr. de la Soc. d'Ag.* 2me sér., t. VI, p. 34. Extrait du compte arrêté en juin 1373.

« Bailliage de Laparade, néant, parce que Bertrand du Fossat, « qui a fait remettre ce lieu en l'obéissance du roi, occupe ledit « bailliage, et que, de son vivant, son père Amanieu du Fossat le « tenait des Anglais. »

[3] Parmi les plus illustres des chefs qui combattirent dans notre pays même pour la cause française, du Guesclin, Rodrigue de Villandrando, notre compatriote Xaintrailles tirèrent grand parti des compagnies de brigands et des routiers.

complète du pays : voilà comment se résume à grands traits notre histoire depuis la rupture du traité de Brétigny (1369), jusqu'à la soumission complète de la Guienne, à la suite de la bataille de Castillon (1453).

Les Montpezat avaient, dès le commencement du xiv⁰ siècle, succédé aux du Fossat comme seigneurs de Madaillan.[1] Ils se déclarèrent pour le parti français. A ce titre, les habitants d'Agen s'associèrent souvent à leurs entreprises.

Amanieu de Montpezat, qui fut sénéchal d'Agenais, et Raymond-Bernard, son fils, passèrent leur vie entière à batailler.[2] A bien lire les rares chroniques qui nous restent de cette époque, dont quelques-unes ont été sauvées par Darnalt, il semble que les Anglais aient mis un acharnement particulier à dévaster les terres qui faisaient partie de leur patrimoine.[3] Leur fidélité pendant plus de cinquante ans, ces éminents services rendus au milieu des plus grands périls placent les Montpezat au premier rang parmi les capitaines agenais qui contribuèrent à chasser l'ennemi de la province.

Les habitants d'Agen ne s'épargnèrent pas non plus dans ces temps difficiles. Toutes leurs sympathies, tous leurs sacrifices avaient été pour la France.

---

[1] Voir note E. Liste des seigneurs de Madaillan.

[2] Voir : *Nobiliaire* cit., t. IV, p. 293 à 299 ; Darnalt, *Antiq. d'Agen*, passim.

[3] Ainsi leur château de Montpezat fut ruiné.(Voir *mémoires pour Ch. de Monpesat*, de 1446 environ, note H.) Une partie de leur baronnie de Madaillan et Prayssas qui lui était uni furent occupés par les Anglais, en 1418. Montpezat reprit ces possessions la même année et défendit aussi avec succès Bajamont, en 1432. Voir Darnalt *ouv. cit*, f° 97 et 101.

Quand la Guienne fut pacifiée, la question de voisinage et de limitation restait entière avec les Montpezat, alors représentés par Charles, fils de Raymond-Bernard.

Celui-ci occupait toujours les six paroisses de la frontière nord-ouest de l'ancien bailliage d'Agen. Nos consuls obtinrent, en l'année 1462, des lettres du roi par lesquelles il mandait au juge ordinaire d'Agenais d'assurer la restitution des paroisses au profit des habitants d'Agen si le droit de ces derniers lui paraissait établi.

Mais Charles de Montpezat réussit, l'année suivante, à faire remettre la décision du procès au sénéchal de Périgord, qui lui était favorable. Ce *committimus*, cette façon de « def- « fuire, délayer et évader justice, » indignèrent les Agenais qui poursuivirent un autre règlement de juges. En l'année 1466, la connaissance de cette cause fut attribuée au Parlement de Bordeaux.

Les mémoires soumis à cette cour par les deux parties sont rédigés sous une forme sommaire. Ceux des consuls, fort passionnés, contiennent quelques aperçus sur les contestations antérieures, puis une discussion des faits et de graves accusations contre le seigneur de Madaillan, qui emploie des procédés arbitraires et exerce des violences contre tous ses voisins.[1]

---

[1] Voir une partie de ce factum, note H. L'original forme un grand rôle : il en existe un second exemplaire moins complet, transcrit dans un cahier de pièces auquel sont joints les *avisemens* que je publie. Dans ce dernier acte, les consuls prennent vivement l'offensive et dénoncent tous les méfaits qu'on peut reprocher à leur adversaire. (FF. 141.)

Ces pièces ont été publiées dans un des mémoires des tenanciers de la baronnie de Madaillan contre le duc d'Aiguillon (coté pièce *d*, note M.)

L'historique des longs débats entre la ville d'Agen et les barons de Madaillan est incomplet. L'origine des premières usurpations est mal déterminée ; de plus, en droit, les Agenais soutiennent cette thèse que les actes des rois d'Angleterre, tenus pour usurpateurs, sont nuls. Admettre ce principe dans une province si longtemps occupée par les Anglais et dont la capitale regrettait peut-être encore l'ancien régime, c'eût été tout bouleverser. On pouvait sans doute opérer une révision sévère de ces titres mais non proclamer leur abolition absolue, sans examen préalable.

Les consuls déclarèrent leur intention de ne pas s'en tenir aux termes de la transaction de 1369, consentie expressément par la ville et relativement avantageuse. C'était une faute et leurs revendications excessives affaiblissaient la force de leurs requêtes parfaitement justifiées pour quatre paroisses.

Les services rendus à la cause française par les Montpezat depuis un demi siècle, sont également méconnus par les consuls [1] qui affectent de les confondre avec les du Fossat.

Je citerai un passage à ce sujet :

« ... Lesdits prédécesseurs dudit Charles de Montpezat,
« qui, au moins les aucuns d'eux, ont tenu ledit damnable
« parti des Anglois et ont été puissans audit pays par force
« et violence ont tenu et occupe lesdites six paroisses l'espace

---

[1] Les consuls d'Agen oubliaient alors une lettre que leurs prédécesseurs avaient adressée au roi de France pour lui signaler les services rendus par Raymond-Bernard de Montpezat à la cause nationale. La minute de cette pièce (BB. 18.) n'est pas datée ; comme il est question de la prise de Clairac, elle paraît se rapporter à l'année 1440 ou 1441. Ce serait un document à publier, Il complète les récits de Darnalt.

« de plus de soixante ans sans en laisser jouir lesdits procu-
« reur, consuls et habitans d'Agen, lesquels consuls et habi-
« tans ne s'osoint lever contre dudit du Fossat ne ses
« successeurs par leur puissance et violence... »

Cette attestation de la puissance des barons de Madaillan ne paraît pas exagérée. Les Montpezat, de même que les du Fossat, avaient toujours été assez riches, assez bien établis dans leurs places fortes, assez bien recommandés auprès des souverains pour tenir en échec une grande ville comme Agen. La preuve en ressort des pièces principales déjà produites, qui sont des arrêts ou des accords demeurés sans exécution, parce que les Agenais n'avaient pas eu la force nécessaire pour faire respecter leurs droits.

Tout le factum rédigé par les consuls contre Charles de Montpezat est à étudier. On y verra quels risques on courait alors à faire un procès à de si puissants seigneurs et comment un séjour dans les basses fosses du château de Madaillan refroidissait la passion des plaideurs.

Ces abus de la force ne s'exerçaient pas seulement sur les villes, et les petites gens n'étaient pas seuls à en souffrir. La noblesse, les seigneurs de Cours, de Pujols, de Lasserre, de Boville, de Bajamont, de Lusignan, de Péleguignon devaient, sans se plaindre, laisser ravager leurs champs par les hommes de leur terrible voisin de Montpezat.

L'abbaye de Clairac, le prieuré de Sainte-Livrade étaient dépouillés par lui, l'abbaye de Pérignac, autrefois florissante, qui avait la première usurpé le territoire d'Agen, au xiii° siècle, était réduite à une sujétion absolue. Et de même Saint-Sardos qui avait appartenu au roi et au monastère de Sarlat, au commencement du xiii° siècle.[1]

---

[1] Aussi le fils de Charles de Montpezat, Guy, fut-il condamné à

Le pillage des récoltes, des coups de main comme au temps de la guerre, des impositions arbitrairement levées sur un immense territoire soumis par la terreur : c'est un sombre tableau de l'état du pays entre le Lot et la Garonne sous le règne même du grand justicier Louis XI.[1]

Il aurait fallu créer une haute cour de justice pour réviser les titres primitifs des rois et des villes, des abbayes, des seigneurs. Cette cour aurait tenu sur place de grandes assises, invoqué tous les témoignages, et ses arrêts sans appel, rigoureusement exécutés, auraient pacifié tout le pays en étouffant les procès, en fixant la condition des personnes devenue souvent incertaine.

Malheureusement pareille enquête était impossible. C'est dans tout le royaume qu'il aurait fallu la poursuivre. Où trouver assez de juges autorisés? Comment ne pas se heur-

---

se désister de cette possession et des terres de Saint-Damien et de Feltonne, par un arrêt du Parlement de Bordeaux du 22 décembre 1511. (Cité dans la pièce d p. 29, mentionnée dans la note M.)

[1] Louis XI, dès l'âge de seize ans, eut l'occasion de faire acte de justicier dans notre pays. Le dauphin avait été envoyé par le roi, son père, à Toulouse, pour y réprimer les excès commis par les gens de guerre. Il arriva dans cette ville le 14 mai 1439, et, le 28 juin de la même année, il rendit une ordonnance pour faire cesser les voies de fait auxquelles se livraient les seigneurs de Boville et de Lustrac, pour se faire payer la somme de 1,000 écus, en vertu d'une obligation extorquée par force aux habitants d'Agen. L'histoire du guet-apens accompli par ces deux seigneurs avec la connivence du sénéchal Barbazan, est relatée dans ses lettres. (Arch. d'Agen FF. 7. J'ai publié cette pièce dans la *Revue de Gascogne*, t. XVIII, 1877, p. 496. Voir aussi sur cet incident, les lettres de grâce accordées par Charles VII à Naudonnet de Lustrac, publiées par M. Paul Laplagne-Barris, même volume, p. 306.)

ter aux grands feudataires? Quelle sanction donner aux sentences? A défaut d'armée permanente, de garnisons partout dispersées, la force manquait au pouvoir souverain.

Louis XI, impuissant à faire rendre en détail la justice qu'il savait être nécessaire, s'efforça, du moins, de faire courber les têtes les plus hautes. Son frère même, le duc de Guienne, quelque temps souverain de l'Agenais, ne trouva pas toujours grâce devant lui.

Il serait difficile, faute d'un assez grand nombre de documents, d'instruire, au point de vue purement historique, l'enquête qu'on aurait pu attribuer à des *Grands jours*. Même sur le sujet spécial qui nous occupe, on ne saurait se prononcer que sur un petit nombre de points.

Les consuls d'Agen étaient sans doute assez peu fixés sur l'origine des propriétés que Charles de Montpezat tenait des du Fossat, ou de ses ascendants. Certains droits sur Aiguillon, Saint-Salvy et Sainte-Livrade sont établis par des actes du commencement du xiv° siècle. Nous avons vu Prayssas cédé au seigneur de Madaillan en 1358. Ce sont là des titres sérieux.

La place forte de Montpezat est située presque au centre de ces positions éloignées de Sainte-Livrade, Aiguillon, Saint-Salvy, Prayssas, Madaillan. Il est évident que les seigneurs de Montpezat s'efforcèrent de relier ces villes et ces châteaux en supprimant les enclaves. C'est en poursuivant ce but qu'ils commirent de criantes injustices, telles que l'annexion des paroisses du bailliage d'Agen entre Madaillan et Prayssas, la saisie des domaines de l'abbaye de Pérignac, l'occupation de Saint-Sardos, etc.

Et, de même, là où le seigneur de Montpezat n'avait qu'une partie des pouvoirs et des revenus, comme à Sainte-Livrade, en paréage entre le roi et le prieur, comme à Aiguillon, il cherchait à tout absorber.

Il y avait des circonstances atténuantes : son père et son grand-père avaient eu à conquérir ou à défendre tout ce territoire ; le roi ne réclamait pas toujours ses droits ; la possession de fait était déjà longue.

Surtout, avant tout, il était le plus fort.

Nous possédons un exemplaire incomplet de la défense de Charles de Montpezat.[1] Les preuves en sont faibles.

Le seigneur de Madaillan invoque la prescription résultant d'une posssession de 90 ans. Il tient pour non avenue la transaction de 1369 sur les paroisses, parce qu'elle ne lui parait pas en forme et qu'elle n'a pas été exécutée. Il se garde bien de dire que cette non exécution est le fait de ses prédécesseurs. Quant à ses titres, il ne peut les produire, attendu que ses archives ont été détruites par les Anglais, lors de la prise du château de Montpezat.

De titres primordiaux il n'en avait jamais eu plus qu'Amanieu du Fossat. Rappelons que juste un siècle auparavant, et pour la même affaire, ce dernier ne pouvait en produire aucun et se contentait de déclarer pour sa défense qu'il n'entendait rien aux procès.

Toute la réplique du sieur de Montpezat se résume dans une ligne : je n'ai pas de titres mais il y a prescription.

Les consuls d'Agen pouvaient au contraire produire des pièces que nous avons signalées au cours de cette étude, avant tout le règlement de Langon, arrêté par les commissaires des rois de France et d'Angleterre, et qui est si for-

---

[1] La partie principale de ce fragment est publiée à la suite du factum des consuls, note H.

mel. Ils pouvaient facilement établir que la force leur avait toujours manqué pour assurer par eux-mêmes l'exécution des arrêts rendus en leur faveur. Leurs perpétuelles protestations contre les usurpateurs ne devaient-elles pas empêcher ceux-ci de prescrire ?

De même que Charles de Montpezat, les consuls d'Agen rejetaient la transaction de 1369, pour remonter plus haut et revendiquer non quatre paroisses mais six.

Tandis que l'instance se poursuivait, les consuls firent acte de juridiction sur les limites non contestées de leur territoire. Ils employèrent deux journées, au mois de juillet 1467, à tenir des assises en plein air, du côté de Castelnoubel et de Madaillan. Le juge royal et quelques bourgeois de la ville les assistaient. Leurs audiences à Castelnoubel, à Laval, à Mérens ne furent point troublées. Après avoir rendu des jugements sur des contestations privées, ils reçurent le serment de fidélité des habitants de Castelnoubel, Saint-Caprais-de-Lerm, Cassou, Saint-Denis-Lasgourgues, Mérens, Saint-Ferréol, Saint-André. Ils nommèrent Géraud Bourgade lieutenant [1] pour la surveillance du territoire de Castelnoubel, Cassou, Mérens et Pléneselves. Celui-ci s'engagea à remplir cet office gratuitement et prêta serment.

Un notaire dressa procès-verbal du tout, en mentionnant que les consuls avaient voulu par cet acte solennel établir leur droit de juridiction.

Les audiences furent tenues de la même façon, *pro conservatione totius jurisdictionis dicte civitatis*, dans la pa-

---

[1] *Locumtenentem pechatoris*. C'est une fonction analogue à celle de nos gardes-champêtres. Nous aurons plus loin l'occasion d'étudier l'organisation de la police rurale, les *petges*, et nous essayerons de définir les fonctions des gardiens, *pacgaires* ou *pegaires*.

roisse de Cayssac, à la borde de Pomaret, et à Darasse, sous un arbre.[1] Elles donnèrent lieu à un incident. Un capitaine, qui ne dit pas son nom, sortit du château de Madaillan, vint trouver les consuls et protesta, au nom du seigneur de Montpezat, son maître, contre toute usurpation sur le domaine de ce dernier, au cas où les consuls s'en permettraient. Cette protestation fut consignée, sur sa demande, dans le procès-verbal, et les consuls lui assurèrent d'ailleurs que la paroisse de Cayssac n'était pas du nombre de celles dont la juridiction était contestée au Parlement de Bordeaux.[2]

Bien que le procès ait donné lieu au Parlement à des audiences des grands jours, il traînait en longueur. Le duc de Guienne, frère de Louis XI, alors engagiste de l'Agenais, le trancha par un acte d'autorité. Pendant un séjour à Cahors, il rendit une ordonnance (en date du dernier février 1470), par laquelle il déclarait la cause instruite. Son procureur avait vérifié ses droits, communs avec ceux des consuls

---

[1] Je n'ai pas pu retrouver le nom de Pomaret sur les cartes. Darasse ne serait-il pas Arasse, qui, sauf des occupations temporaires, n'a jamais cessé de faire partie de la juridiction d'Agen? Arasse était dans la paroisse de Metges. Les consuls ont bien pu remonter par la vallée du ruisseau Bourbon et faire acte de justice sur ce territoire assez éloigné de Cayssac, leur point de départ.

Ces exemples d'assises en plein air, sous un arbre, ne sont pas un fait exceptionnel. La farce de *Maistre Pierre Pathelin*, mise en œuvre à l'époque même où se tenaient nos assises, renferme le trait *avocat dessoubs l'orme*, c'est-à-dire avocat qui attend sous l'orme des causes qui ne viennent pas. Le proverbe *attendez-moi sous l'orme* paraît être d'une origine encore plus ancienne. (Voir : P. L. Jacob. *Recueil de farces* Paris, Garnier, 1876, p. 20.)

[2] Les procès-verbaux originaux de ces audiences, sur **parchemin**, forment l'article **FF. 218**.

d'Agen, sur tout le territoire de la rive gauche du ruisseau Bourbon. Ces droits lui avaient paru bien établis par une transaction (celle de 1369). En conséquence, il ordonnait à son trésorier, Pierre de Morin, de se saisir de toute la partie des paroisses de Pauliac, de Saint-Julien et de Cardounet situées en deçà du ruisseau Bourbon par rapport à Agen. Au cas où cette saisie donnerait lieu à des contestations, la cause devrait être portée par devant les gens de ses comptes et trésoriers (AA. 13).

Charles de Montpezat dut se résigner à accepter cette décision.

Une entente se fit entre les deux parties et l'on résolut de mettre fin à toutes les contestations présentes et futures en souscrivant un acte solennel.

Le 31 juillet de la même année 1470, les consuls d'Agen, les procureurs du duc de Guienne, Charles de Montpezat et de nombreux témoins, réunis dans la cathédrale Saint-Etienne, passèrent un accord qui peut se résumer ainsi :

Il fut décidé que le seigneur de Montpezat conserverait tout le territoire situé au delà du ruisseau Bourbon, et de plus une portion de terre sur la rive gauche du même ruisseau, en face de son château de Madaillan, confrontée à l'est par Manieudalle, à l'ouest par une ligne du nord au sud faisant face à Cardounet, au sud par la ligne continue des rochers qui dominent le coteau.

Au-dessus de la source du ruisseau Bourbon, la limite était déterminée par le chemin dit de La Gaute, tendant de Savignac à Fauguerolles.

Charles de Montpezat déclarait se désister de toute prétention sur le territoire de Saint-Pierre de Pécharoumas (Montréal) et Saint-Cirq, c'est-à-dire sur un point qu'il avait récemment tenté d'usurper.¹ Il abandonnait de même toute la partie des paroisses de Cayssac, Pauliac, Saint-Julien située sur la rive gauche du ruisseau Bourbon. En somme, ce petit cours d'eau séparait, sur tout son parcours, d'une longueur de douze kilomètres, la juridiction d'Agen de la baronnie de Madaillan, sauf une enclave en face du château.²

Charles de Montpezat faisait la réserve des droits féodaux qui pouvaient lui appartenir sur les territoires reconnus comme faisant partie de la juridiction d'Agen.

Ce traité subsista jusques en 1790. Dans l'ancien bailliage royal d'Agen, une juridiction indépendante s'était formée, à laquelle on avait fini par donner une existence légale. Soit lassitude, soit impuissance de lutter, les Agenais s'avouaient vaincus après deux siècles de résistance. La *salle* de Madaillan (c'est le vieux nom du château) élevée, au milieu du xiiie siècle, sur les ruines d'une bicoque, avait dominé successivement sur deux paroisses, sur six, sur onze. On avait traité en faisant une moyenne : six. Les Agenais préservaient cinq paroisses au dépens des autres.

Bien que la frontière formée par le lit invariable d'un ruisseau ne fut plus désormais douteuse, il y eut bien encore quelques contestations, qui paraissent avoir eu principalement pour objet les limites de la parcelle située sur la rive gauche du ruisseau Bourbon et enclavée dans le territoire d'Agen.³ Ces petits incidents entre voisins n'ont aucune portée.

---

¹ Voir l'*avisement* des consuls, note H.
² BB. 18. Voir le texte de cette pièce, note I.
³ Dans le reg. BB. 22, on trouve quelques mentions d'un procès soulevé à ce sujet durant les dix premières années du xvie siècle.
Au milieu du xviie siècle, les consuls d'Agen plaidaient contre la

Le récit historique qui se termine là paraîtra trop long peut-être, en dépit de mes efforts, pour exposer les faits en peu de mots. Et parce que ce chapitre reste long malgré tout, il exige un résumé ; parce qu'il renferme des appréciations, il exige des considérants. L'emploi du mot *usurpation* fréquemment appliqué aux actes ou aux prétentions des barons de Madaillan doit être justifié.

Quelle fut l'étendue du domaine des du Fossat autour du château de Madaillan durant la seconde moitié du xiii° siècle : quelques hectares ou une ou deux paroisses ? Nous déclarons l'ignorer. En 1318, Amanieu du Fossat réclame *deux paroisses seulement* que les consuls d'Agen lui contestent, que l'enquête de 1311 déclare usurpées et au sujet desquelles le règlement de Langon ne statue pas.

Si l'usurpation reste probable pour ces deux paroisses, elle est *certaine* pour les autres, la déclaration d'A. du Fossat, en 1318, étant limitative. Cependant, après avoir occupé six paroisses, autant qu'ils l'ont pu, dans le cours du xiv° siècle, les barons de Madaillan ont tenté d'en occuper onze, au xv°. C'est toujours le même procédé d'envahissement, et les Agenais, pour y mettre un terme, ont fini, de guerre lasse, par sacrifier six paroisses.

---

duchesse d'Aiguillon tant au sujet de ces limites que sur la prétendue nobilité de ses terres de Labarthe situées près de l'église de Saint-Cirq. (FF. 180, 182.)

Enfin, peu d'années avant la Révolution, le duc d'Aiguillon soutenait encore que les habitants de la paroisse de Montréal étaient ses justiciables. Il avait porté l'affaire au Parlement de Paris. (FF. 196.)

On s'étonne que les clauses assez précises de la transaction de 1470 aient pu donner lieu à tant de difficultés.

L'enquête de 1311 et le règlement de Langon justifient l'emploi du même mot usurpation au sujet des paroisses réunies à la baronnie de Bajamont depuis 1369.

La position respective des Agenais et des barons de Madaillan et de Bajamont devait être clairement définie. L'usurpation du droit de justice, de la juridiction étant reconnue, nous verrons quel grave problème est soulevé au sujet de la directe que les seigneurs se sont également attribuée. Par la première usurpation, le domaine du roi est sacrifié, un bailliage royal, amoindri ; par la seconde, le régime de la propriété change, la liberté individuelle est atteinte.

II

Limites de la juridiction à l'Est et au Sud.

Nous avons eu à citer une pièce d'après laquelle la parroisse de Saint Amans, à l'est, aurait été usurpée vers la fin du XIIIe siècle par un seigneur de Castelculier. Ce ne fut qu'une occupation temporaire. En somme, les seigneuries de Lusignan et de Castelculier, établies en dehors du bailliage, l'une à l'ouest, l'autre à l'est, ne s'agrandirent pas au détriment du territoire agenais, et, si parfois les habitants d'Agen eurent à combattre leurs voisins les barons de Lusignan et de Castelculier, ce fut à l'occasion des guerres nationales. Il n'y eut pas entre eux de tentatives d'empiétements bien caractérisées ni de grands procès.

La possession du château de Castelnoubel, à l'est, fut au contraire vivement disputée. Les seigneurs de Bajamont, auxquels appartenait aussi Castelnoubel, n'ont peut-être lutté si vivement contre les Agenais, au XIVe siècle, que pour relier entre eux leurs deux châteaux-forts. Il leur importait d'être maîtres absolus du territoire intermédiaire. La convention de 1369, qui fut assez bien exécutée par les deux parties, laisse Castelnoubel comme une enclave dans le territoire agenais ; les seigneurs de Bajamont ne conservèrent sur le château que leurs droits personnels. Nous avons vu, en 1467, les consuls d'Agen exercer paisiblement la justice sur ce territoire et recevoir le serment de fidélité des habitants de Castelnoubel (FF. 218.)

Des fourches patibulaires furent élevées par les consuls sur les limites du bailliage, du côté de Sauvagnas, sans soulever de protestation de la part des seigneurs de Bajamont. Si vers la fin du xv⁰ siècle des contestations se produisirent entre les consuls d'Agen et les habitants de Castelnoubel elles eurent principalement pour objet la nature et la quotité des charges imposées à ces forains.[1]

En dépit des difficultés de communication d'une rive à l'autre de la Garonne, le bailliage d'Agen s'étendait au sud un peu au delà de cette frontière naturelle. Il prenait pied en Gascogne ; les deux paroisses de Dolmayrac et de Monbuscq formaient un point d'appui, un poste d'avant-garde en temps de guerre. Aussi les abords du pont étaient munis de quelques ouvrages de défense, indépendamment de la tour qui devait protéger sa porte.

Il semble que les Agenais aient aussi perdu quelque portion de territoire sur la rive gauche. Au xiii⁰ siècle, la paroisse de Brax faisait sans doute partie de leur bailliage ; du moins les consuls d'Agen y exercèrent la haute justice, comme le prouve une curieuse enquête qu'ils firent sur un meurtre en l'année 1282 (*Chartes*, n° LXIV.)

Ils avaient pour voisins au sud les vicomtes de Bruilhois, dont la seigneurie était aussi vaste que le territoire d'Agen. La lutte eût été fort difficile à soutenir contre eux à cause du passage de la Garonne. S'il y eût des prises d'armes des deux parts, aucun témoignage ne nous en est parvenu. Les conflits furent dénoués par voie judiciaire.

---

[1] Enquêtes de 1491 et 1492 (FF. 134.) Nous étudierons ces documents dans le chapitre sur la condition des forains.

Le vicomte de Bruilhois ayant demandé au roi Philippe-le-Bel de faire déterminer les limites de sa seigneurie du côté d'Agen, Jean Antoine, juge de Cahors, reçut commission pour procéder au bornage. Il rattacha au Bruilhois les paroisses de Brax et de Dolmayrac. Les consuls d'Agen protestèrent. Ils prétendirent n'avoir pas été entendus dans la cause, non plus que les gens du roi ; l'enquête avait été faite uniquement sur le témoignage de la partie adverse. Par des lettres, en date de l'année 1299, le roi de France admit cet appel ; il chargea le sénéchal d'Agenais de faire une nouvelle information et de terminer cette affaire.[1]

Nous ignorons quelle fut la décision prise par le sénéchal et quels incidents purent se produire sur les frontières du Bruilhois pendant la guerre de cent ans. Toujours est-il qu'au milieu du xv° siècle tout était en suspens comme à la fin du xiii°. La situation était même plus grave. Le vicomte de Bruilhois était alors le célèbre Poton de Xaintrailles, maréchal de France.[2] Il héritait naturellement des prétentions de ses auteurs les d'Armagnac, prétentions qui étaient devenues excessives. Les vicomtes revendiquaient tout le territoire de la rive gauche, y compris le faubourg du Passage, en face d'Agen.

Comme il arrive en pareil cas, les deux partis faisaient

---

[1] Pièces justificatives.— Note J. Ce document a été découvert depuis la publication des *Chartes* d'Agen. Il avait sa place naturelle dans ce volume.

[2] Xaintrailles avait acheté la vicomté de Bruilhois à Jean V d'Armagnac pour le prix de 10,000 écus d'or (1451.) Sa femme, à laquelle il l'avait cédée, la revendit en 1470, au vicomte de Rochechouart. Ph. Lauzun. *Etude sur le château de Xaintrailles*. Agen, 1874, p. 59.

des incursions sur les terres en litige et ravageaient les récoltes. Non seulement il s'agissait de déterminer à qui appartenait la justice et l'administration des trois paroisses, mais encore il fallait au plus vite mettre un terme à la ruine des paysans.

En l'année 1461, un trésorier de France, Pierre Bérart, seigneur de Bléré et de Chissé, se trouvait à Agen, pourvu de commissions qui ne nous sont point parvenues et qui se rapportaient peut-être à l'affaire de Madaillan. Il s'émut de cette situation et se proposa pour arbitre. Xaintrailles se montra fort accommodant et accepta volontiers cette médiation. Comme il déclarait franchement que ce n'était point lui qui avait soulevé ces difficultés mais ses prédécesseurs, il se félicitait de les voir résoudre. Les consuls d'Agen acceptèrent aussi cette ouverture avec la plus vive satisfaction. Un tribunal ou un juri fut improvisé, qui offrit d'ailleurs toute garantie d'impartialité. Les consuls d'Agen furent mis en présence de François Jehan, bailli de Bruilhois, et du capitaine Jean de Vaulx, procureur fondé du maréchal ; Vital Testet, procureur du roi, le sénéchal, ses deux lieutenants, les juges ordinaires d'Agen, de Vivarais, de Condom, de Fenouilhade en Armagnac, de Caussade en Quercy servirent d'assistants.

Ainsi l'appointement prononcé par Pierre Bérard devait avoir toute l'autorité d'une sentence définitive. La délimitation du territoire d'Agen fut fixée au *Rieu-Mort*, à peu près telle qu'elle se retrouve dans l'arpentement du xviie siècle [1] et telle qu'elle devait exister jusques en 1790.

---

[1] Arpentement de 1605, publié note A. Le texte de l'appointement de 1461 est publié note J.

Je rappellerai que si le territoire qui forme exactement aujour-

D'après cette décision, la paroisse de Brax restait en dehors de la juridiction d'Agen mais la légitimité des droits de nos consuls sur les paroisses de Dolmayrac et de Monbuscq était reconnue.

C'est le propre des petites guerres entre voisins d'être éternellement renouvelées à propos des moindres prétextes.

De 1477 à 1480, il y eut toute une série de conflits entre les consuls d'Agen et Jean de Rochechouart, vicomte de Bruilhois, ce dernier prétendant avoir le droit de paturage sur les rives de la Garonne. Ce fut la cause d'un procès au Parlement de Bordeaux, assez sérieux pour exiger l'envoi de commisaires. (FF. 132.)

Vingt ans après, de nouvelles contestations s'élevèrent non point seulement au sujet de droits de propriété personnels, mais sur les droits de juridiction et sur les limites du territoire agenais.

En 1512, les consuls d'Agen durent tenir des assises sur le pont de Glairot, au confluent du *Rieu-Mort* et de la Garonne et sur le pont de Laclède, au confluent du ruisseau de Roquefort et du *Rieu-Mort*. Ils eurent grand soin de ne pas aller au delà du milieu de ces ponts ; ils déclarèrent faire acte de terre-garde et consignèrent les témoignages attestant que ce territoire était bien agenais et que les consuls y avaient tenu leur cour en d'autres circonstances. (BB. 23, f° 139.)

---

d'hui la commune du Passage fut maintenu dans la juridiction d'Agen, au point de vue ecclésiastique, il dépendait du diocèse de Condom.

Il ne semble pas que, depuis cette époque, les consuls d'Agen aient été troublés dans la possession des deux paroisses situées sur la rive gauche de la Garonne. Quelques esclandres des seigneurs du Limport, qui parfois déplaçaient les bornes de leur petit fief, enclos dans la paroisse de Monbuscq, ne tiraient pas à conséquence ; de pareils incidents ne changeaient en rien l'état du bailliage d'Agen au point de vue de sa délimitation du côté du Bruilhois.

SECONDE PARTIE

CONDITION DES FORAINS DE LA JURIDICTION D'AGEN

I

Forains de la juridiction.

Dans toute l'étendue de la juridiction d'Agen, les forains jouissaient des mêmes privilèges que les habitants de la cité; ils partageaient les mêmes charges : telle est la règle, sujette à de nombreuses exceptions.

Pour bien définir la condition des forains, il faudrait donc, en bonne logique, traduire et commenter la coutume d'Agen, en étudier les applications; en même temps, on devrait énumérer, les privilèges octroyés [1], et faire l'historique de leur période de développement, qui est d'un siècle et demi (1221-1370), et de l'ère de décadence beaucoup plus longue. Ce programme d'une étude complète sur les institutions agenaises est le sommaire d'un gros livre; on ne pourrait le remplir sans

---

[1] On trouvera l'énumération très-sommaire de ces privilèges dans la note G. Une seconde note (L) sera consacrée à un privilège à la fois des plus honorables et des plus lucratifs, celui de posséder des fiefs nobles sans avoir à payer des droits d'aucune sorte, sans être tenu de l'hommage, du ban et de l'arrière-ban.

rejeter au second plan le sujet spécial de cette étude et changer son titre.

Notre tâche, plus limitée, consiste surtout à faire connaître des exceptions. Nous dirons quelques mots sur la condition des citadins, seulement pour chercher en quoi différait celle des forains. La question, posée en ces termes, reste assez ardue et la pénurie des documents empêchera toujours de faire une réponse satisfaisante sur tous les points.

Une extrême diversité dans les institutions caractérise le moyen âge ; tous les forains ne vivaient pas sous la même loi : entre les consuls d'Agen et quelques-uns d'entre eux des séries de contrats privés furent passés et ces contrats ne sont pas identiques. Des paroisses ou des groupes de paroisses syndiquées soutinrent des revendications que les consuls ne pouvaient toujours admettre. De là, des procès, terminés par des transactions qui placent certaines portions du territoire sous un régime spécial. Des seigneurs de fiefs, situés dans le bailliage, modifiaient par leurs coutumes privées la condition des personnes établies sur leurs domaines. En somme, il existait des obligations absolues, communes pour tous, imposées par la coutume d'Agen et des obligations dérivant des statuts dictés par les seigneurs ou des conventions exceptionnelles passées avec les consuls.

Cet enchevêtrement de tant de droits ; cette variété dans les actes, sans compter celle qui devait dériver de traditions ou d'usages qui n'ont pas été fixés par écrit ; le cahos apparent de ces institutions du moyen âge, sont faits pour décourager ceux qui aiment à voir, à comprendre, à analyser. Quels que soient leurs efforts pour débrouiller ce pêle-mêle, ils auront peine à en tirer des vues d'ensemble. Pour notre part, effrayé de ces difficultés, nous devrons nous contenter de mettre en leur jour quelques faits particuliers. Ce chapitre n'est qu'une série de notes.

Six documents, des années 1289 à 1317, nous occuperont d'abord[1].

Le premier concerne des forains d'outre Garonne, les habitants des maisons ou hameaux du Colombier et de Maynard, paroisse de Dolmayrac. Les consuls d'Agen leur assurent la jouissance de tous les privilèges, coutumes et usages d'Agen. Une clause spéciale est relative aux amendes à payer pour les dégâts causés aux récoltes. Ces articles sur la police rurale tiennent souvent une grande place dans les actes relatifs à la condition des forains : il importe donc de les définir.

Nous avons vu les consuls d'Agen nommer, en 1467, un *pechador* ou garde-champêtre dans les assises tenues à Castelnoubel. Le titulaire de cet office prêta serment de bien remplir ces fonctions, pour lesquelles il ne devait recevoir aucun gage. Un pareil métier, dont l'exercice exige une constante inquisition et cause bien des contrariétés, n'aurait pas été recherché seulement par amour du bien public. Le *pechador* trouvait une rémunération dans le produit des amendes (*petges*), qui lui était laissé en tout ou en partie. Rien de mieux que l'intérêt personnel pour stimuler le zèle, mais aussi pour engendrer les abus.

Pour exprimer en termes modernes la façon d'opérer du *pechador*, on dirait que, en cas de flagrant délit, son procès-verbal emportait condamnation. Le taux des amendes était déterminé par les coutumes ou par des statuts privés[2]. Mais,

---

[1] Publiés : *Chartes*, n°s LXXXI, LXXXIII, CXXXVIII, CXXXIX, CXLV, CXLIX.

[2] Toutefois on ne trouvera pas dans la coutume d'Agen le tarif des amendes pour chaque délit. Il devait y avoir pour cela des ordonnances de police qui ne nous sont point parvenues. La commune de Caudecoste a conservé des statuts de ce genre, du xive siècle, fort curieux, qui sont encore inédits. Je dois à l'obligeance de

s'il y avait un minimum et un maximum, si l'appréciation des dégâts était autorisée, l'application de la peine devenait arbitraire ; le *pechador* ne pouvait-il pas grossir ou atténuer le méfait ?

Il est dangereux de donner à la fois à un homme la surveillance, le jugement et les profits du jugement. Les habitants de Colombier et de Maynard se mirent en garde de ce côté, en réclamant le bénéfice de l'usage pratiqué pour Agen. Deux prud'hommes du lieu et de la paroisse seraient chargés d'estimer les dégâts, les dommages-intérêts à donner au propriétaire lésé, avant que le *pechador* perçût sa part de l'amende.

Madame la comtesse de Raymond la communication de deux ordonnances appliquées à Port-Sainte-Marie dans les premières années du xvie siècle et qui paraissent calquées sur des titres plus anciens. Ces documents ont été transcrits par M. O. Fallières pour les Archives départementales. On y trouve de nombreux articles sur les *petges*.

Les *pechadors* ayant le bénéfice des amendes, on comprend que ces fonctions lucratives aient été recherchées. A Agen, on en vint à les mettre aux enchères. Voici quels furent les prix d'adjudication en 1555 : *petges* dans *dex*, 26 l. 10 s. ; *petges* hors *dex*, la moitié au roi et à l'évêque et l'autre moitié à la ville, 24 l. ; *petges* de la Garonne, 7 l. ; *contre-petges* de deçà et delà Garonne, 52 s. (BB. 27, f° 364).

A ce compte, la ville gagnait un petit revenu, payé trop cher. Ces fonctions auraient dû être constamment attribuées à des hommes choisis et d'une honorabilité reconnue et non adjugées au plus offrant.

Nous définirons plus bas le *dex*, mais nous manquons d'éléments pour bien distinguer les *contre-petges* des *petges* et pour dire si la police exercée sur la Garonne comprenait les délits de pêche, de passage, de navigation ou seulement la garde des rives et des îles.

Petit tribunal, petit privilège. Mais il est bon de tout prévoir pour se mettre en garde contre les tracasseries.

Les habitants de Colombier et de Maynard sont dispensés de faire la garde à Agen, à moins qu'ils ne se fixent dans la ville, mais ils doivent se garder eux-mêmes.

Cette dispense est une exception ; les forains de Castelnoubel, de Bajamont étaient obligés de faire la garde à Agen : de nombreux documents l'attestent, mais il est douteux que cette règle ait été régulièrement observée. En temps de paix, le service était trop facile pour nécessiter une autre surveillance que celle des portiers ; en temps de guerre, un déplacement de deux lieues imposé à des forains pour aller faire une faction n'était pas seulement pour eux une pénible servitude, c'était aussi un danger pour tous ; pour les forains, qui pouvaient être surpris sur les routes ; pour les Agenais, obligés d'ouvrir sans cesse leurs portes à des escouades de paysans, au risque d'être à chaque fois victimes d'une surprise ou d'une trahison[1].

Une observation reste à faire : les habitants de la paroisse de Dolmayrac étaient beaucoup plus rapprochés que ceux de Castelnoubel et de Bajamont; cependant la séparation entre eux et Agen était plus grande; au moyen âge la Garonne était une frontière naturelle qui changeait tous les rapports et toutes les conditions d'une rive à l'autre. Le Colombier et Maynard étaient du pays outre-Garonne.

---

[1] Comme ils n'exercèrent pas constamment ce droit, les consuls d'Agen eurent des difficultés avec les forains dans certaines circonstances où ils les appelèrent à leur aide. Nous reviendrons sur ce sujet. Les consuls affirmèrent leur droit d'imposer aux forains des corvées pour la construction ou la restauration des remparts d'Agen, et des gardes de jour et de nuit, dans les grandes enquêtes de 1350 (FF. 139), et de 1491, 1492 (FF. 134).

Certaines clauses de l'acte sont relatives aux citations en justice, à la liberté pour ces forains d'avoir leurs marchés ou ventes publiques (*crida*), leurs poids et leurs mesures, comme les habitants d'Agen.

Ces diverses conditions étant bien établies, les forains déclarent qu'ils sont *dins lo tengh, dins los destreghs, dins las jurisdiction, dins los dex d'Agen*. Autant de mots qui exigent des définitions, dont quelques-unes avaient peut-être leur place naturelle à la première page de cette étude.

Que signifient les mots qui précèdent? Sont-ils synonymes? Sous quels points de vue divers faut-il envisager cette juridiction d'Agen, dont je me suis efforcé de déterminer les limites variables et de plus en plus réduites?

Les termes appliqués à l'ensemble du territoire du bailliage d'Agen dans les chartes du moyen âge sont ceux de *honor, districtus, juridictio*. Les deux premiers, souvent employés simultanément, comportent-ils plus particulièrement la signification de fief ou de seigneurie et le dernier celui d'administration ou de justice? La distinction serait subtile. Il semblerait parfois que ces termes sont appliqués indifféremment les uns pour les autres.

On a beaucoup disserté dans les factums du xviii° siècle[1] sur la portée et le sens exact de ces termes. Les premiers avocats de Paris et de Bordeaux avaient à ce sujet des opinions contradictoires. Les uns et les autres savaient feuilleter à propos le glossaire de Ducange; ils citaient les traités de droit; ils connaissaient aussi nombre de textes anciens de la Guienne, inédits ou publiés (par exemple la collection de Rymer); ils comparaient, invoquaient des souvenirs ou des

---

[1] Ces factums agenais seront largement utilisés dans le chapitre suivant. Ils sont signalés et décrits dans la note M.

faits contemporains : nous n'avons pas plus d'éléments d'informations qu'ils n'en possédaient.

Tout en soutenant que la maxime généralement admise est que *fief et justice n'ont rien de commun*, les avocats du duc d'Aiguillon reconnaissent que le mot *honor* exprime quelquefois *un fief considérable auquel la justice est attachée*. Il a pour synonyme *districtus* (en roman *d. stregh*). Mais, s'il se prend aussi *pro feudo, dominio et juridictione*[1], voilà cinq mots définis les uns par les autres. Les mots *feudum* et *dominium* n'étant pas employés dans nos textes agenais ne peuvent nous servir que pour la définition de ceux que nous y trouvons. Un sixième, le roman *tengh*, associé à *destregh* paraît signifier le territoire et le fief.

Ce qui est plus certain, c'est l'emploi fréquent du mot *juridictio* avec le sens restreint de *droit de justice*, dans les textes où il est accompagné des qualificatifs *alta*, *bassa*, *mera*, etc. Il est alors synonyme d'*imperium*. Dans certaines régions, le mot *districtus* signifie le territoire dans lequel s'exercent les droits utiles d'une seigneurie.

Reste à définir le *dex*. C'est une limite beaucoup plus étroite, une banlieue de la cité, déterminée dans le territoire même du bailliage, une zone soumise à des droits de protection spéciaux et aussi à certaines servitudes, quelque chose comme une limite de l'octroi. Le mot *dex* est employé exclusivement au moyen âge dans les actes agenais qui accordent des exemptions pour l'entrée des vins [2]. Les règlements pour le transport de la vendange et des vins, le tarif des

---

[1] A ce sujet, les avocats du duc d'Aiguillon citent Brodeau, *Titres des fiefs de la coutume de Paris*, n° 9. Factum coté *C* dans la note M, p. 22.

[2] Liasses CC. 282, 283 des Archives de l'hôtel de ville.

droits de mouture n'étaient pas les mêmes dans le *dex* et hors le *dex*[1].

Nous ignorons s'il y avait en somme plus d'avantages que d'inconvénients à faire partie du *dex*. Constatons seulement que les habitants de localités éloignées de la ville, telles que Maynard et Le Colombier, pouvaient faire partie du *dex*[2].

Voilà déjà de bien longues explications sur un acte de deux pages. Mais, le terrain étant quelque peu déblayé, l'étude des autres pièces sera plus facile.

Le contrat passé l'année suivante (1290) entre les consuls d'Agen et les habitants de la paroisse de Brax est identique pour ce qui concerne les droits et privilèges, la police rurale, la garde, la justice, le droit de poids et mesures, les servitudes du *dex*. Mais les habitants de Brax prennent en plus l'engagement de contribuer à toutes les impositions d'Agen (*questa, tailhada, messio*)[3], sur le même pied que les habitants de la ville.

---

[1] Voir Coutumes d'Agen, chap. III et LV.

[2] Ducange, V°. *dechi*, donne à ce mot *dex* la signification de borne et aussi celle d'amende pour la garde des champs. Dans notre pays, le mot *dex* ne paraît pas avoir été employé dans cette seconde acception.

[3] Encore trois termes à définir. Faut-il voir une distinction entre les impositions ordinaires et extraordinaires dans l'emploi simultané des mots *questa* et *tailhada* ? J'en doute, et ces deux mots sont peut-être synonymes d'un troisième *collecta*, souvent employé dans les actes du moyen âge. La *messio* est un droit de directe, un devoir à payer comme tenancier. Ce terme désigne des obligations contractées envers le seigneur d'un fief dans un passage de cette même charte et dans le chap. XLI de la coutume d'Agen. D'après Ducange, les *messios* sont un droit sur les fruits appartenant au seigneur. Dans les coutumes d'Agen (chap. LII) on trouve aussi le mot *messios* appliqué aux impositions municipales, aux quartiers que les consuls ont le droit de lever pour les affaires de la communauté.

Ce dernier traité paraît avoir été passé sans contrainte. Il nous prouve que les forains appréciaient assez le bénéfice de la participation aux privilèges pour l'acheter au prix de la participation aux impôts.

Cette charge n'était pas acceptée aussi facilement sur tout le territoire du bailliage, soit qu'en vertu d'usages ou de vieux contrats, certaines catégories de forains en fussent exemptés, soit que des augmentations d'impôts aient amené des protestations.

Ces déclarations faites par les consuls d'Agen que les privilèges accordés aux habitants de la ville s'appliquaient aux forains, pouvaient-elles créer un droit? Était-il facultatif aux consuls de restreindre ou d'étendre l'application de privilèges spéciaux? Il semble que l'on pouvait distinguer, d'après les formules, les concessions faites *aux citoyens et habitants d'Agen* de celles qui s'appliquent à tout : la juridiction (*universitati*).

Sans doute quelques difficultés furent soulevées à ce sujet par le sénéchal ou par les baillis. Près d'un demi siècle après, en 1336, les consuls soumirent la question au roi de France. Philippe-de-Valois chargea le sénéchal et le juge-mage d'Agenais de faire sur l'objet de la pétition des consuls une enquête *de commodo et incommodo* à transmettre à la Cour des Comptes qui pourrait statuer dans un sens favorable, s'il n'y avait pas d'inconvénients [1].

---

[1] Voici le texte de ce mandement :
Philippe, par la grace de Dieu roy de France, au seneschal et au juge maieur d'Agenois salut. Comme les consuls de notre cite d'Agienz nous aient supplie que nous voussissons octroier de special grace que les habitanz auxs lieux appelez au Port d'Agien, au Colombier et a Dieu Li Vol, qui sont es paroches de Dolmayrac et de Saint Pierres de Brays, devant et pres de la dicte cite, la riviere

La décision de la Cour des Comptes ne nous est pas parvenue, mais tous les documents du moyen âge relatifs à ce sujet prouvent que la jurisprudence s'était fixée dans le sens de la participation des forains à tous les privilèges.

Un gros procès fut agité durant les seize premières années du xive siècle entre les consuls d'Agen et les habitants des paroisses de Sainte-Gemme, d'Artigues, de Pauliac, de Sainte-Foy-de-Jérusalem, de Serres, de Fauguerolles, de Sauvagnas, qui refusaient de contribuer aux impositions municipales. Nous avons eu à caractériser cette époque d'anarchie. Les intrigues des seigneurs qui envahissaient alors de tous côtés le bailliage d'Agen ne furent peut-être pas étrangères à cette révolte ; elle se produisit justement dans les paroisses que ceux-ci occupaient déjà en partie ou convoitaient.

Le refus de ces contribuables, obligea les consuls d'Agen

---

de Guerone entre deux, les quiex habitanz sont et ont acoustume estre des tailles et collectes de la dicte cite, se puissent dores en avant joir et joissent des privileiges, liberlez et franchises de la dicte cite, aussi comme les diz bourgeois et habitanz d'icelle cite ; nous vous mandons et commettons que vous vous enformez sommerement quel proufit ou quel domage il pourroit estre à nous se nous leur octroions ceste chose et se faire le pourrons senz preiudice d'autruy, avec toutes les circonstances ; et l'information que faite en aurez, portez ou envoiez a nos amez et feaulz les genz de noz comptes a Paris aus quiex nous donnons en mandement par ces presentes lettres que il leur facent la dicte grace ou nom de nous se il leur semble que fere se puisse bonnement sanz preiudice de nous et d'autruy, ou nous reservant la cause par laquelle la dicte grace ne se pourroit bonnement faire. Donne a Nerbonne, le VI jour de fevrier l'an de grace mil CCC trente cinq (1336 n. st.)

Par le Roy a la relation du conseil ouquel monsieur de Noiers et vous estiez. R. de Molinis.

(Original. Scellé sur simple queue en cire jaune. Arch. d'Agen, AA. 5.)

à pratiquer des saisies. Mais le sénéchal, Raoul des Fontaines, prenant parti pour les forains, ordonna la restitution des gages.

Les consuls en appelèrent au roi de France, et Philippe-le-Bel donna commission à Yves de Landunac, juge de Toulouse, pour instruire cette affaire (année 1303. — *Chartes*, n° CXXXVIII).

Le syndic des Agenais s'engagea à prouver par témoins et par la production d'actes authentiques que les forains étaient soumis aux impositions et que la saisie faite sur eux, faute de payement, était légale. Le procès fut long. Une sentence du juge de Toulouse, prononcée en l'année 1309, donna gain de cause aux Agenais, mais, à leur tour, les forains firent appel au roi de France.

Bernard Gervais, juge-mage de la sénéchaussée de Périgord et Quercy, commis pour reprendre et terminer cette affaire (1315), estimant que les délais de l'appel étaient passés, refusa de se prononcer. Par le fait même, les forains restaient sous le coup de la sentence de 1309, qui les condamnait à payer aux consuls d'Agen 300 livres tournois et les soumettait aux obligations communes.

L'intervention du roi de France, premier suzerain, qui fut exercée d'abord tout en faveur des habitants d'Agen, avait inquiété le roi d'Angleterre, seigneur immédiat de l'Agenais. Il semble qu'Edouard II ait pris parti en 1311 pour les forains [1]. Cet antagonisme, les lenteurs de la procédure, les périls que faisaient courir en ce temps-là les envahissements des barons : tout devait déterminer les Agenais à en finir au plus vite avec les forains, même au prix de sacri-

---

[1] *De protegendo homines parrochiarum de Casshaco, Pauylhaco, Serris et aliorum contra cives agennenses super impositione consuetudinum.* (Th. Carte, *Rolles gascons*, t. I, p. 39.)

fices. C'est pourquoi ils négocièrent une transaction, qui fut passée le 31 octobre 1316. Un passage du préambule de cet acte semble accuser l'intention principale des forains, qui avait été de se détacher de la juridiction même d'Agen pour éviter de payer les impôts [1].

Dans le dispositif, ils reviennent complètement sur cette tentative d'émancipation et déclarent qu'ils seront à jamais de l'université d'Agen [2].

Toutefois on leur fait une concession considérable. Ils devront payer la moitié moins de tailles et impositions communales et cette proportion sera établie dans les rôles et les actes d'estimation de leurs biens [3] situés hors du *dex*. Pour leurs biens situés dans les limites du *dex*, ils payeront comme les autres.

Une distinction singulière est faite entre les vignes et les autres terres. Pour les vignes hors du *dex*, les forains ont le privilège de payer moitié moins ; pour les autres terres ils doivent payer autant.

Les forains jouiront de tous les privilèges usages et franchises de la ville d'Agen.

Une clause des plus importantes règle le service militaire. Au cas où les Agenais seront tenus de fournir *l'ost*, si un forain remplit le service militaire pour la même cause sous les ordres de son seigneur particulier, il est dégagé de ce service à l'égard des consuls d'Agen.

---

[1] *... nec se vel eorum alterum esse de contributione et tallia, corpore vel universate de Ayenno...* Chartes. N° CXLV.

[2] *... de corpore, universitate, contributione et talliis consulum de Ayenno, sicut et quivis alius civis de Agenno...* ibid.

[3] *... quod quando unus civis de Agenno solvet unum denarium, forensis de Ayenno solvat obolum et sic in estimatione et libramento bonorum... pro solido et libra...* ibid.

Si, au lieu du service personnel, c'est une contribution de guerre qu'il faut payer, le forain, vassal d'un seigneur, payera le subside qu'il doit d'après ses obligations envers le seigneur et non sa quote-part de la contribution imposée par les consuls. Si le subside payé par l'intermédiaire du seigneur est moindre que celui qu'il doit acquitter comme forain du baillage d'Agen, il payera sa quote-part de la contribution imposée par les consuls.

Les rôles des tailles concernant les forains seront dressés avec le concours de deux prud'hommes choisis dans la paroisse dont on doit faire les rôles.

Les consuls d'Agen ne pourront établir ni gardes ni courriers hors du *dex* dans lesdites paroisses. Ils s'engagent à défendre, à administrer, à conseiller les forains.

En matière de tailles, ils ne pourront, faute de payement, opérer aucune saisie sur les forains avant de leur avoir fait une sommation et accordé un délai de quinze jours.

Un dernier article règle, au chiffre de 300 livres tournois, l'indemnité à payer aux consuls d'Agen, en raison du procès, des dettes, des condamnations.

L'accord avait été ménagé par l'entremise de Bernard Gervais, qui, de juge, s'était fait médiateur, du juge-mage d'Agen, Bernard de Cassagne, de neuf bourgeois d'Agen, assistant les consuls. Les représentants de quatre paroisses seulement y souscrivirent en vertu de procurations régulières : ceux de Pauliac, Sainte-Foy-du-Temple, Saint-Julien-de-Terrefosse, Metges. Or le procès avait été soutenu primitivement contre sept paroisses, parmi lesquelles ne figurent ni Saint-Julien, ni Metges. Quelle fut la condition de Sainte-Gemme, d'Artigues, de Serres, de Faugucrolles, de Sauvagnas ? Si l'on a quelques souvenirs des incidents rapportés dans la première partie de ce mémoire, on ne sera pas surpris de voir ces forains abandonnés sur la route. Leur territoire était alors détenu par les seigneurs.

Les difficultés du moment expliquent les concessions si larges faites par les Agenais aux habitants de paroisses qui pouvaient aussi leur échapper. Ne fallait il pas les retenir par l'intérêt? Ces forains avaient en somme tous les privilèges des citadins et moins de charges. En certains cas, ils payaient moitié moins d'impôts. Il n'est pas question de corvées à faire pour la clôture de la ville ni de garde pour sa défense.

La transaction avec les habitants de la partie nord du bailliage ne ressemble en rien aux actes qui règlent la condition de partie des habitants outre-Garonne et que nous avons analysés.

Des bourgeois ou propriétaires des juridictions voisines de celle d'Agen pouvaient avoir des domaines sur le territoire du bailliage d'Agen. Leurs obligations pour ces domaines devaient varier infiniment et nous ignorons si l'acte que nous allons commenter rentre dans la règle commune ou dans les exceptions. (Octobre 1317. — *Chartes* n° CXLIX).

Trois habitants de Sérignac, de la vicomté de Bruilhois, Bernard et Jean Delméja et Arnaud de Laroque, s'engagent purement et simplement envers les consuls d'Agen à payer leur quote-part des impositions communales, sou pour sou et livre pour livre, comme les habitants d'Agen, pour toutes les propriétés qu'ils possèdent sur le territoire du bailliage d'Agen; comme garantie de cette obligation, ils engagent tous les biens qu'ils possèdent n'importe où. Ils ne réclament pour cette reconnaissance aucun avantage particulier.

Après avoir étudié une série malheureusement trop peu nombreuse d'actes passés en plein moyen âge entre les consuls d'Agen, d'une part, et des individus et des groupes, hameaux et paroisses, d'autre part, il convient de déterminer la condition de certains forains du bailliage placés sous la dépendance des seigneurs. Nous avons un exemple de cette application des coutumes d'Agen (chap. XXXIII) aux termes desquelles les citoyens et bourgeois d'Agen avaient le droit régalien de créer des bastides sur leurs terres et de dicter des lois à leurs tenanciers. C'est un texte fort court que celui des coutumes de Lamothe-Bézat et la copie qui nous en est parvenue est fort incorrecte[1]. Toutefois cette pièce parait d'une authenticité indiscutable. Elle explique fort bien les réserves faites sur les droits des possesseurs de fiefs soit dans les coutumes d'Agen soit dans les chartes déjà citées ; elle répète certains articles des coutumes d'Agen ; toutes les clauses qu'elle renferme offrent des analogies avec des textes connus. Sa date ancienne, le milieu du XIIIe siècle, lui donne un grand intérêt.

Lamothe-Bézat est une motte féodale, élevée à quatre kilomètres au sud-est d'Agen, dans la vallée submersible de la Garonne, sur un territoire qui ne fut jamais contesté. Elle subsiste encore, entourée de fossés éboulés, baignée d'un peu d'eau, étayant sur des fondations vieilles de six siècles ou davantage des constructions de bien des époques, modestes et délabrées ; une habitation de métayer a fini par remplacer la tour ou maison forte du moyen âge.

C'était jadis un excellent refuge établi sans grand travail.

---

[1] M. Calbet, instituteur à Tombebœuf, a bien voulu, sur ma demande, faire une copie de ces coutumes pour les Archives départementales. Il les a transcrites sur les manuscrits de Labrunie, de l'ancien fonds Saint-Amans. Labrunie note qu'il a copié ces coutumes d'après un vidimé en forme, du 7 mars 1624, et qu'il les a « collationnées depuis à l'original, qui me fut confié par Mme de « Cambefort, qui possède Lamothe. »

Bien des fautes se sont glissées dans ces séries de transcriptions, et c'est la raison qui m'empêche de publier ce précieux texte. Ne peut-on pas espérer que l'original se retrouvera ?

Les déblais des fossés faisaient le remblai de la forteresse ; la nappe d'eau, qui filtre dans la vallée à une faible profondeur, et dont le niveau élevé est à peu près constant, formait la meilleure des clôtures. Au temps primitif des arcs et des arbalètes, la moindre bicoque ainsi protégée pouvait résister aux coups de main. Enfin cette élévation de terre assurait un abri contre un autre fléau, les inondations.

La motte de Lafox, au confluent de la Séoune, hors du territoire d'Agen ; à une autre extrémité du bailliage, sur une autre rive, mais en deçà de ses limites, la motte du Limport, l'une et l'autre citées dans nos vieilles chartes, étaient établies dans les mêmes conditions. Dans le voisinage du Bézat, Lamotte-Magnas et Lamotte-Dalos, dont il subsiste à peine quelques terrassements, devaient être également des blockhaus ou refuges du même type, qui est celui des châteaux de l'époque carolingienne. Aussi le premier établissement de quelques-uns de ces châtelets pourrait être de beaucoup antérieur au xiiie siècle.

Le 31 mai 1252, les trois seigneurs de Lamothe-Bézat, Bernard et Gaubert Bézat frères, et Aymar de La Cassaigne, réunirent les prud'hommes de la terre du Bézat, au nombre de dix-huit, ceux-ci agissant pour eux, pour leurs successeurs et au nom de tous les autres habitants de la seigneurie. Le texte des coutumes fut arrêté d'un commun accord, en sorte que cet acte affecte la forme des conventions bilatérales plutôt que celle des statuts imposés.

Les tenanciers doivent participer aux questes et fouages levés par la ville d'Agen, livre pour livre. Ils fourniront l'*ost* à leurs seigneurs chaque fois que les citoyens d'Agen devront l'*ost*. Quand les fortifications, les fossés, les chemins du territoire de Lamothe-Bézat seront établis ou réparés, les tenanciers contribueront à ces travaux à raison d'une journée par semaine faite par un homme ou par une femme de chaque maison.

On trouve dans cette pièce un tarif des amendes pour les délits ruraux ; quelques articles prouvent que les seigneurs avaient le droit de haute justice[1] ; d'autres attestent une liberté relative pour les tenanciers. Ceux-ci s'obligent à la résidence, ce qui est exprimé par une métaphore : *tenir feu allumé en tous temps.* Ils ne peuvent aliéner leur domaine qu'en faveur d'un autre tenancier de la même seigneurie. Le seigneur ne peut les empêcher d'aller s'établir ailleurs ; ils n'ont qu'à laisser leur fief au seigneur ; leurs devoirs et leurs dettes payés, ils sont libres de déménager avec leurs meubles.

Par une dernière clause, il est fait réserve expresse des droits réciproques inscrits dans les anciennes coutumes de Lamothe-Bézat. Cette convention de 1252 n'est donc qu'une addition à un texte antérieur, qui traitait, comme il est dit, des oublies, des acaptes et des divers devoirs seigneuriaux. Combien l'on doit regretter que ce code primitif plus complet, ne nous soit pas parvenu ! Des coutumes dites anciennes au milieu du XIIIe siècle remontaient peut-être au temps de Richard-Cœur-de-Lion ou des premiers comtes de Toulouse, seigneurs de l'Agenais.

Ce fait du moins reste acquis : durant la première moitié du XIIIe siècle, des seigneuries légalement et fortement constituées par des bourgeois d'Agen existaient dans la banlieue même de la ville ; elles étaient régies par des coutumes spéciales. Leur indépendance était tempérée par quelque sujétion : ces forains devaient participer aux contributions agenaises ; ils fournissaient le service militaire dans les mêmes occasions, pour les mêmes causes et dans la même

---

[1] C'est le seul fait de ce genre que nous puissions citer pour le bailliage d'Agen. D'autres fiefs, même des plus considérables, tel que celui de Castelnoubel, ne comportaient pas le droit de justice. Cela ressort de preuves nombreuses fournies dans une enquête, en 1491 et 1492 (FF. 134).

mesure que les habitants de la ville. La seule différence est qu'ils suivaient leurs seigneurs au lieu de marcher sous la bannière des consuls.

Comparée à la baronnie de Madaillan, Lamothe-Bézat est une seigneurie plus ancienne qui ne cessa pas d'être associée à la fortune de la république agenaise. Sa proximité de la ville, la faiblesse de ses ouvrages de défense, l'esprit de ses petits seigneurs, peut-être plus fiers d'être bourgeois d'Agen que suzerains dans ce blockhaus, tout contribua à assurer la fidélité des maîtres et des vassaux. Les conditions étaient tout autres à Madaillan comme à Bajamont. On était plus loin de la ville, près de la frontière ; les châteaux, d'une assiette plus forte, passaient pour imprenables, ce qui suffit à rendre les seigneurs puissants. Ni la tentation, ni les occasions de rompre les liens qui les rattachaient au bailliage ne manquaient à ces derniers. Les mêmes ambitions existent à tous les degrés : de même que d'autres plus grands et plus forts songeaient à prendre une province, ceux-ci travaillaient à conquérir des paroisses.

On l'a vu : les quelques épaves de contrats du moyen âge parvenues jusques à nous sont insuffisantes pour nous permettre de reconstituer un assemblage complet ; elles témoignent du moins que les pièces les plus disparates entraient dans la mise en œuvre d'une juridiction. Du bas en haut, du vassal au suzerain, tout s'échelonne sans doute, mais nul gradin ne semble façonné comme un autre.

L'unité, au point de vue politique et administratif, existe dans tout le bailliage, sauf les rébellions et les violences à la charge des barons ou des paroisses ; mais quelle diversité au point de vue des lois mêmes, de l'exercice de la justice, du régime de la propriété, de la proportion des charges à supporter pour la cause publique ! Combien de petits droits réservés limitant le droit commun, d'exceptions pour un coin de terre, de privilèges pour des personnes !

Le seigneur d'Agen, comte de Toulouse, roi de France ou d'Angleterre, selon l'époque, avait la directe aussi bien que la justice dans l'étendue du bailliage d'Agen. Cela ressort des termes de la reconnaissance de 1271, qui affirme la règle précisément parce qu'elle détermine les exceptions pour les rentes, oublies et fiefs qui peuvent appartenir à l'évêque, aux églises, à la communauté, aux particuliers.

Ce sont apparemment les revenus de la directe sur le bailliage que nous trouvons exprimés par de gros chiffres dans les comptes déjà cités de Filongleye (1363-1366) et de Jean de Léglise (1372-1374) sous le titre *Balliva agennensis*. En effet, les comptes de Filongleye, dressés méthodiquement, accusent à part et en détail les revenus produits par la justice, à savoir : les cinq greffes du bailliage, de l'exécutoire, des commissions, de la cour du sénéchal, du juge ordinaire ; les droits de sceau de la cour du sénéchal, du juge mage, du sceau et contre-sceau, du juge ordinaire ; l'exécutoire. Enfin, ils comprenaient le salin, qui rendait plus que tout le reste, et le passage sur la Garonne, qui appartenait au roi ou lui avait fait retour seulement depuis l'année 1365.

Voilà bien l'ensemble et le détail des revenus du seigneur, c'est-à-dire du roi dans toute l'étendue du bailliage. Après que le droit de franc-alleu eut été donné ou mieux officiellement reconnu aux Agenais (1341), il faut nous représenter toute la juridiction partagée en domaines dont les conditions étaient les plus diverses ; le nombre de ceux qui possédaient des fiefs nobles était illimité. Les biens de l'église, c'est-à-dire de l'évêque, des chapitres, des paroisses, des couvents, sans cesse accrus par les donations et les legs, devaient être considérables[1] et sujets à des redevances dont les quotités va-

---

[1] Je rappellerai qu'à la fin du XIIIe siècle le clergé possédait le tiers de la ville d'Agen, si l'on s'en rapporte à une déclaration des consuls (1298. *Chartes* n° CIV).

riaient à l'infini suivant les clauses des baux primitifs. Les petits seigneurs, tels que ceux de Mérens, de Lamothe-Bézat, du Limport, avaient le bénéfice de leurs propriétés personnelles et leurs rentes assurées par des baux emphytéotiques. Rien n'empêchait les seigneurs voisins de Casteleulier, de Roquefort, de Lusignan, de Bajamont, de Lafox, de Madaillan, de Laugnac d'avoir aussi des domaines personnels et des droits seigneuriaux sur ce territoire.

Quel que fût le nombre des propriétés soumises à ces divers régimes, il ne dépassait pas sans doute celui des terres appartenant aux vrais Agenais, aux bourgeois qualifiés *burgenses ac jurati, cives ac burgenses* dans un certain nombre d'actes du moyen âge. Ceux qu'enrichissait le trafic si considérable de nos ports sur la Garonne, devaient faire des placements en propriétés. Seuls les juifs, alors nombreux, préféraient appliquer leurs capitaux à la banque et tenaient plus à l'argent qu'à la terre[1].

La part du roi sur les censives était petite au milieu de tant d'exceptions, et c'est pourquoi les revenus de la directe lui rendaient moins que le salin, ce vieil impôt qui devait plus tard rester si impopulaire sous le nom de gabelle.

Ce ne sont là que des aperçus. Pour reconstituer un état fidèle de la propriété dans la banlieue d'Agen, il faudrait

---

[1] Il existe à l'hôtel de ville d'Agen un registre de notaire de l'année 1282 (II. 28) malheureusement détérioré par l'humidité et devenu presque illisible. On y voit que les prêts contractés pardevant ce notaire étaient en grande partie consentis par des juifs. En dehors de ces actes, on aurait peine à trouver quelques mentions des juifs agenais au moyen âge, encore moins à partir du XVIe siècle. Nous ignorons si la disparition de la colonie juive, qui a laissé son nom à l'une de nos rues, doit être attribuée à une émigration ou à des conversions.

avoir d'autres éléments que ceux dont nous disposons. Remonter plus haut que l'an 1250 est impossible. Cette obscurité sur les origines doit être avouée.

Cette même variété dans les éléments de la propriété foncière peut être constatée pour les paroisses réunies à la baronnie de Madaillan. Nous verrons les du Fossat traiter pour la directe avec des seigneurs de Cours, avec le chapitre Saint-Caprais, ou supplanter sans façon des seigneurs de la grande maison de Boville.

En même temps qu'ils avaient le droit de justice au nom du roi et en participation avec les baillis, dont l'un dépendait de l'évêque, les consuls d'Agen exerçaient aussi sur les terres de la juridiction d'autres pouvoirs difficiles à définir, par exemple le *cot* et le *gardiage*.

La question de savoir si ces droits tenaient à la justice ou à la directe fut vivement discutée au siècle dernier. Les opinions furent très contradictoires, ce qui prouve qu'alors ces mots sinon les droits qu'ils rappelaient étaient à peu près tombés en désuétude.

D'après les uns, le *cot* et le *gardiage* seraient un droit d'imposer des amendes à ceux qui ont commis quelques dommages dans les terres, c'est-à-dire un droit de police [1].

D'après les autres, le *cotum*, analogue au *quota*, serait le tribut ou la rente que l'on doit au seigneur. « Le *gardiage*
« est un droit que les seigneurs avoient et ont encore en
« certains endroits de permettre la garde des bestiaux ; pour
« raison de ce gardiage, ils ont un droit certain selon la
« convention faite avec ceux à qui le droit de gardiage est

---

[1] Mémoire pour le duc d'Aiguillon. Pièce cotée *C* dans la note M, p. 33.

« accordé. Le seigneur comte de Rastignac possède actuel-
« lement ce droit dans une terre qui confronte à la juridic-
« tion d'Agen, pour raison de quoi et du gardiage ainsi
« dénommé ses fermiers retirent trente sols par tête des
« bestiaux de ceux auxquels ils ont permis de garder[1]. »

D'après eux, les *cotages*, *gardiages*, cités dans quelques textes anciens, en même temps que les *herbages* et *aglanages*, seraient des droits fonciers et non des attributs de la justice. Cette interprétation est douteuse. Dans un acte de 1350 (FF. 139.) les consuls d'Agen déclarent avoir sur les paroisses contestées de Madaillan : la haute, moyenne et basse justice, la terre-garde, *gardiagium et custodiam messium*. Il semble bien que, dans ce cas, le gardiage soit défini comme un droit de police. Il aurait alors pour équivalent le droit de *petges* que nous avons cherché à définir.

Mais ce mot de gardiage n'aurait-il pas eu plusieurs significations ?

Ce sont là des discussions de détail, qui ne doivent pas faire perdre de vue un fait acquis c'est que le bailliage d'Agen représente, dans toute son étendue, un fief avec tous les avantages de la justice et de la directe. Ainsi l'enquête de 1343, prescrite par Philippe-de-Valois devait porter tant sur les revenus fonciers des paroisses de Madaillan que sur les revenus de justice[2].

Les privilèges accordés à certaines personnes, les exceptions appliquées à des terres ne peuvent avoir qu'une durée limitée. Le travail d'unification qui, du moyen-âge à l'époque moderne, s'opère d'une province à l'autre, sous la main

---

[1] Factum du syndic de Madaillan. Pièce cotée G dans la note M, p. 32.

[2] *De annuo valore redituum dictarum parochiarum et jurisdictionis.*

du roi, s'accomplit aussi plus lentement entre petits pays, dans le corps de chaque province; au dernier degré de l'échelle, dans une simple juridiction comme celle d'Agen, les inégalités tendent à disparaître et les règlements spéciaux tombent en désuétude. C'est moins le résultat d'un commun accord que celui de la force des choses. Dès le milieu du XVIe siècle, nous ne saurions constater aucune différence au point de vue des charges de la communauté entre la condition des habitants hors les murs et celle des habitants de la ville. Aux anciens rôles des tailles, si primitifs, si irréguliers ont succédé des cadastres [1] dans lesquels chaque propriété figure avec l'indication de sa contenance. La superficie de la terre devient la base de l'impôt et aucun bien rural n'est exempt. La lutte se perpétue contre un petit nombre de gentilshommes et de magistrats qui ont la prétention de posséder des biens nobles ou exempts, prétentions condamnée par la jurisprudence de la Cour des Aides [2]. Mais, en tous cas, aucune paroisse, nul hameau, ne sont privilégiés. Ainsi furent abolis les traités pareils à cette transaction de 1316, que nous avons analysée, aux termes de laquelle les habitants de Pauliac, Sainte-Foy-du-Temple, Melges payaient moitié moins d'impôts que les Agenais. Bien que fondées selon les règles de l'équité, de telles réformes s'accomplissent rarement sans quelques difficultés. Quiconque possède un privilège consent rarement de son plein gré à rentrer dans le droit commun. Les forains de la juridiction s'opposèrent plus d'une fois à l'application de mesu-

---

[1] Voir à ce sujet : *Des tailles et des impositions au pays d'Agenais durant le* XVIe *siècle jusqu'aux réformes de Sully.* Recueil, 2e série, t. IV, p. 91.

[2] Notamment par l'arrêt du 18 août 1601, qui fit loi. Sur la résistance que la noblesse de l'Agenais opposa au payement des tailles voir *Cahiers des doléances du tiers-état de l'Agenais*, p. 81.

res prises par la jurade d'Agen, qui tendait à unifier tout le territoire. Nous avons un petit nombre de témoignages sur la période de transition, qu'il faut limiter approximativement entre les années 1470 et 1530. Dans l'intervalle, des conflits sérieux éclatèrent à diverses reprises entre les habitants de quelques paroisses et les consuls d'Agen. Il y eut des revendications de toutes sortes. Les forains allèrent parfois jusques à soutenir la prétention d'être exemptés de tout ou partie des charges communes. De là des séries de procès, un mécontentement qui provoqua même des séditions, dont les causes et les circonstances méritent d'être exposées brièvement.

Vers l'an 1470 environ, à l'époque où les Agenais passaient le traité relatif aux frontières de Madaillan, on pouvait constater l'état de ruines dans lequel se trouvait la ville d'Agen. La Guienne était pacifiée depuis vingt ans; mais la population de la ville avait été à ce point réduite par la guerre et par la peste qu'elle ne pouvait à elle seule entreprendre la restauration des murailles. Comme au lendemain d'un assaut, de grandes brèches se voyaient dans les remparts et, près des écluses du Gravier, une tour entière était démolie[1]. En pareil cas, des corvées pouvaient être imposées à tous les habitants de la juridiction; les consuls eurent recours à cet expédient. Mais les forains des trois paroisses de Cassou, Saint-Denis-Lagourgue, Saint-Caprais-de-Lerm refusèrent de se rendre à leurs sommations[2]. Ils opposaient

---

[1] Ces détails sont fournis, ainsi qu'une partie de ceux qui suivent, par divers témoins entendus dans l'enquête de 1491, 1493, faite par Guillaume Castillon, lieutenant du sénéchal d'Agenais et de Gascogne (FF. 134.)

[2] Par la suite ils allèrent plus loin en se prétendant dégagés de toute contribution. En 1485, la jurade dut rappeler leurs obligations et déclarer qu'ils étaient tenus de payer leur part des impositions de toute nature. (BB. 19, f° 57.)

d'ailleurs quelques bonnes raisons pour justifier leur résistance. Leur asile au temps des dernières guerres avait été le château de Castelnoubel, qu'ils avaient relevé de ses ruines; c'est là qu'ils faisaient le service de la garde; cette forteresse, grâce à leur fidélité, avait été le boulevard (*barbacana ou baloard*) d'Agen contre les Anglais. Depuis cent ans enfin, ils n'avaient travaillé ni aux chemins, ni aux remparts d'Agen. Pourquoi les consuls d'Agen, se faisant juges dans leur propre cause, prétendaient-ils leur imposer cette contrainte?

En effet, les habitants d'Agen n'avaient pas contribué au rétablissement et à la conservation du château de Castelnoubel; en gardant cette position, les forains avaient payé leur dette à la communauté. C'était une mesure peu équitable autant qu'impolitique de leur imposer double charge. On aurait dû maintenir leur obligation en principe mais la **tempérer dans la pratique.**

La résistance aux ordres des consuls dura de longues années; le Parlement de Bordeaux, saisi de cette affaire, avait rendu un premier arrêt (16 juillet 1491 — FF. 134.) défendant de rien innover avant un jugement définitif. Cette décision se fit longtemps attendre et nous savons seulement par un article fort court des mémoires des consuls du commencement du xvie siècle (BB. 22) que ceux-ci finirent par gagner leur procès.

Cependant une série de révolutions, auxquelles nombre de forains participèrent, ébranlait l'ancienne constitution de la commune. La population de la campagne agenaise et les artisans s'étaient avisés, non sans raison peut-être, qu'ils n'étaient pas représentés dans la jurade. Le consulat était resté ou plutôt était devenu un corps aristocratique. La petite noblesse et la bourgeoisie tendaient à accaparer ces charges. Les consuls d'Agen nommaient leurs successeurs et ce mode d'élection si restreint [1] avait pour conséquence de favoriser les intrigues et de perpétuer ces dignités dans les mêmes familles par une entente facile. Ni les ouvriers ni les paysans ne pouvaient espérer de coiffer un jour le chaperon et d'endosser les livrées consulaires. Les intérêts du peuple ne souffraient-ils pas de cet état de choses? On imposait des quartiers sans en exposer les motifs, et ces impôts devenaient de plus en plus lourds.

Le public n'étant pas admis à vérifier les comptes de fin d'année, on prétendait que ces comptes n'étaient pas réguliers, que les dépenses n'étaient pas justifiées. Ainsi tout le bailliage était aux mains d'une coterie qui gardait le secret le plus absolu sur ses actes, et c'en était assez pour provoquer les soupçons. Les mécontents, fort nombreux, dirigés par des hommes plus ambitieux peut-être que désintéressés, voulaient une réforme. Dans un des principaux articles de leurs doléances ils mirent en avant ce que l'on appellerait dans l'argot de la politique moderne les candidatures ouvrières. Ils demandaient que sur les huit consuls élus chaque année, deux fussent pris parmi les artisans et deux parmi les laboureurs.

Toute la ville fut agitée, au cours de l'année 1481, par ces revendications, qui devinrent l'objet d'une enquête judiciaire faite dans les formes les plus solennelles. La crise s'apaisa, bien que les réformes démocratiques aient été ajournées [2]. Trente-trois ans plus tard, une sédition plus grave encore, en raison du nombre des manifestants et des sévices exercés

---

[1] Voir, sur l'organisation du consulat, *Aperçus généraux sur le régime municipal de la ville d'Agen au XVIe siècle*. Recueil, 2e série, t. v, p. 1.

[2] Sur cette petite révolution, voir *Un essai d'organisation démocratique à Agen, en 1481*, par M. Ad. Magen. Recueil, 2e série, t. V, p. 115.

contre les consuls [1], atteste que les idées d'émancipation n'avaient pas cessé de hanter la classe pauvre. Paysans et prolétaires avaient peine à supporter les impositions extraordinaires ordonnées par les consuls, tantôt pour subvenir à la construction d'un pont de pierre sur la Garonne, tantôt pour soutenir des procès onéreux, tels que ceux qui avaient pour objet la suppression des sénéchaussées de Villeneuve, de Sainte-Foy et de Condom, créées aux dépens de celle d'Agen (FF. 198, 199.) A cela se joignirent des réquisitions militaires excessives (EE. 6.). Agen et sa banlieue étaient ruinés et les oppositions au payement des taxes nouvelles ne cessèrent pas durant les trente premières années du XVIe siècle.

Le procès de 1491, 1492 avait eu pour unique objet le refus des habitants de trois paroisses de contribuer à la restauration de l'enceinte d'Agen; un autre procès pendant au Parlement de Bordeaux, en 1528, pouvait être de plus grande conséquence. Les habitants hors les murs, c'est-à-dire tous les forains de la juridiction, représentés par un syndic, Pierre Romec dit Quinquayne, se prétendaient exempts des impôts établis par les consuls. Une revendication aussi absolue n'a-

---

[1] La sédition de 1514 a fait le sujet principal d'un ouvrage contemporain, le *Tractatus de seditionibus* (1515) par Nicolas Boyer, un des commissaires chargés de la répression. Sur cette révolution, qui amena la proclamation d'une commune démocratique bien éphémère, les archives d'Agen possèdent des dossiers fort complets formant ensemble environ 2,000 pages (FF. 226-228.) Une contre-enquête faite par Yrisson, notaire à Condom, commissaire délégué par le roi pour vérifier les griefs reprochés aux consuls paraît prouver que ceux-ci n'étaient pas tous irréprochables et que bien des abus étaient à réformer. Je crois inutile d'entrer dans quelque détail sur cet épisode, très intéressant, mais qui ne se rattache que fort indirectement à mon sujet.

vait aucun fondement en droit et les demandeurs ne pouvaient invoquer ni traités, ni traditions. Nous ne possédons qu'un dossier incomplet sur cette affaire (FF. 133.) Il s'y trouve du moins un acte important, les conclusions du procureur, qui se prononce en faveur des consuls, en affirmant que puisque les forains jouissaient des mêmes privilèges que les habitants de la ville ils devaient supporter les mêmes charges.

Tel est bien le principe conforme à l'équité qui devait prévaloir. La suppression des privilèges de quelques paroisses et de quelques groupes de propriétaires fut définitive à partir du milieu du xvie siècle.

II

Forains détachés de la juridiction. Procès entre les tenanciers de Madaillan et leurs seigneurs, les ducs d'Aiguillon.

En étudiant les diverses phases des différends entre les Agenais et les barons de Madaillan, en produisant le texte de la transaction de 1470, nous avons déterminé les conséquences de ces luttes de plus d'un siècle et demi et celles de cet accord au point de vue purement géographique. Une juridiction royale, celle d'Agen, se trouvait amoindrie, tandis qu'une juridiction seigneuriale s'était accrue à ses dépens. Toute une première série de procès était terminée ; mais d'autres causes de conflit non moins graves devaient se produire. Au XIVe et au XVe siècle, ce sont les barons de Madaillan qui sont soulevés contre Agen ; au XVIIIe siècle c'est la population de Madaillan qui plaide contre les barons.

Il ne semble pas que les habitants des six paroisses contentieuses aient été consultés sur leurs préférences lorsqu'on négocia le traité de 1470. Du moins ils ne furent pas représentés dans l'assemblée qui rédigea sur la marche d'un autel un procès-verbal si minutieux. Sans doute, des paysans ignorants, vivant de labeur au jour le jour, jugeaient mal de ce qu'ils avaient à perdre ou à gagner aux termes de cet instrument qui fut peut-être le chef-d'œuvre des notaires Jolivet et Bilhonis. Ces clauses allaient pourtant déterminer un changement de condition notable pour eux et pour leurs descendants pendant une période de plus de trois siècles.

Quand ils furent placés sous le régime des seigneurs, les tailles qu'ils avaient à payer au roi restaient les mêmes ; ils étaient jugés par un délégué du seigneur au lieu d'être cités par devant le Lailli et les consuls sous l'orme de Cayssac ou au prétoire d'Agen.

Les lois, le tribunal changeaient[1] ; mais la police rurale pouvait être sagement exercée par les agents du seigneur.

Les réparations au château de Madaillan et le service de la garde pouvaient être des servitudes moins pénibles que les obligations pareilles imposées au profit des Agenais. En temps de guerre, l'abri était tout indiqué, le secours, plus prompt et plus efficace. De ce côté, les paysans des six paroisses trouvaient peut-être un réel avantage.

Reste à éclaircir le point principal: la différence et la quotité des charges pécuniaires.

---

[1] Au xv° siècle comme auparavant, les coutumes locales, rédigées en forme de code sommaire, variables d'une juridiction à l'autre, servaient à résoudre les contestations. Régis autrefois par les coutumes d'Agen, les habitants des six paroisses passèrent sous d'autres lois, à la fin du moyen âge. Lesquelles? On ne libellait plus de coutumes depuis le xiv° siècle. Il n'y a jamais eu de coutumes de Madaillan : en admettant que le texte original fût perdu pour nous, comme l'est malheureusement celui des coutumes de Montpezat, ce document, d'une importance capitale, eût été discuté dans les grands procès du xviii° siècle, comme l'ont été les coutumes de Montpezat. On en aurait gardé quelque souvenir.

Les baronnies de Montpezat et de Madaillan étant réunies, dès ce xv° siècle, sous la même domination, les coutumes de la plus ancienne seigneurie furent sans doute appliquées dans toute l'étendue de la juridiction.

Il est à présumer que, dans l'Agenais, les seigneuries dont l'origine n'est pas antérieure au xv° siècle se distinguent des autres par un trait commun: le défaut de coutumes originales et l'adoption d'un type emprunté. C'est un sujet à étudier.

Aucun des actes de réunion des paroisses à la baronnie de Madaillan ne renferme une seule clause au sujet des droits de directe. Les consuls d'Agen perdent sur ce territoire la justice, la police, la juridiction qui sont acquises aux seigneurs ; mais les habitants des paroisses devaient-ils par ce fait passer de la condition de propriétaires de francs-alleux à celle de tenanciers, d'emphytéotes ? En droit, non. Les titres féodaux sont des titres de propriété. De même qu'un propriétaire de nos jours traite de la ferme de ses terres, de même les seigeurs pouvaient passer des baux emphytéotiques pour leurs domaines. Tandis que les baux à termes limités sont seuls usités de nos jours, l'usage de passer des contrats à clauses perpétuelles prévalait autrefois. Les charges principales spécifiées dans les anciennes baillettes sont : les *oublies* ou rentes annuelles payables en argent ou en nature mais non variables; les acaptes, arrière-captes, lods et ventes, tous droits de mutation que l'on payait autrefois au propriétaire d'après un taux à jamais arrêté, comme on les paye aujourd'hui à l'Etat [1], en subissant des variations ; etc.

L'Agenais était un pays de franc-alleu [2]. Les roturiers pouvaient posséder librement leur terres en fiefs nobles. On avait des tenanciers, comme nous avons aujourd'hui des fermiers ou des métayers. Les coutumes d'Agen, plus libérales en cela que beaucoup d'autres, donnaient même aux propriétaires la faculté d'imposer des lois spéciales, des coutumes à leurs tenanciers. Nous avons traité cette question.

---

[1] L'acapte qui est un droit à payer à la mort du seigneur n'existe plus, car l'Etat ne change pas. L'arrière-capte était dû à la mort du tenancier. Ce droit paraît avoir été peu usité dans l'Agenais durant le moyen-âge.

[2] Voir à ce sujet la note L.

Les seigneurs au pays d'Agenais pouvaient, comme tout le monde, posséder des fiefs dans les bailliages royaux. C'est pourquoi nous avons vu les seigneurs de Bajamont et de Madaillan, l'un, dans la transaction définitive de 1369, l'autre dans l'accord définitif de 1470, se réserver expressément les droits seigneuriaux qu'ils pouvaient avoir sur le territoire reconnu de la juridiction d'Agen. Pareilles clauses n'auraient même pas eu besoin d'être écrites ; elles ne pouvaient souffrir aucune difficulté de part ni d'autre. Elles ne touchaient ni la justice, ni à l'administration mais au droit purement foncier. C'est ainsi par exemple que les seigneurs de Bajamont ont possédé le château-fort de Castelnoubel.

Ainsi la distinction entre la justice et la directe est forcée dans les pays de franc-alleu. C'est-à-dire que le droit de justice n'implique pas la directe.

Le seigneur de Montpezat avait acquis, en 1470, la justice sur la paroisse de Madaillan, et aussi, avec la juridiction, le *jus collectisandi*, mais rien de plus. Et cependant, ses successeurs, moins d'un siècle après, se prévalaient également de la directe sur toute l'étendue de la baronnie.

Leur usurpation à ce sujet est rendue évidente par nombre de pièces invoquées au xviiie siècle. Elle ressort du seul énoncé de ce fait que, pour être légitimes au xviiie siècle, ces droits auraient dû s'étendre primitivement sur toutes les terres, sans exception, de six paroisses du bailliage d'Agen, ou bien être successivement acquis, de telle sorte que la baronnie tout entière fût devenue une propriété foncière compacte, sans enclave, de 3,770 à 4,028 carterées[1].

Cette impossibilité saute aux yeux. A toutes les époques

---

[1] Ces chiffres sont fournis l'un et l'autre par des cadastres faits à des époques différentes.

où la propriété privée est suffisamment sauvegardée, il n'est si grand prince ou si puissant financier qui ne se heurte à quelque obstacle infranchissable lorsqu'il veut agrandir démesurément ses domaines [1]. Le meunier Sans Souci, le charbonnier maître chez lui ne sont pas seulement des personnages légendaires et des sujets de proverbe.

L'unification de la seigneurie de Madaillan, accomplie dès le milieu du xvie siècle, prouve qu'autrefois on ne respectait guère meuniers et charbonniers. C'est un fait à expliquer. Il y eut une période de transition dont les phrases sont difficiles à déterminer exactement. Toutefois une masse énorme de documents ont été mis au jour et discutés dans le grand procès du xviiie siècle que nous allons étudier [2].

---

[1] Si l'argument paraissait faible, j'ajouterais que des centaines d'actes d'acquisition de propriété ou de censives passés entre 1470, date de la réunion, et 1558, date de la plus ancienne transaction sur la directe, n'auraient pas été complètement perdus parmi les minutes des notaires, ou parmi les expéditions remises aux seigneurs. De ces exemplaires en double quelques-uns du moins auraient pu être produits au xviiie siècle par les ducs d'Aiguillon.

Le nombre de ces actes, — une vingtaine, passés du xiiie siècle au xvie — était si dérisoire qu'on s'est bien gardé de les invoquer. Il n'a été question pour les seigneurs de Madaillan que des transactions et de la prescription centenaire.

[2] Au sujet de ces documents on peut consulter la note M, à laquelle nous allons nous référer constamment. Elle fournit des indications sur les factums des deux parties, et sur les principales pièces du procès.

Notre savant collègue, M. le Dr J. de Bourrousse de Laffore, propriétaire du château de Madaillan, a bien voulu mettre à ma disposition tous les documents faisant partie de ses archives personnelles qui se rapportent à cette affaire. Je ne saurais trop lui témoigner ma reconnaissance.

D'autre part, M. Saint-Marc, avocat, propriétaire à Combelles,

Ces productions de pièces suppléent souvent aux originaux et les appréciations mêmes des adversaires, opposées les unes aux autres, facilitent la tâche de l'annaliste.

Il convient d'abord, pour ne pas compliquer le sujet, de dire quelques mots sur une cause parfois rattachée à celle de Madaillan. Depuis le commencement du xv° siècle jusqu'à

---

commune de Madaillan, a récemment donné aux Archives départementales un dossier sur le procès de Madaillan, tiré de ses papiers de famille. Le désir de m'obliger est peut-être entré pour quelque chose dans l'empressement que M. Saint-Marc a mis à se dépouiller de ce fonds précieux, dont il connaît toute la valeur. Je ne suis donc pas libéré envers lui par les remerciements officiels que j'ai été heureux de lui adresser comme archiviste. Il m'a aussi rendu un service personnel. Ces derniers documents ont été largement analysés dans l'inventaire sommaire en cours de publication, (St. E. 1041-1046.) ce qui me dispense de leur consacrer ici une notice spéciale.

Sans le double secours qu'on m'a prêté avec tant de bienveillance il eût été impossible de restituer les sacs volumineux des deux parties dont la cause nous intéresse.

Après la séparation de Madaillan, les Agenais n'ont eu que des rapports de voisins avec les habitants des paroisses. Les archives de notre hôtel de ville cessent par conséquent d'offrir de grandes ressources. La commune de Madaillan ne possède, en fait de documents antérieurs à 1789 que deux terriers et des registres paroissiaux. Les archives privées de M. le marquis de Chabrillant, qui doivent réunir, avec les titres de la maison d'Aiguillon, ceux des Mayenne, des Montpezat, des du Fossat, tour à tour barons de Madaillan, sont peu accessibles. Il paraît évident par la série des factums composés pour les ducs d'Aiguillon, au xviii° siècle, que ce fonds est très riche. Mais ces derniers produisaient avec une extrême prudence, et pour cause, les actes relatifs à leurs droits prétendus sur certaines paroisses de Montpezat et sur celles de Madaillan.

la Révolution, la baronnie de Montpezat fut à peu près constamment dans les mêmes mains que celle de Madaillan, dont elle était voisine.

De 1701 à 1733, les syndics de Madaillan furent souvent unis à ceux de Montpezat dans les procès soutenus contre les ducs d'Aiguillon ; leur revendication était appuyée sur es mêmes principes. La seigneurie de Montpezat, plus ancienne et moins discutable, était fortement constituée dès le XIIIe siècle. Ses limites étaient déterminées par un article des coutumes de l'année 1279, dont le texte paraît malheureusement perdu. Montpezat est une position très forte ; les barons qui l'ont possédé depuis le XIIIe siècle ont été de tous temps de très puissants seigneurs. Engagés dans le parti anglais au XIVe siècle, ralliés au parti français durant le XVe, ils profitèrent des troubles, de même que les seigneurs de Madaillan, pour étendre leurs domaines.

Ils dépassèrent de beaucoup le ruisseau de La Beausse[1], qui marquait leurs anciennes limites, et finirent par réunir 18 paroisses. Leurs usurpations sur la justice et sur la juridiction de partie des bailliages primitifs de Port-Sainte-Marie et de Sainte-Livrade sont évidentes. Des bailliages royaux inscrits comme tels dans les comptes du XIVe siècle, entre autres Granges, Felletone, Saint-Sardos[2], avaient été absorbés ;

---

[1] C'est, comme le ruisseau Bourbon, une excellente frontière naturelle sur un parcours de 12 kilomètres, et qui laisse en dehors de Montpezat, au sud, les paroisses de Pagnagues, Saint-Amant, Saint Sardos, Lussac, Saint-Damien ou Granges.

[2] Au sujet de cette dernière localité, je rappelerai les incidents si graves de l'année 1324, qui prouvent surabondamment que Saint-Sardos appartenait au roi de France et à l'abbaye de Sarlat et non au seigneur de Montpezat. Les comptes de Filongleye (1363-1367. — J. Delpit, *Docum. franç*. p. 164.) portent les revenus de Felletone au compte du roi. Ceux de Jean de Léglise (1372-1374. — *Rec. de la Soc.* 2e série. t. VI) n'attribuent à aucun seigneur Granges, Felletone et Saint-Sardos, alors ruinés par la guerre, tandis que les occupations même temporaires par les barons sont exactement notées pour nombre d'autres bailliages.

des terres des abbayes de Sarlat, Sainte-Livrade, Pérignac, occupées. Quand la baronnie de Montpezat en vint à étaler au soleil plus de 8.000 carterées d'un seul tenant, tous les habitants de ce territoire étaient devenus non seulement justiciables mais aussi tenanciers des barons de Montpezat. Les procès entre les habitants des paroisses usurpées de Saint-Sardos, de Felletone et de Granges, d'une part, et les seigneurs de Montpezat d'autre part, traînèrent pendant la plus grande partie des trois derniers siècles. Durant ce long espace de temps, le Parlement de Bordeaux rendit les arrêts les plus contradictoires sur cette même affaire. Il rattacha à trois reprises différentes les trois paroisses au domaine royal (arrêts de 1511, 1598, 1715). Ceci concernait principalement le droit de justice, mais les débats étaient sans cesse renouvelés au sujet de la directe et ramenaient la discussion sur la première question jugée. Par des lettres patentes, en date de 1733, Louis XV confirma, en faveur du duc d'Aiguillon, le don du droit de justice sur les trois paroisses et sur toute la baronnie de Montpezat. De pareils actes du pouvoir consacraient un retour au moyen-âge. Un arrêt du Parlement de Bordeaux de l'année 1762 maintint ce droit en faveur du duc Emmanuel-Armand et lui assura en même temps la jouissance si contestée de la directe[1].

Dans les deux procès de Montpezat et de Madaillan la cause est au fond la même et aussi les preuves, sauf en ce qui concerne les titres primordiaux dont les dates et la por-

---

[1] Les tenanciers des trois paroisses payaient 40 sous de devoirs seigneuriaux par carterée ; tandis que réunis au domaine pour la directe, ils n'auraient payé qu'un sou.

La plupart des renseignements qui précèdent sont tirés du texte même de l'arrêt de 1762. Arch. dép. Impr. in-folio de 17 pages. Don de M. Saint-Marc.

tée varient. A part les arguments tirés de la condition diverse des deux territoires durant le moyen âge, les discussions sur le droit, les phases du procès, les titres modernes des seigneurs qui réunissent les deux baronnies, les transactions du xvi° siècle qui aggravent les devoirs seigneuriaux offrent tant de points de rapprochement que l'histoire du procès de Montpezat est presque analogue à l'histoire du procès de Madaillan que nous allons entreprendre d'écrire.

Laissons d'abord la parole aux plaignants du xviii° siècle.

« Après que cette transaction fut passée (1470), quel parti
« y avoit-il à prendre pour des foibles tenanciers, abandon-
« nez par leurs défenseurs, qui en trahissant lâchement les
« intérêts de leur Roy (le syndic de Madaillan est dur pour
« les anciens consuls d'Agen), les laissent exposés à l'avidité
« d'un usurpateur violent et emporté? Quel autre parti, dis-
« je, que de plier et de se soumettre ?

« Dès lors, Charles de Montpezat, qui, jusque là, n'avoit pu
« se former que peu de censives dans les paroisses de Ma-
« daillan, n'oublia rien pour arracher des reconnoissances
« en sa faveur; elles furent plus ou moins fortes, à mesure
« qu'il trouvoit de la foiblesse ou de la résistance.

« Ses auteurs, comme on l'a découvert dans l'ouverture
« des archives d'Aiguillon, n'avoient d'abord exigé que quel-
« ques petites redevances, qui consistoient en des oublies,
« ou deniers, ou sols arnaudins. On ne sauroit montrer au-
« cune reconnoissance avant 1400 qui fut chargée de
« plus forts devoirs : on n'avoit pas connu alors dans les
« paroisses de Madaillan des rentes en bled et en avoine.

« Mais, après cet époque, on en trouve de cette dernière
« espèce, différente pourtant, et en petite quantité, jusques à
« ce qu'enfin Honorat de Savoye, comte de Villars, qui avoit
« épousé Jeanne de Foix, héritière de la maison de Montpe-
« zat, se servit de son autorité pour faire passer, en 1558, la

« première transaction qui assujettit les tenanciers à un
« carton par carterée, un sol d'argent et une suite effroyable
« qui est presque le revenu que peut donner cette carterée ;
« tellement que, si cette rente soutient, les tenanciers au-
« ront de la peine à trouver dans les revenus de leurs biens
« et la taille et la rente.

« Ce fut dans le château de Granges que se passa cette
« transaction. par 14 misérables paysans, que le comte de
« Villars y avoit attiré par crainte et par menaces. Eh qui
« auroit pu résister à un si puissant seigneur, qui étoit
« lieutenant général des armées du Roy, et qui se servoit
« des troupes qu'il commandoit pour brûler les hameaux et
« les maisons de ceux qui ne vouloient pas se soumettre aux
« rentes qu'ils prétendoit exiger !

« Ces violences déterminèrent ces paysans à contracter
« avec le comte de Villars, comme il voulut, sans qu'ils
« eussent reçu aucun pouvoir de la communauté.

« On ne tarda pas longtemps à se pouvoir contre cette
« transaction, mais, comme on avoit à faire à Monsieur le
« duc de Mayenne, qui avoit épousé la fille du comte de
« Villars, prince de la maison de Guise et un des chefs de
« la Ligue, il fallut reprendre le joug qu'on avoit voulu se-
« couer.

« En 1565, on renouvella l'engagement de la première
« transaction dans le château de Madaillan; le préliminaire
« de cette seconde est plus étudié que celui de la première,
« il y est dit que plusieurs faisoient plus d'un carton par
« carterée, et que ceux dont on ne trouveroit pas les assor-
« timents seroient réglez par les voisins; mais que voulant
« traiter favorablement ses tenanciers, il réduisoit ses pré-
« tentions à la rente portée par la première transaction.

« C'est ainsi que ces pauvres habitans, abusez par des

« énonciations qui se sont trouvées fausses dans la visite des
« archives d'Aiguillon, consentirent à un accord si onéreux.

« La transaction de 1614 est l'effet de la même autorité
« qui a opéré les premières.[1] »

C'est une histoire assez lamentable et les accusations portées contre les seigneurs sont graves. Pour savoir si elles sont justifiées, notre devoir est de remonter aux sources et de refaire l'enquête pièces en main.

Quand le procès fut soulevé par les tenanciers de Madaillan, au commencement du XVIII° siècle, on jugea nécessaire de faire apposer les scellés, par autorité de justice, sur les archives du château d'Aiguillon qui renfermaient les titres accumulés des du Fossat, des Montpezat, des Villars, des Mayenne et des Vignerod. A lui seul, un fait pareil prouverait l'importance exceptionnelle de ces débats. Cette propriété personnelle d'une famille qu'avaient élevée si haut sa parenté et ses alliances avec les deux ministres Richelieu et Mazarin, ce dépôt d'archives d'Aiguillon resta dans cet état, fermé pour tous, au moins huit années. Au lieu d'agir comme un propriétaire sûr de ses droits, empressé de les prouver en mettant au jour tous ses titres, les agents du seigneur semblaient redouter les révélations qui sortiraient de la poussière de ces vieux coffres[2]. Ils savaient bien que

---

[1] Pièce cotée *y* dans la note M, p. 37.

[2] Voici à ce sujet le rapport des syndics de Madaillan (tiré de la requête cotée *a a* dans dans la note M, p. 1.)

« La Cour est suppliée d'observer qu'en 1710 M. de Richelieu,
« par sa requête du 28 août, cotte 7. D. de son sac, avoit conclu
« à la descente à Aiguillon, pour la levée du scellé de ses archi-
« ves ; ses agens, s'étant repris, trouvèrent bon d'enlever deux
« feuillets de cette requête et d'en changer les conclusions, mais

les baillettes primitives témoignaient par leur petit nombre des usurpations sur les terres libres. Ils savaient que les clauses de ces quelques parchemins du moyen âge comparées à celles des transactions modernes fournissaient une preuve manifeste de l'aggravation des devoirs seigneuriaux.

Lors de l'ouverture des archives, ils firent disparaître des pièces, sous l'œil même des syndics de la partie adverse ; mais ceux-ci, malgré tout, purent réunir assez de preuves pour justifier leurs revendications.

Une pièce très importante, tirée de ce fonds, est un « in-
« ventaire des papiers trouvés dans le château d'Aiguillon
« concernant les droits seigneuriaux de Madaillan[1]. »

Il comprend une vingtaine d'actes, dont les originaux, la

« les significations qui sont encore au procès tinrent lieu d'origi-
« nal.

« La Cour est encore suppliée de remarquer qu'en 1718, lors de
« la descente à Aiguillon, il se passa quinze jours sans rien faire
« par l'incident formé mal à propos par le Procureur de M. de
« Richelieu, ainsi qu'en fait foy le verbal fol. 2. p, v°.; pour, par ce
« retardement, faire que le suppliant (Bernard Méja, syndic de la
« communauté de Madaillan) et le syndic de Montpezat n'eussent
« pas le temps de visiter et prendre les extraits des titres et piè-
« ces qui auroient pu leur être utiles; ce n'est point une fable, le
« fait est réel : aussi le syndic de Montpezat s'en plaignit-il par
« son dire inséré dans le verbal fol. 41, r° et v°.

« La conduite tenue pendant la visite des archives par les agens
« de M. de Richelieu, pour soustraire et escamoter partie des ti-
« tres etc... »

[1] Arch. dép. don de M. Saint-Marc. Ces pièces étant citées dans l'inventaire sommaire en cours de publication, avec leurs dates, les noms des contractants, les clauses principales, je crois inutile de répéter en note toute cette liste.

plupart en langue romane, seraient fort intéressants à étudier. Du moins les analyses de ces contrats sont assez longues pour nous bien renseigner sur leur teneur. Ces baux se réfèrent tous à des terres situées dans les paroisses voisines du château de Madaillan. Ils prouvent que les du Fossat, au XIVe siècle, et les Montpezat, au XVe, avaient sur ce point des domaines personnels, ce qui d'ailleurs ne fut jamais contesté au procès. Les tenanciers insistaient pour connaître ces domaines et ramener leurs possesseurs aux obligations anciennes, après quoi les autres terres non comprises dans ces actes auraient recouvré leur condition libre.

Voici quelle était, d'après ces documents, la quotité des anciens droits seigneuriaux :

En 1319, des pièces de terre, à Cardounet, supportaient un devoirs de 5 deniers d'oublies par carterée et autant d'acapte à chaque mutation de seigneur.

En 1339, des pièces de terres, au même lieu, étaient taxées 12 deniers maille d'oublies par carterée et moitié en acapte à chaque mutation de seigneur.

En 1359, terres, à Doulougnac, à peu près les mêmes devoirs: 11 deniers d'oublies par carterée, 5 d'acapte.

En 1433, bail à nouveau fief, d'une propriété de 38 carterées, sise à Saint-Julien, moyennant 20 sous d'oublies, 2 quartons de froment, autant d'avoine, le tiers en acapte. C'était moins d'un sou par carterée, mais déjà apparaissent de petites redevances en grain.

En 1480, bail à fief par Charles de Montpezat de 6 carterées de terre sises à Cardounet, au devoir de 6 sous d'oublies, demi quarton de froment, 3 quartons d'avoine et un chapon. C'étaient un sou par carterée et des redevances en nature plus fortes que celles du bail précédent. Mais si, comme tout le fait supposer, Charles de Montpezat était propriétaire foncier de ce domaine et passait un premier traité, rien de plus légitime que ce contrat. Le pouvoir de l'argent avait diminué depuis 1319 et les baux emphytéotiques passés un siècle et demi après cette date devaient naturellement comporter des charges plus considérables.

Un acte passé, en 1500, par noble Jean de Bassette, au nom de Guy de Montpezat, pour une terre de 3 carterées, située en la paroisse de Cardounet, indique des proportions à peu près semblables. Les devoirs sont de 32 deniers d'oublies (moins d'un sou par carterée) une pugnère d'avoine, 2 poules et une demi-livre de cire. L'acapte est de 7 deniers.

Ces divers documents méritaient d'être cités ; ce sont des types. Les rares contrats du moyen âge passés en Agenais entre seigneurs et tenanciers qui sont venus à notre connaissance ne s'éloignent pas sensiblement de ceux-ci pour les chiffres des redevances.

On peut omettre plusieurs pièces de l'inventaire des titres de Madaillan qui ne sont d'aucun secours pour établir des proportionnalités, attendu que la contenance des domaines n'est pas indiquée non plus que la quotité des censives par carterée.

Nous n'en avons pas moins un aperçu sur les chiffres des devoirs seigneuriaux dans la baronnie de Madaillan au moyen âge, un terme de comparaison précis.

La seconde question à étudier est celle de l'étendue des domaines fonciers des seigneurs de Madaillan. Sur un pareil sujet les éléments d'information sont insuffisants. Les 20 pièces anciennes de l'inventaire intéressent une bien petite partie des 4,000 carterées de la baronnie de Madaillan ; mais, à côté d'actes passés pour un lopin de terre, nous en trouvons deux qui attestent des acquisitions importantes. Les voici :

En 1450, Marie de Caumont, dame de Madaillan, avait acheté à Jeannicot de Cours, moyennant 22 écus d'or, tous les droits rattachés à la propriété de Dauriac, dans la seigneurie de Madaillan et ces droits s'étendaient sur 13 tenanciers de la paroisse de Saint-Denis et 28 de la paroisse de Fraysses. Cet acte, à lui seul, en représente 41.

En 1474, Charles de Montpezat passa une transaction avec le chapitre de Saint-Caprais au sujet des rentes prétendues par ce dernier sur des terres de la juridiction de Madaillan. Le chapitre de Saint-Caprais était une puissance avec laquelle on comptait à Port-Sainte-Marie, à La Sauvetat-de-Savères et ailleurs ; mais là où les consuls d'Agen avaient échoué, là où se dressaient les deux tours du château de Madaillan les Montpezat étaient maîtres. Les chanoines, ne pouvant rien tirer des propriétés qu'ils possédaient au delà du ruisseau Bourbon, cédèrent leurs droits pour une indemnité de 70 livres. A en juger par ce chiffre peu élevé, ces domaines ne devaient pas être considérables.

Enfin, dans cet inventaire, figurent des titres de propriété de la famille de Boville. Une note marginale, consignée par le syndic de Madaillan, rappelle que ces terres avaient été usurpées par les Montpezat. C'est une allusion au mémoire des consuls d'Agen de l'année 1466 (publié note H). Les Boville paraissent avoir possédé autrefois plusieurs domaines à Cardounet, Montréal et Saint-Cirq.

Mais toutes ces pièces réunies intéressent tout au plus quelques centaines de tenanciers. Comment se fait-il alors que moins d'un siècle après la transaction, en l'année 1558, la juridiction tout entière de Madaillan n'ait été peuplée que de tenanciers au nombre de 1400[1] ? Nous cherchons vaine-

---

[1] C'est le chiffre indiqué dans les factums et non contesté. Il figure aussi dans la transaction de 1614. Voir note K.

ment par quels moyens légitimes pareille révolution dans le régime de la propriété aurait pu s'opérer si rapidement. A supposer une fortune assez considérable pour permettre l'entière acquisition des 8,000 carterées de la terre de Montpezat, des 4,000 carterées de la terre de Madaillan, ou des droits seigneuriaux sur ces terres, il faudrait admettre aussi, comme nous l'avons dit plus haut, que tous les propriétaires de fiefs, tous les possesseurs de francs-alleux avaient consenti à traiter de gré à gré, à prix d'argent ou autrement, de leur perpétuelle subordination.

C'est invraisemblable. La seule explication est celle que les tenanciers du xviiie siècle ont donnée dans une page de leurs mémoires que l'on vient de lire. Elle est brutale : la directe avait été généralement usurpée.

Réduire par la violence à l'état de débiteur quelqu'un qui ne vous doit rien, exercer un prélèvement sur un domaine qui ne vous appartient pas, ce sont des procédés qui méritent une juste réprobation. Mais, avant de condamner, l'annaliste a le devoir de rechercher dans quelles circonstances fut opérée cette transformation du régime des propriétés.

Nous avons vu les habitants des paroisses de Madaillan soumis, avant leur séparation d'Agen, au payement des impositions communales. Jusques au commencement du xviie siècle, les consuls d'Agen ont eu la faculté d'imposer librement des collectes pour les nécessités de la ville[1]. Le chiffre total des quartiers étant variable d'une année à l'autre, la quotité à payer par chaque contribuable l'était également. Depuis la transaction de 1470, les propriétaires de la juridiction de Madaillan furent naturellement dispensés de participer aux collectes de la ville d'Agen. Ils avaient à contribuer aux collectes à faire par le seigneur, tenu au ban et à l'arrière-ban,

---

[1] Voir à ce sujet la notice déjà citée *Des tailles et des impositions au pays d'Agenais. Recueil*, 2e série, t. IV, p. 91.

à des payements de gages, etc. De taillables qu'ils étaient au profit de la ville d'Agen, ils étaient devenus taillables au profit de Montpezat[1].Sur quelles bases le seigneur devait-il lever les

---

[1] Il ne s'agit pas, bien entendu, de la taille au quatre cas, qui est un droit seigneurial mieux défini, mais d'impositions irrégulières qui pouvaient se renouveler chaque année et même plusieurs fois dans la même année. Les seigneurs de Bajamont et de Madaillan ont usé de ce droit au moyen âge. C'est un des griefs qui leur sont reprochés par les consuls d'Agen comme une usurpation sur leur juridiction. Après que la juridiction des seigneurs eut été assurée par les transactions de 1369 et de 1470, ceux-ci durent exercer librement le *jus collectisandi*.

Je n'ai pas trouvé toutes les explications qui puissent convenir à mon sujet dans deux ouvrages récemment publiés, qui forment une remarquable histoire de nos anciennes institutions : *Précis de l'histoire du droit français*, par Paul Viollet. Paris, L. Larose et Forcel, 1886.— *Droit coutumier français. La condition des biens*, par Henri Beaune. Paris, Delhomme et Briguet, 1886.

M. Beaune donne (p. 165) quelques détails sur ce grand courant de la transformation des alleux en fiefs, du XIIe au XIVe siècle, qui, dit-il, s'est parfois opérée par la volonté même des hommes libres. Dans notre pays, cette transformation est bien plus récente.

M. Viollet cite (p. 600) quelques épisodes de la lutte si vive au XVIe siècle et au XVIIe entre les deux maximes *nulle terre sans seigneur* et *nul seigneur sans titre*.

La lutte se comprend, mais qui est juge? En vertu de quelles ordonnances, de quels arrêts, les barons de Montpezat et de Madaillan ont-ils pu déclarer un jour que les alleux étaient transformés en fiefs, sous leur dépendance, dans toute l'étendue d'un territoire sur lequel ils avaient le droit de justice? Il répugne de déclarer que c'est tout simplement une application de la loi du plus fort; mais, si pareille révolution eut des raisons quasi légitimes, ces raisons nous échappent, une seule exceptée, celle que nous proposons. Elle n'a pour elle qu'une preuve. A partir des transactions des XVIe et XVIIe siècles qui déterminent le taux des censives, il ne semble pas que les barons de Madaillan aient continué à lever des impositions sur leurs justiciables.

sommes qui lui étaient nécessaires? Je ne connais à ce sujet aucune règle. De même que les collectes municipales étaient variables d'une année à l'autre, suivant la circonstance, c'est-à-dire arbitraires, de même les collectes seigneuriales devaient être variables, suivant la paix ou la guerre, c'est-à-dire également arbitraires. Ce dernier terme, s'il est juste, appliqué aux uns et autres, laisse le champ libre au caprice des seigneurs, et, comme les habitants d'Agen se sont élevés à diverses reprises dans le cours des xv° et xvi° siècles, contre leurs consuls, qui les écrasaient de collectes, n'est-il pas vraisemblable que le même fait s'est produit dans les campagnes soumises aux seigneurs? La lutte d'un simple contribuable contre un baron était impossible : nous avons vu pour le moyen âge, et, nous verrons, pour le xviii° siècle même, une ville comme Agen ou des syndicats puissants, comme ceux de Montpezat et de Madaillan, soutenir, avec peine et au prix de frais énormes, leurs procès interminables contre les barons. Les propriétaires essayèrent à diverses époques de plaider. Chaque tentative prouva leur impuissance. Absolument désarmés, ils devaient donc subir des contraintes, et, menacés de la ruine, incertains de l'avenir qui pouvait être plus mauvais, ils en venaient à souhaiter d'être limités une fois pour toutes, de savoir quel chiffre exact ils auraient à payer l'année présente et les années qui suivraient.

De là, sans doute, ces transactions en bloc, qui datent toutes du xvi° siècle ou du commencement du xvii°, et qui eurent pour effet de les réduire à la situation d'emphytéotes.

L'hypothèse peut se résumer en un mot : le terrier pour les taillables, analogue à tous les cadastres, se serait transformé en livre des reconnaissances.

Je ne puis citer des faits précis à l'appui de cette solution supposée, moins blessante que toute autre pour l'honneur des grandes familles féodales. Des recherches restent à faire sur la constitution et sur l'accroissement de nombre d'autres seigneuries agenaises. J'appelle l'attention des historiens sur ce point d'une importance capitale : par quels moyens les seigneurs, après avoir acquis le droit de justice sur des territoires étrangers à leur domaine primitif ont-ils acquis la directe?

Les transactions modernes et les séries de reconnaissances qui furent passées en conséquence sont les seuls titres sérieux produits au xviiie siècle par les ducs d'Aiguillon pour établir ou mieux pour défendre leur droit de directe. D'après eux, ces divers actes ne seraient pas les titres primordiaux et les débats du xvie siècle auraient porté non sur le principe de leurs droits fonciers mais « sur le plus ou le moins des « devoirs et la manière dont ils devoient être payés ». Ils n'ont pas fourni la preuve de cette affirmation.

Les syndics soutenaient au contraire que les droits prétendus par les seigneurs n'avaient pas d'autre origine que ces transactions extorquées au xvie siècle. L'impuissance des ducs d'Aiguillon à produire des titres plus anciens, sauf le petit nombre de ceux que j'ai indiqués, et qui servirent non point la cause des seigneurs mais celle des tenanciers, donne quelque crédit à cette assertion ; et leur empressement à revendiquer la prescription d'après des reconnaissances vraiment trop modernes achève de rendre leur cause suspecte.

Ces transactions du xvie siècle n'ont pas été retrouvées, mais leurs clauses principales sont relatées dans les pièces du procès soutenu au xviiie siècle et dans le préambule de la transaction de 1614. Les circonstances qui amenèrent les propriétaires à consentir de si durs sacrifices sont, comme nous l'avons déjà dit, plus difficiles à déterminer. Empruntons pour les connaître le texte même des factums écrits par les avocats du duc d'Aiguillon.

« En 1558, Honorat de Savoie, seigneur de Madaillan,
« voulut se faire reconnaître : ses tenanciers prétendirent

« ne devoir payer l'acapte que par doublement de l'argent ;
« ces contestations furent terminées par une première tran-
« saction du 16 mai 1558, homologuée en la Cour l'année
« suivante. Plus de 1,400 habitants passèrent ces reconnais-
« sances.

« Quelques-uns ayant refusé de se soumettre prirent des
« lettres en restitution contre cette transaction. Il en fut
« passé une nouvelle en 1565 ». (Pièce C, p. 3, de la note M.)

A la suite de la transaction de 1558, on rédigea douze gros registres, contenant 1,400 reconnaissances.

La transaction de 1565 fut passée dans la salle haute du château de Madaillan.

« En 1593, le sieur de Secondat fut condamné, par sen-
« tence du sénéchal d'Agen, à reconnoître du duc de Mayenne,
« lors seigneur de Madaillan. Il interjetta appel en la Cour
« de cette sentence, et prit lettres de restitution contre les
« transactions de 1558 et de 1565. Quinze des plus considé-
« rables habitants de la ville d'Agen se joignirent à lui. Arrêt
« contradictoire le 6 février 1596, par lequel l'appel fut mis
« à néant, et le sieur Secondat, aussi bien que les quinze
« adhérans, furent déboutez de leurs lettres de restitution ».
(Pièce C, p, 26 de la note M.)

« En 1614, M. le duc de Mayenne ayant voulu se faire
« reconnoitre, les consuls et les habitans, pour éviter les
« frais, proposèrent de faire une reconnoissance générale,
« et, par un acte solennel, reconnurent tenir dudit seigneur
« toutes leurs terres et héritages contenant 3,770 quarterées [1]

---

[1] L'arpentement général de l'Agenais exécuté en 1604 pour déterminer les limites et les contenances des juridictions donne le chiffre de 4,880 carterées ; un terrier de Madaillan de 1684, 4,028 carterées. Ce dernier chiffre est probablement le plus exact. A Montpezat non plus on n'eut pas de précision jusques en l'année 1679, pendant laquelle la duchesse d'Aiguillon activa la confection d'un arpentement « pour, par ce moyen pouvoir régler le pied de « la rente ».

« sous la rente et les devoirs qui y sont exprimés. Depuis
« ce temps, jusques en 1701, les seigneurs de Madaillan
« ont continué de jouir paisiblement et sans interruption de
« leurs rentes ». (Pièce *C*, p. 3.)

Les avocats du baron de Madaillan sont très-sobres de détails sur les causes qui amenèrent les justiciables à passer les transactions. Ils sont pourtant obligés de convenir des oppositions que ces actes soulevèrent.

Les syndics ont donné un historique plus complet des origines et des conséquences de ces transactions. Nous avons vu que, d'après eux, celle de 1558 n'aurait été consentie que par 14 tenanciers, attirés par des menaces dans le château de Granges. Les devoirs spécifiés dans cet acte seraient d'un quarton de grain [1] par carterée, un sou d'argent et « une suite effroyable ».

L'engagement de 1565, conclu dans le château de Madaillan, porterait des énonciations fausses sur la quotité des anciennes redevances, et l'on y relèverait cette clause singulière « que ceux dont on ne trouveroit pas les arrantemens
« seroient réglés par les voisins ». Cette façon d'unifier les devoirs seigneuriaux est absolument arbitraire. Les devoirs auraient dû nécessairement varier suivant l'époque où les acquisitions avaient été faites par les seigneurs, ou mieux suivant les clauses fort différentes des premiers baux emphytéotiques. Plus ces contrats à clauses perpétuelles étaient anciens, plus ils étaient avantageux pour les tenanciers. En toute équité, les seigneurs devaient subir ces conséquences. L'étude du texte de la transaction de 1614 [2], va prouver combien les surcharges étaient grandes.

---

[1] 1/2 quarton de froment et 1/2 quarton d'avoine. Voir les préliminaires de la transaction de 1614. Note K.

[2] Cet acte est publié en partie note K. Comparer avec les tableaux de la note N, qui contient quelques aperçus sur la quotité des droits féodaux dans les seigneuries de l'Agenais.

Les députés du tiers état de l'Agenais ont exposé, dans les cahiers dressés pour les Etats Généraux en 1588 et 1614, leurs griefs sur les procédés employés par les seigneurs pour augmenter leurs rentes. Leurs accusations ne paraissent que trop fondées pour Madaillan [1].

Des six pièces analysées plus haut, trois sont du xiv° siècle, trois du xv°. Les premières ne stipulent que des rentes d'un demi sou à un sou par carterée. L'acapte ne dépassait pas un demi-sou.

---

[1] Et aussi pour Montpezat, Laroque, Bajamont. Je rappellerai les articles des cahiers. 1588. — « Pour ce que, à cause de la
« guerre, plusieurs se sont retirés chez lesdits seigneurs gen-
« tilshommes, y ont apourté leurs tiltres et doceumants, on les
« leur a fait perdre et adirer, et recognoistre de nouveau plus
« grand rante que la premiere, ne voullant montrer leurs fonde-
« ments et premieres bailletes soulz pretexte qu'ilz n'en sont te-
« neus mesmes les justiciers ».

1614. — « Et d'autant que, sous divers prétextes et contre tout
« droit, plusieurs seigneurs et autres de la noblesse augmentent
« tous les jours leurs cens et rentes et contraignent les emphitéo-
« tes de leur randre de devoirs plus grands que ceux qui leur sont
« deubs, soit courvees ou autres choses, dont vostre paouvre peu-
« ple n'oze faire plainte, qu'il plaize à Vostre Majeste enjoindre
« tres estroitement à vos procureurs generaux ou leurs substitudz
« d'en faire la recherche et poursuivre les contrevenantz....

« Et, parce que l'un des moyens que les seigneurs ont pour
« augmenter leurs rentes est de retenir vers eux les originaux des
« recognoissances, desquelles les emphitéotes ne pouvant faire
« foy, faut que passent par leur volompte, il sera faict inhibition
« et deffences aux notaires de ne balher ez mains et pouvoir des-
« ditz seigneurs les originaux desdictes recognoissances, ains les
« garder devers eux pour y avoir recours par les parties, si besoin
« est ».

Cahier des doléances du tiers-état du pays d'Agenais, p. 5, 42 et 43. Voir aussi les notes qui accompagnent ces articles.

Les trois baux du xv⁰ siècle sont à peu près semblables pour la rente en argent, d'un sou environ par carterée. Ils inaugurent les redevances en nature, qui toutefois ne dépassent pas, à prendre les chiffres les plus élevés, 1/12 de quarton de froment, 1/2 quarton d'avoine, 3/4 de poule, 1/6 de livre de cire par carterée.

Il faut observer que ces six pièces n'ont pas été choisies comme types par les syndics, parmi un grand nombre d'autres qui auraient spécifié des devoirs plus forts. La partie adverse n'aurait pas manqué de faire bonne justice de ce procédé de triage. La vérité c'est que les avocats du duc d'Aiguillon ont été dans l'impuissance de produire un seul acte du moyen-âge dans lequel on aurait trouvé la mention de censives plus élevées que celles dont je viens de traduire les chiffres.

Or, depuis 1558, les terres dans la baronnie de Madaillan payaient par carterée les rentes suivantes : un sou (pas d'aggravation importante de ce fait) ; 1/2 quarton de froment (droit inconnu au xiv⁰ siècle, aggravation de 5/6 des droits payés d'après les contrats passés au xv⁰ siècle) ; 1/2 quarton d'avoine (droit inconnu au xiv⁰ siècle, qui commence à paraître au xv⁰) ; 1/10 de chapon ou poule (droit inconnu au xiv⁰ siècle, moindre que celui de l'acte particulier passé en 1500 ; 1/10 de manœuvre, équivalent à près d'un denier (charge nouvelle.)

L'acapte, à la mutation de seigneur, est de 2 sous (aggravation de plus de moitié), d'autant à la mutation du tenancier (c'est l'arrière-capte, charge nouvelle.)

Les droits de mouture et de guet ne sont peut-être pas des charges nouvelles, bien que les analyses des baux emphytéotiques du moyen-âge n'en fassent pas mention. Ils furent sans doute imposés lors de l'annexion des paroisses.

Ainsi les charges dépassaient de beaucoup, depuis 1558,

celles dont on relève le maximum dans les six contrats du moyen âge, et de beaucoup plus encore les minimums dont je n'ai pas tenu compte. Ceux qui ne payaient qu'un demi-sou par cartérée et rien de plus au xiv° siècle n'auraient pas dû payer davantage au xvii° siècle. Toute comptabilité bien ordonnée chez les seigneurs aurait dû faire des distinctions d'après la teneur si variée des actes primitifs. Mais ni les terriers ni les transactions modernes n'indiquent ces différences. Si encore on avait admis ce principe « que ceux dont « on ne trouveroit pas les arrantemens seroient reglez (*non*) par les voisins » mais sur le taux porté par les actes anciens quelle différence !

Tous les tenanciers, à partir du milieu du xvi° siècle et de 1614, subissent donc des aggravations énormes. La principale consiste dans la redevance en grains.

Avant d'évaluer la proportion de cette surcharge, il importe de faire observer que les seigneurs ont fait un calcul habile en s'attribuant de plus en plus les redevances en nature. Tandis que la valeur relative de l'argent baisse graduellement, la valeur relative des fruits se maintient.

D'autre part, c'est un fait encore facile à constater de nos jours, dans le pays même, qu'un payement en nature paraît coûter moins aux petits propriétaires qu'un déboursé. Le cultivateur a moins de souci d'un sac de blé, produit direct de son travail, que du prix de ce même sac quand il se traduit en espèces dans sa bourse. C'est contre la logique, mais il en est ainsi : c'est l'argent qu'il n'aime pas à donner.

Jamais sans doute les seigneurs n'auraient obtenu des transactions et des reconnaissances en quintuplant, en décuplant les devoirs en argent des tenanciers ; et cependant, depuis le moyen-âge, ils étaient arrivés à ce résultat de décupler quatre ou cinq fois les revenus de la baronnie au moyen des redevances en grain.

La série des mercuriales du marché d'Agen nous a été conservée pour la période de 1676 à 1789 (Arch. d'Agen, reg., III. 37 à 41.) Il est regrettable que nous ne puissions pas établir nos calculs d'après des relevés de l'année 1614. Mais la convention passée à cette date a été maintenue jusques à la Révolution et nous pouvons savoir ce que les tenanciers ont payé durant 113 ans de rente directe en blé.

De 1676 à 1750, le blé a valu, sur le marché d'Agen de 3 à 20 livres le sac, soit 15 sous à 5 livres le quarton [1], soit à payer par les tenanciers de Madaillan 7 sous à 2 livres 10 sous par carterée.

De 1770 à 1789 le blé a valu de 10 à 18 livres, soit 2 livres 10 sous à 4 livres 10 sous le quarton, soit à payer par les tenanciers de Madaillan 1 livre 5 sous à 2 livres 5 sous par carterée.

Ajoutons à ces chiffres environ une moitié en argent comme prix du demi quarton d'avoine. La valeur de ce grain par rapport à celle du blé est très variable et la moyenne est je crois, la moitié ou plus du prix du froment.

La moyenne des redevances en grains par carterée est bien rapprochée du chiffre de 2 livres [2], c'est-à-dire quarante

---

[1] Madaillan avait les mêmes mesures qu'Agen. Le sac était à Agen de 4 quartons, le quarton de 8 picotins.

[2] C'est le résultat des calculs précédents. On trouve dans un factum du syndic (pièce ii) que les rentes sont à Madaillan de plus de 50 sous par carterée. A ce compte, les revenus de la baronnie de Madaillan devaient être avec les droits accessoires, acaptes. lods et ventes, etc. de plus de 10.000 livres. Nous n'avons pour en juger qu'une seule indication précise, celle que fournit un état des revenus du duché d'Aiguillon en l'année 1785. Les rentes de Madaillan sont cotées 10.000 livres. (Arch. départ. Pièce donnée par M. Lafargue, ancien chef de division, conseiller de préfecture du Tarn).

fois plus que le devoir en argent. Je n'évalue pas les autres surcharges.

Tandis que les propriétaires de Madaillan subissaient ces diverses servitudes, ceux de la juridiction d'Agen payaient seulement un sou par carterée et rien de plus.

L'étude complète de mon sujet m'a entraîné à une discussion de chiffres. Les pages qui précèdent paraîtront peut-être fastidieuses à quelques personnes ; d'autres estimeront que tout ce qui touche à la condition du peuple doit former un des principaux éléments de l'histoire. Six générations de 3.000 âmes, environ 18.000 personnes, ont subi dans la baronnie de Madaillan le régime de la transaction de 1614 renouvelée de celle de 1558. Dans le même temps, huit seigneurs en ont bénéficié. Les Mayenne et les d'Aiguillon sont de grands personnages. Déjà des volumes leur ont été consacrés ; ils trouveront toujours des biographes. Les oubliés de Fraysses, de Cardounet, de Saint-Julien n'en auront jamais : c'est une collectivité anonyme et peut-être ces quelques pages rappelleront seules quelle fut la condition de vie de cette multitude.

Tandis que le chiffre des tailles royales grossissait toujours, les tenanciers de Madaillan supportaient par surcroît de lourdes charges que d'autres plus heureux, leurs voisins par-delà le ruisseau Bourbon ne connaissaient pas. D'où venait cette différence ? Leur servitude avait-elle une cause légitime ? Quelle en était l'origine ? Telles sont les questions qu'ils devaient se poser en portant chaque année au château leur froment à la Saint-Michel, l'argent, la volaille et la cire à Noël. Et lorsque, pour un retard, l'agent du seigneur les pressait, quand l'huissier frappait à leur porte, le problème les tourmentait d'une façon plus pressante encore, Comment cela s'était passé autrefois, du temps des Anglais [1], ils n'en savaient rien. Leurs pères, leurs grands-pères avaient payé ; c'était bien pour quelque chose. Ils payaient aussi, mécontents et résignés.

D'autres, leurs voisins plus riches, mais grevés comme eux, apprenaient la véritable histoire de la baronnie ; ils allaient essayer de tirer parti de leurs découvertes. C'est le moment de dire quel fut le caractère de la bataille engagée, au cours du xviiie siècle, dans toute la région qui s'étend du Lot à la Garonne [2], entre trois ou quatre grands seigneurs féodaux, d'une part, et, d'autre part, leurs tenanciers, des milliers d'hommes disciplinés par les syndicats. Débats solennels, qui effrayèrent les Parlements obligés de se prononcer sur des intérêts aussi graves, et qui parfois ont retenti jusques à la Cour !

Ce ne fut pas seulement une révolte légale de paysans, mais aussi une campagne entreprise par la petite noblesse contre la grande, par la bourgeoisie, par les hommes de loi. Simples tenanciers comme les paysans illettrés, ces derniers subissaient les mêmes servitudes ; leur impatience de secouer le joug était égale, sinon plus grande. Leur fortune personnelle, leur capacité les désignaient pour chefs, ils eurent l'initiative et la conduite des procès.

Nous avons déjà vu un Secondat de Roques et quinze des principaux bourgeois d'Agen protester à la fin du xvie siècle contre les transactions onéreuses de 1558 et de 1565.

---

[1] Les traditions qui rapportent tout aux Anglais, construction des églises et du château, ancien régime, existent encore dans la commune de Madaillan.

[2] A Montpezat, à Frespech, à Laroque, de même qu'à Madaillan.

Au commencement du xviii⁰ siècle, noble Melchior Hérald, sieur de La Garenne, commença les hostilités, après avoir été condamné par le juge de Madaillan à payer des arrérages de rentes. Bientôt tous les tenanciers se joignent à lui. Le procès dura plus de 30 ans et nous voyons figurer, en 1732, parmi les électeurs du syndic chargé de soutenir la cause commune contre le duc d'Aiguillon : Géraud de Montpezat, écuyer, sieur de Poussou ; noble Pierre d'Hérald, sieur de la Garenne ; noble Guillaume Troupenat de Lanauze; noble Jean Boupart, écuyer; noble Jean-Bernard de Montpezat, écuyer ; Jean de Ratier, capitaine ; Pierre Ladret de Coupat ; Bernard Ricard, sieur de Lestelle, etc., etc. [1].

Dans le nombre, relevons deux Montpezat, issus d'une branche cadette des anciens barons de Madaillan [2]. Ceux-ci devaient pardonner moins facilement que d'autres aux ducs d'Aiguillon la subordination qui leur était imposée. Les Vignerod avaient grandi à la Cour par leurs intrigues, s'étaient enrichis et fortifiés par leurs alliances, tandis que les Montpezat s'affaiblissaient à cent lieues de Paris, s'éteignaient à la campagne. L'histoire de toutes les grandes familles offre des exemples de ces retours et de ces chutes, et c'est une leçon singulière de voir des Montpezat s'associer à titre d'opprimés à ceux mêmes dont la sujétion était le fait de leurs ancêtres.

---

[1] Procès-verbal de nomination de Joseph Ladret pour syndic, le 13 janvier 1732. Arch. dép. Don de M. Saint-Marc.

[2] Sur Géraud de Montpezat, sieur de Poussou, et Jean-Bernard, son fils, voir *Nobiliaire de Guienne*, par M. J. de Bourrousse de Laffore, t. IV, p. 326.

Géraud de Montpezat, et sa femme Quitterie ou Catherine de Gamel, s'employèrent très activement au procès.

Le clergé s'unissait à cette petite noblesse. Baret, curé de Roubillou, près de Granges, s'agita comme pour une cause personnelle. Les curés d'Agen, le chapitre de Saint-Etienne ouvraient leur bourse au syndicat.

Il importait de mettre en son jour l'antagonisme de la noblesse bourgeoise, de la noblesse déchue et de la bourgeoisie contre la noblesse féodale ou plutôt contre les ayants-droit des anciennes familles féodales, la plupart éteintes. J'ai déjà eu l'occasion de signaler la séparation profonde que l'on peut constater en Agenais entre les membres de la classe privilégiée et sa division en deux catégories[1]. Quelques faits ont été produits à l'appui de cette observation. Celui-ci doit compter aussi pour une preuve.

Avant d'aborder l'historique des procès du xviii° siècle, une observation paraît nécessaire. Les ducs d'Aiguillon, qui eurent à supporter tout le choc dans la lutte mémorable engagée par leurs tenanciers de Madaillan, n'étaient pas sujets personnellement à des reproches, car les usurpations étaient anciennes. En l'année 1700, ils pouvaient justifier d'une possession incontestée de 230 ans pour la justice, de 86 ans pour la directe sur toute l'étendue de la baronnie de Madaillan. Ce sont leurs auteurs les Mayenne, les Villars, les Montpezat, les du Fossat, ces revenants d'un autre âge, qu'on fit juger au Parlement. Héritiers de leurs titres et de leurs revenus, les Vignerod devaient payer pour eux : c'était justice. Leur ignorance de l'histoire de la baronnie devait être complète; ils furent sans doute dans cette affaire des défendeurs de bonne foi.

Disons néanmoins que dans l'ensemble de leurs actes, comme ducs d'Aiguillon, et surtout comme engagistes de l'Agenais, leur bonne foi se montre doublée d'une naïveté singulière. Mis en possession d'une grande partie des droits du roi dans notre pays, ils ont cru trop facilement, et, je

---

[1] *Cahiers des doléances du tiers état du pays d'Agenais*, p. 66 et suiv.

crois, en toute sincérité, que tout leur appartenait. Les privilèges les plus anciens, les droits les moins contestés des villes leur apparaissaient comme des usurpations. Un long mémoire rédigé pour la duchesse d'Aiguillon en 1662[1], est un vrai chef-d'œuvre dans ce genre des appropriations faciles. On y voit par exemple l'intention de revendiquer dans les grandes villes de l'Agenais et du Condomois les droits sur les boucheries, sur le souquet ou droit sur la vente du vin au détail, sur l'entrée des denrées et la sortie du bétail, sur le passage des fleuves et des rivières, etc.

On peut résumer toutes les pages de ce singulier document par cette formule unique et d'une application commode : ceci doit être au roi, ceci est à moi.

Et la tendance de ces engagistes n'allait à rien moins qu'à transformer en tenanciers dans tout le pays, tous les propriétaires de francs-alleux, c'est-à-dire à faire une révolution sociale à leur profit. Dans la seconde moitié du xvii⁰ siècle, les habitants de Tournon, de Montflanquin, de Marmande, de Port-Sainte-Marie, témoignent leur étonnement de voir que la duchesse d'Aiguillon prétend exiger d'eux des droits de lods et ventes [2]. Il y avait certes de quoi être surpris. Mais, on avait beau se tenir sur ses gardes, on avait à faire à trop forte partie pour ne pas perdre quelque chose

---

[1] Arch. dép. St. E. Aiguillon, II. 12. Mémoire de 1662 sur les usurpations commises sur le domaine dans les comtés d'Agenais et de Condomois.

Je ne m'attacherai pas à réfuter ces prétentions en ce qui touche la ville d'Agen, si bien fondée dans ses droits sur les boucheries, le souquet, le passage etc. Les mandataires de Madame de Combalet, font preuve d'une ignorance complète des institutions du pays où ils prétendaient s'installer en petits souverains.

[2] Voir la note L sur le franc-alleu dans l'Agenais.

dans une lutte engagée sur tous les points. Les manœuvres des ducs et des duchesses d'Aiguillon pour faire changer le pays tout entier de régime réussirent trop bien. Les consuls de Marmande, réclamant en 1788 la suppression de la seigneurie factice créée au profit de la maison de Richelieu, constataient que l'ancien privilège de franc-alleu n'existait plus et en demandaient le rétablissement. La dernière partie de ce vœu fut insérée dans les cahiers du tiers-état de 1789, art. 25 [1].

On a pu juger par ces préliminaires des causes du procès engagé au xviii° siècle, de l'esprit et des intérêts des deux parties. Voici maintenant quel furent les débuts et les péripéties de ce procès mémorable.

En 1701, Melchior Hérald de La Garenne, condamné par le juge de Madaillan à payer trois années de rentes, fit appel au Parlement de Bordeaux. Les tenanciers de Madaillan, ébranlés par son exemple et par celui des tenanciers de Montpezat, s'engagèrent à fond avec lui (1703). Ils nommèrent un syndic et se résignèrent à l'avance à s'imposer les plus lourds sacrifices pour faire reconnaître leurs droits. Les échecs subis dans les procès antérieurs n'étaient pas oubliés; on résolut cette fois de ne pas s'en tenir à la discussion des contrats modernes mais de remonter aux origines.

Le domaine du roi étant imprescriptible, on pouvait se dégager du seigneur en démontrant que le territoire de la baronnie de Madaillan dépendait autrefois du domaine royal.

Les syndics établissent ce principe en ces termes :

« Telle est la nature du Domaine que ny les jugements,
« ny les transactions, ny le consentement des tenanciers,
« toujours présumé extorqué par violence et par autorité,

---

[1] *Cahiers des dol. du tiers état de l'Agenais*, p. 163, 185.

« ny le long espace du temps n'en peuvent point changer la
« qualité, empêcher ou suspendre la réunion, en quelque
« temps qu'elle soit demandée. » (Pièce *a*, p. 11.)

Ils citent à ce sujet une ordonnance de François I*er*, de l'an 1539.

« Attendu que ledit domaine et patrimoine est réputé sacré
« et ne peut tomber au commerce des hommes, ce que nul
« de nos sujets ne peut ignorer, attendu que telle est la loy
« de notre royaume, à ces causes, ordonnons qu'ez procès
« mûs et à mouvoir sur la réunion de notre domaine, nos
« juges n'ayent aucun égard à quelque possession, jouissance
« et prescription, etc. . Cette ordonnance est renouvelée
« par la déclaration de Charles IX, de l'an 1566, par l'édit
« de Louis XIV, de l'an 1667, et par sa déclaration de 1670.»
(Pièce *d*, p. 30[1].)

Si les habitants de la baronnie échouaient dans cette preuve, ils n'avaient pas pour cela perdu complètement leur procès. Ils pouvaient réclamer le bénéfice des contrats les plus anciens et faire abolir les surcharges.

« La maxime constante des féodistes, confirmée mille fois
« par les arrêts de la Cour… [c'est] qu'en quelque temps
« que la surcharge soit reconnue, les tenanciers sont rece-
« vables à la faire réduire sur le pied des titres primordiaux
« ou de ceux qui contiennent la moindre redevance, et à se
« pourvoir contre toutes transactions ou reconnaissances
« qui ont augmenté les devoirs, quelques anciennes qu'elles
« puissent être, et qu'il n'y a point de prescription du sei-
« gneur au tenancier quand il s'agit de surcharges de rentes
« ou de devoirs seigneuriaux. »

Le titre d'engagiste, conféré au duc d'Aiguilon, n'était pas contesté, mais il ne comportait rien de plus que les droits

---

[1] Ces arguments sont encore résumés dans un passage cité note M.

du roi ; tous les prétendus titres personnels des Vignerod sur la baronnie de Madaillan étaient seuls discutés. Au cas où le duc aurait fait preuve de droits fonciers légitimes sur quelques parties du territoire de Madaillan, ces actes primordiaux eux-mêmes devaient en partie tourner contre lui, car les tenanciers pouvaient obtenir l'exécution des clauses bien plus avantageuses contenues dans les baillettes primitives; d'autre part, ceux contre lesquels on ne pouvait produire aucun titre ancien étaient affranchis.

On voit pour quelles raisons les agents du duc d'Aiguillon redoutaient l'ouverture des coffres qui contenaient les titres de la baronnie.

Un tel mode de discussion, qui ramène tout aux origines, grandit le procès et le change en une thèse d'histoire et de droit public. L'âge intermédiaire du XVIIe siècle et du XVIe est franchi : du marquis de Richelieu, tout puissant, on remonte à ses premiers auteurs en droit, les Montpezat et les du Fossat. On combat sur les titres du XIVe siècle et du XVe. Cette vaste enquête, soulevée au nom des principes, devait ébranler le pays entier. C'est à qui imitera le syndic de Madaillan. Les uns l'ont devancé, ceux de Montpezat ; d'autres le suivent, avec une vive ardeur. Les tenanciers de Frespech s'élèvent contre leur seigneur M. de Raignac; ceux de Laroque attaquent Mme de Villemont, dame dudit lieu, veuve de Jean de Raffin, et le baron d'Hauterives, Jules de Raffin. Les paléographes, les feudistes s'associent aux avocats et aux procureurs, auxquels ils livrent le secret des parchemins poudreux que l'on recherchait partout pour les traduire et pour les commenter, pour mettre en opposition le passé avec le présent. Et les avocats du duc d'Aiguillon, voyant le flot déborder de toutes parts, signalent le péril aux cent et quelques grands seigneurs de l'Agenais [1] : les conséquences d'un procès perdu pour Madaillan ils les subiraient à leur tour. Citons leur appel désespéré :

.... « Quel est l'état de tous les seigneurs de l'Agenais ?
« Ils ne le sont plus que de nom. A peine jouissent-ils de
« leurs domaines particuliers ; car, pour les rentes, il ne
« reste plus de moyen de s'en faire payer.

« Le serment de fidélité de 1271 comprend toutes les ter-
« res et châteaux de l'Agenois. Dès qu'on transformera cet
« acte en dénombrement et qu'on adjugera au domaine
« toutes les juridictions, paroisses et châteaux, dont il est fait
« mention [2], il n'y a aucun seigneur dont la fortune ne soit
« renversée, dont le patrimoine ne soit enlevé ».

---

[1] Sur l'état des juridictions seigneuriales dans notre pays au xviii° siècle, voir: *Esquisse d'une géographie historique de l'Agenais et du Condomois* par M. Bladé. *Revue de l'Agenais*, t. III, 1876, p. 232, et une note dans *Cahiers de doléances du tiers état...* p. 65.

[2] C'est une exagération. L'acte de prestation de serment de 1271 est celui qui fut le moins invoqué dans le procès de Madaillan, pour une raison bien simple, c'est qu'il ne fait mention ni de ce château, ni des paroisses litigieuses. L'enquête de 1311 et l'arrêt de Langon de 1334, étaient bien autrement précis et probants dans la cause.

Mais il est vrai que ce dénombrement de 1271 est d'une importance capitale pour l'histoire de l'Agenais. Il se divise en deux parties : serment des habitants des bailliages royaux avec dénombrement des paroisses; serment des barons, dont quelques-uns sont qualifiés seigneurs de.. mais sans dénombrement, sans indication de limites pour leurs seigneuries. Cette série d'actes est donc insuffisante pour déterminer l'étendue et surtout la proportion des terres seigneuriales comparées aux terres du domaine royal. D'autres pièces permettent de suppléer à ce laconisme. Indépendamment des enquêtes officielles trop bornées de 1311 et de 1469 et d'un grand nombre de chartes statuant sur des sujets spéciaux, ce sont,

Cette grande liquidation du passé intéressait tout le monde. Les syndics de Montpezat et de Madaillan trouvèrent de puissants auxiliaires. Il fallut quelque temps pour instruire la cause, mais ils eurent presque aussitôt pour eux l'administration du domaine, qui se déclarait solidaire au nom du roi. Les intendants leur vinrent en aide, surtout à la fin. Boucher ordonna aux consuls d'Agen de faire la recherche de toutes les pièces utiles et de lui en donner des expéditions authentiques qu'il transmettrait au contrôleur général. Il autorisa une imposition de 4,000 livres sur les propriétaires de Madaillan pour leur permettre de subvenir aux dépenses du procès [1].

Nous verrons que le Parlement de Bordeaux fut d'abord gagné.

Auparavant, cherchons à apprécier la valeur des factums imprimés par les deux parties. Les uns et les autres sont fort

---

en première ligne, les comptes royaux, celui de Filongleye (1363-1367), qui était inconnu au xviii° siècle, ceux de Jean de Léglise (1372-1374), dont se sont servis les habitants de Frespech, et qui auraient été probants pour les tenanciers de Montpezat. D'autres documents de cette nature restent à découvrir ; mais des pièces déjà publiées que je signale on peut tirer ce renseignement: dans le cours du xiv° siècle, la proportion des terres royales dans l'Agenais est d'environ des deux tiers contre un tiers de terres seigneuriales indépendantes. L'arpentement de l'Agenais, en 1604, témoigne qu'alors la proportion était renversée: les deux tiers de l'Agenais formaient des juridictions seigneuriales. Ceci prouve que l'histoire de la baronnie de Madaillan est celle de la plupart des seigneuries agenaises qui s'agrandirent surtout à la fin du moyen-âge.

[1] Lettres originales de l'intendant Boucher des années 1736 et 1738, conservées l'une dans les archives de M. J. de Bourrousse de Laffore, l'autre aux archives d'Agen, FF. 142.

bien rédigés. On a pu écrire sur le duc d'Aiguillon qu'il avait employé les meilleures plumes du royaume dans cette affaire. Nous regrettons vivement que ces mémoires, sauf un, signé Grenier, ne portent pas le nom de leurs auteurs.

Les avocats[1] des syndics ne furent pas inférieurs à leurs adversaires. Ils avaient le rôle difficile, étant obligés de faire la preuve des usurpations pour détruire l'état acquis par une possession plus que séculaire. Mais, du moment où ils remontaient jusques au moyen âge, ils amenaient aussi les défendeurs sur ce terrain. La question d'origine des droits fut donc largement discutée.

Les chartes que nous avons étudiées dans la première partie de cet ouvrage ont formé le fond principal de la thèse historique. La plupart des documents invoqués de part et d'autre existent encore. Il semble, malgré l'ardeur de la lutte, qu'on n'en ait pas tiré tout le parti possible. Passons sur quelques erreurs. Les pièces datées du 1er janvier au 25 mars ou à Pâques ne sont pas ramenées à leur date réelle[2].

---

[1] De Chaunac, Sylvestre, Suisse, sont les trois avocats dont nous avons relevé les noms.
La communauté eut des députés ou délégués et des syndics. Parmi les premiers figurent Pierre Uchard, fils de Jean, juge de Madaillan; son fils Jean-François, l'un et l'autre avocats au Parlement. Ils s'employèrent activement à la recherche des titres et firent de longs séjours à Bordeaux pour suivre l'affaire.
Les syndics furent Bernard Méja, depuis 1703, Joseph Ladret de Coupat, depuis 1732, associés intimement avec les syndics de Montpezat.
Il y aurait toute une étude à faire sur l'organisation de ces syndicats.

[2] Dans l'Agenais, l'usage de commencer l'année au 25 mars a été adopté de préférence, du xive siècle au milieu du xvie, par les consuls d'Agen et par les notaires. Nos archives renferment aussi des pièces émanées de toutes les chancelleries et dont la date doit

La charte si importante d'Edouard II (1318) est rapportée à Edouard III (1337), et cette différence de 19 années fait perdre aux articles de l'enquête de 1311 l'autorité du rapprochement. Elle déplace d'autant une note précieuse sur la construction du château de Madaillan.

Le grave incident de Saint-Sardos et Montpezat, de 1324, est absolument dénaturé. Il appartenait au docte Bréquigny de débrouiller un demi siècle plus tard cette histoire compliquée [1].

Mais, la faute la plus grande est d'avoir trop négligé d'étudier les circonstances qui donnèrent lieu aux usurpations, les causes des concessions octroyées et retirées, l'état du pays aux époques où furent passées les transactions. En un mot, c'est l'histoire d'Agen qu'il aurait fallu mieux faire connaitre. Chaque pièce eut trouvé son commentaire dans les événements; des recherches dans ce sens allaient droit au but. La question de droit a tout absorbé. On a pesé dans les deux balances les clauses de chaque pièce. On s'est efforcé

être généralement calculée en prenant Pâques pour le premier de l'an. En tous cas, pour la période entre le 1ᵉʳ janvier et le 18 mars il n'y a jamais de doute.

Ces détails ont leur importance. On trouve, par exemple, dans le factum coté *a a*, p. 7, une dissertation sur cette anomalie de la transaction du 31 juillet 1470, homologuée par arrêt du Parlement du 18 janvier 1470. Comment homologuer une transaction qui n'existait pas encore? Le syndic fait à ce sujet les plus singulières suppositions. Tout s'explique lorsqu'on remet à sa date réelle, 1471, l'arrêt du 18 janvier.

Aucune des nombreuses erreurs de ce genre n'a été relevée par les avocats de la partie adverse, ce qui prouve des deux parts une ignorance égale des règles les plus élémentaires de la diplomatique.

[1] Ce mémoire a été reproduit par nous dans la *Revue de l'Agenais*, années 1885, 1886.

de distinguer lesquelles de ces dispositions étaient abrogées par des actes subséquents. Cette discussion est très serrée et, si l'on voulait étudier ces débats par le détail, il y aurait des pages entières à tirer des mémoires de l'une et de l'autre partie.

En 1704, le procureur général au Parlement de Bordeaux prit fait et cause pour le syndic de Madaillan et poursuivit comme lui la réunion au domaine du roi de tout le territoire de la baronnie.

Le duc d'Aiguillon, voyant la mauvaise tournure que prenait le procès, s'efforça de le déplacer. Il essaya de le faire juger au Châtelet de Paris, où le décret d'érection du duché d'Aiguillon avait été poursuivi. On estima sans doute qu'un débat sur la justice et la directe dans la seigneurie de Madaillan n'avait rien de commun avec l'érection du duché, qui n'était pas en cause. Débouté de cette prétention, le duc sollicita au Conseil privé un règlement de juges.

Telles étaient les pratiques communément employées par les grands seigneurs pour éterniser les débats et pour ruiner leurs adversaires [1]. Ils leur imposaient des déplacements coûteux et rendaient plus difficile l'instruction d'une affaire loin du pays où elle était mieux connue, où les témoignages pouvaient être facilement produits.

Ces tentatives pour obtenir des committimus ne réussit qu'à faire perdre quatre années. Le Conseil du roi, par un arrêt du 31 janvier 1708, laissa le procès à ses juges naturels, au Parlement de Bordeaux.

Le 3 juin 1709, un arrêt avant faire droit du Parlement de Bordeaux ordonna aux tenanciers de Madaillan de payer par

---

[1] Sur l'abus des *committimus*, voir tous les cahiers du tiers-état de l'Agenais aux Etats généraux, 1588, 1614, 1789. *Cahiers des doléances du tiers-état*. p. 5, 31, 182.

provision trois années d'arrérages de rentes et renvoya les parties pour plaider sur le fond. Il reçut alors, comme partie intervenante, Jean de Laplace, fermier du domaine du roi en Guienne. C'était un renfort précieux pour le syndicat.

Cet arrêt ne préjugeait en rien la sentence définitive. L'instruction du procès devant être fort longue, il imposait une mesure transitoire. La demande du syndic de Madaillan ne tendait à rien moins qu'à la restitution des payements en grain effectués depuis 40 années. Cette demande est réservée, aussi bien que la question principale du retour au régime porté dans l'enquête de 1311, c'est-à-dire de la libération des paroisses.

Un autre arrêt, en date du 31 juillet 1715, ordonna la levée des scellés apposés sur les archives de Montpezat et de Madaillan, conservées au château d'Aiguillon, « pour en « être tiré des extraits des titres qui peuvent y être utiles « audit seigneur roy et aux parties. »

Assistèrent à l'ouverture des archives d'Aiguillon, de la part du syndic, MM. de Lanauze, Ratier, capitaine, Bompard, Méja, avocat, Dardes, notaire[1].

L'arrêt de 1715 est décisif pour l'affaire de Montpezat. Il prononce la réunion au domaine de Saint-Sardos, Saint-Damien et Felletone, en exécution des arrêts de 1511 et 1598. Pour Madaillan il ne juge pas le fond de l'affaire et réserve provisoirement la jouissance des rentes en faveur du duc d'Aiguillon.

L'instruction continua pendant 12 ans. Tout ce que les deux parties purent réunir de pièces, le registre des enquêtes de 1311, les lettres des rois de France et d'Angleterre, les factums du moyen-âge et les transactions privées, les anciens baux à fief, les registres des reconnaissances mo-

---

[1] Comptes de Jean-François Uchard, cotés pièce *dd*, dans la note M.

dernes, tout fut parcouru, analysé, discuté, mis sous les yeux de la Cour, qui consacra à l'examen de ce volumineux dossier 195 après-diners. Les factums des plaideurs, extrêmes dans les deux sens, se multipliaient ; chaque réplique, à laquelle on répondait bien vite, amenait de nouvelles discussions de plus en plus serrées. Cette histoire de la création de la seigneurie au moyen-âge que nous avons essayé de retracer à notre tour, fut exposée en partie, et l'on vit un tribunal, au xviii° siècle, appelé à juger des actes d'Edouard II et de Philippe-de-Valois.

Cependant le rapport du conseiller Pichon, les conclusions du procureur général reprenaient pour les condenser tous les arguments du syndic. L'administration du domaine insistait de son côté. La victoire des habitants de Madaillan fut complète.

Voici quelles sont les clauses principales de l'arrêt rendu le 31 juillet 1727 [1].

Les paroisses de la baronnie de Madaillan sont réunies au domaine, auquel elles ont autrefois appartenu.

Le duc d'Aiguillon devra s'en désister, restituer les émoluments perçus depuis 40 ans avant la demande du 1er juillet 1704 ;

« Sans préjudice de justifier des fiefs, rentes et domaines « qui pourront lui appartenir. »

Les parties contesteront plus amplement relativement aux surcharges et restitutions prétendues par le syndic.

Ainsi la question principale du procès était tranchée. L'arrêt avait passé tout d'une voix au Parlement, c'est-à-dire en dernier ressort.

Pour le duc d'Aiguillon les conséquences probables de l'arrêt se traduisaient par les chiffres suivants :

---

[1] Le dispositif est publié tout entier, note M, pièce *bb*.

Restitution des fruits depuis l'année 1664, (63 ans) à raison de 10.000 livres par an environ...... 630.000

   Intérêts................ »

   Dépens................. »

Pour l'avenir, perte de 10,000 livres de rentes; c'était plus d'un million [1].

L'or des Richelieu et des Mazarin allait s'écouler par cette brèche. Le coup était d'autant plus rude que le baron de Madaillan avait des dettes sur cette seigneurie. Ses créanciers avaient figuré dans le procès pour réserver leurs droits. Plutôt que de subir un aussi complet désastre, le duc d'Aiguillon devait tout ébranler.

Les propriétaires de Madaillan avaient sans doute allumé des feux de joie sur leurs coteaux libérés de servitudes; mais ils s'étaient trop pressés.

Nous savons quelles défaites avaient subies les Agenais en luttant sur ce même sol contre les barons du moyen-âge. Il sera non moins singulier de voir qu'en plein xviiie siècle, les faibles, même défendus par les magistrats, ne pouvaient avoir raison contre un seigneur tout puissant à la Cour, et redouté de ses juges.

La duchesse d'Aiguillon, la petite nièce du cardinal Mazarin, accourant de Paris, entrait en ligne.

---

[1] Je reste au-dessous de la vérité. Il faudrait dire 2 millions ou plus. Le même arrêt portait une décision identique pour les trois paroisses contestées de la baronnie de Montpezat. De ce chef, la restitution des rentes indûment perçues pendant 63 ans, le calcul des intérêts pour toutes ces sommes réunies, ce qui quintuplerait peut-être le total, constituent un effroyable bilan, capable de mettre à pied le plus riche seigneur. Mais, à supposer que l'arrêt ait été maintenu, la restitution des fruits devant se faire au Domaine, le duc d'Aiguillon aurait facilement obtenu de payer dix fois moins que la somme réellement due.

Par quels détours obtenir la reprise d'un procès terminé pour le fond principal. C'était aux avoués retors à l'indiquer. Ils trouvèrent la voie de la requête civile et des affirmations contre le syndic.

Ici je voudrais passer la plume à un de ces avoués, qui nous démontrerait comment autrefois la chose jugée en dernier ressort pouvait être remise en question.

On voudrait aussi retrouver des mémoires contemporains sur les voyages de la duchesse, son carnet de visites aux magistrats, ses discours insinuants aux tenanciers réfractaires de Madaillan. S'il se rencontrait trois pages de quelque Saint-Simon en sabots, écrites avec la verve qui, de nos jours, ne fait pas défaut aux petits-fils de ces mêmes tenanciers, pour cette déposition de témoins je donnerais volontiers tout un de mes chapitres péniblement élaborés.

Assurément la duchesse d'Aiguillon [1] n'était pas un de ces vulgaires personnages de Cour que recommandent seuls la redondance et l'éclat des titres. L'énergie virile et l'astuce italienne dont elle fit preuve révèlent un caractère. Reine, elle aurait fait pour défendre des provinces ce qu'elle fit, baronne de Madaillan, pour retenir des paroisses. Ni les dépla-

---

[1] La mère de la duchesse d'Aiguillon, nièce et héritière du cardinal de Mazarin, avait apporté au duc de Mazarin vingt-huit millions, que ce personnage, excentrique en toutes choses, trouva moyen de dépenser en grande partie. Il aimait les procès de la façon la plus singulière, avec grande joie, quelle qu'en fut l'issue, « parce qu'en perdant il cessoit de posséder un bien qui ne lui « appartenoit pas ; s'il gagnoit, il conservoit ce qui lui avoit été « demandé en sûreté de conscience. » (Saint-Simon, *Mémoires*, édit. Hachette, 1872, t. VI, p. 350.)

Si la duchesse d'Aiguillon eût été dotée, comme son père, d'une aussi rare philosophie, le procès de Madaillan eut été terminé en 1727.

cements pénibles, ni le sacrifice des plaisirs aux affaires, ni les démarches à Bordeaux et à Doulougnac, dont quelques-unes peut-être humiliantes, ne lui causèrent une hésitation, ne lui coûtèrent un regret. La lutte obscure qu'elle soutenait en province dans ces coteaux perdus de Montpezat et de Madaillan, inaccessibles aux carrosses, où l'on chevauchait alors par des sentiers rocailleux, dura des années. Voyant sa fortune et celle de son fils compromises, elle se résigna aux longs efforts; l'axe de sa vie était déplacé; la grosse partie se jouait en Guienne. Elle mit dans son jeu le roi, c'était d'une habileté facile ; elle fit son écart et sa main au Parlement, c'était un coup de maître ; enfin, comme il faut couper au bon endroit, elle réussit à diviser le syndicat, brouillant ainsi toutes les cartes de l'adversaire. Tout cela ne s'appelle pas tricher dans le monde peu délicat des plaideurs. Et voici les moyens employés pour obtenir le dernier résultat : aller de porte en porte, à Madaillan, offrir aux tenanciers pauvres la remise de leurs dettes ; faire proclamer ces largesses au prône ; persuader à des paysans naturellement jaloux que c'est le voisin plus riche qu'eux, le petit seigneur ou l'avocat, qui les mène et veut les ruiner dans un procès impossible ; leur faire croire qu'ils sont dupés et que leur meilleur ami c'est elle la duchesse, désolée d'avoir à sévir ; suspendre au moment opportun les terribles dragonnades qui les mettent à merci ; montrer cette double face de la menace et de la miséricorde ; inspirer à la fois une crainte trop justifiée et une espérance hésitante ; tout en séduisant les plus faibles, concentrer en même temps l'escouade des huissiers aux portes des chefs ennemis, les Uchard, les Hérald et les Montpezat ; gagner les uns, ruiner les autres ; faire suspendre ainsi le procès ; conserver les millions qu'une sentence aurait pu coûter et s'assurer du même coup pour l'avenir ces 10,000 livres de rentes si contestables : telle est l'histoire que nous n'inventons pas mais qu'on peut lire non pas entre les lignes mais tout au long dans les factums des deux parties [1].

A défaut des anecdotes perdues, nous avons des documents sérieux et instructifs ; l'un, entre autres, est un historique du procès, non imprimé, écrit par un avocat des tenanciers de Madaillan, s'il n'est pas dû plutôt à Jean-François Uchard, qui, à l'exemple de son père, consacra sa vie à la défense des droits de ses compatriotes.

On trouvera cette pièce presque entière dans la note M (pièce *h*). Une seule raison m'a empêché de l'insérer ici même, dans le texte. Il m'a semblé qu'une œuvre naturellement passionnée est mieux à sa place parmi les pièces justificatives. Des insinuations contre l'intégrité de certains magistrats exigeraient d'autres preuves. Toute la responsabilité

---

[1] Voir notamment le passage cité de la pièce *e*, à rapprocher des autres pièces du procès, dont les mille pages n'ont pas pu être suffisamment analysées dans la note M.

Dans la galerie de tableaux provenant du château d'Aiguillon, dont les épaves ornent aujourd'hui les salons de la Préfecture de Lot-et-Garonne, trois ou quatre portraits de grandes dames restent anonymes ou d'une attribution douteuse. Ne saurait-on retrouver dans le nombre celui de Marie-Charlotte de La Porte-Mazarini ? Le portrait d'une femme insinuante et terrible.

Un de nos annalistes, dont les œuvres inédites sont actuellement publiées dans la *Revue de l'Agenais*, Labrunie, curé de Monbran avant 1789, un modéré s'il en fut, patient au milieu des grandes épreuves, l'homme du monde le moins disposé à appeler *un chat un chat*, nous a laissé cette note sur la duchesse d'Aiguillon : « Le duc pos« sédait les baronnies de Montpezat et de Madaillan. Les tenan« ciers de cette dernière, avaient, disait-on, dans ma grande jeu« nesse, grandement à se plaindre de la mère de ce seigneur, « qu'on sait, sur cet article, avoir été *le digne fils de sa mère.* » *Revue*, t. XII, 1885, p. 350.

de ces allégations restera donc à l'auteur anonyme du mémoire. Comment le Parlement de Bordeaux fut-il *retourné* en cinq années? Par quelles manœuvres fut-il amené à se déjuger? C'est un fait que le mémoire nous explique trop bien [1], en citant des noms, en dévoilant des intrigues. Je prie le lecteur qui veut être instruit par lui-même de rompre à cette ligne et de se reporter au mémoire pour apprécier si les explications qu'il y trouvera sont admissibles.

Quant aux sévices exercés sur les tenanciers de Madaillan, ils sont attestés non seulement par ce mémoire mais aussi par les factums imprimés. On s'étonnera que la duchesse ait trouvé assez de complicité de la part des gouverneurs pour ruiner par les logements militaires imposés arbitrairement ceux qui voulaient échapper à son joug. Les dragonnades ont été quelquefois appliquées dans l'Agenais aux réformés et aux communautés qui ne payaient pas les tailles. C'était odieux ; mais comment apprécier de pareilles pratiques employées au cours d'un procès purement privé ?

La réserve des droits de rentes à prouver par des titres avait été maintenue expressément et très justement par l'arrêt de 1727. Ceci explique jusques à un certain point les sommations, les actes des huissiers, les saisies. Rien ne saurait justifier l'intervention de soldats à héberger.

Le seul procès qui aurait dû suivre l'arrêt de 1727 est celui

---

[1] Certains conseillers furent soupçonnés d'avoir agi par intérêt personnel. Ils redoutaient, pour de bonnes raisons, les procès de ce genre en vérification de titres. Ce fait n'est pas isolé. M. Beaune écrit : Au XVIII. siècle, la jurisprudence penchait facilement du côté de la maxime *nulle terre sans seigneur*, « parce que, comme « on l'a dit, un magistrat était à ce moment un homme auquel ses « ancêtres avaient laissé une grande fortune et qui jouissait de « beaucoup de censives. » *Droit coutumier français*, p. 322.

que pouvait exiger la vérification des baux primitifs, entre autres de ces vingt actes que nous avons cités, qui atteignent une centaine de petits propriétaires et qui stipulent des censives fort modérées. Tels étaient les revenus légitimes des seigneurs de Madaillan. On pouvait les retenir sans injustice, les faire reconnaître sans intrigues. Plutôt que de se réduire à la portion congrue, la terrible duchesse aima mieux jouer le tout pour le tout, avec acharnement, pendant cinq années [1]. Elle gagna.

Un arrêt du premier septembre 1732 remit les parties au même état où elles étaient avant l'arrêt de 1727. Il fallait donc tout recommencer. C'est à ce moment que la ruine des habitants de Madaillan devait avoir l'effet prévu. Les uns vendaient une partie de leurs fonds, d'autres, sous le coup de saisies multipliées, parlaient de céder. Une assemblée fut convoquée, dans laquelle on décida de faire une démarche auprès de la duchesse pour obtenir une transaction.

Le 11 novembre 1732, Pierre Uchard, le curé Baret, Mesdames de Montpezat et de la Garenne prenaient le chemin de Bordeaux, pour s'acquitter ensemble de cette pénible mission. Ils ne rentrèrent que le 6 décembre, sans doute après avoir été reçus de la belle façon, les huissiers aux trousses. Le 22 du même mois, les effets et les bestiaux de Pierre Uchard étaient saisis [2]. Celui-ci faisait appel. Le procès principal soutenu en commun se compliquait ainsi de cent procès particuliers.

---

[1] Son mari, Louis de Vignerod, marquis de Richelieu, mourut au cours du procès (1730). Dès lors la seigneurie de Madaillan passa sur la tête de son fils, Armand-Louis, qui vit la fin du procès si bien conduit par sa mère et mourut en 1750.

[2] Pièce dd. Compte de J.-Fr. Uchard.

Les grands tacticiens ne s'endorment pas sur un premier succès : ils poursuivent une victoire complète. Ainsi la duchesse ne négligeait aucune ressource. Le mot d'*usurpation* avait retenti près de trente années dans le procès et sonnait mal à ses oreilles. Si les débats étaient repris, il fallait écarter ce moyen. On avait démontré que Madaillan était du domaine du roi et l'on allait rééditer la preuve. L'argument tombait si on se faisait donner Madaillan par le roi.

Louis XV devait imiter, sans le savoir assurément, Philippe-de-Valois. Ce que l'un avait fait en 1342, pour Amanieu du Fossat, l'autre le répétait exactement pour la maison d'Aiguillon en 1733. C'est un singulier rapprochement entre deux règnes à quatre siècles de distance. Le même pouvoir absolu permettait le même arbitraire.

Et ceux qui avaient défendu, en même temps que leur liberté et leur fortune, la cause du roi, les habitants d'Agen, au moyen-âge et les propriétaires de Madaillan, il y a un siècle et demi, furent également abandonnés par leur protecteur naturel le roi de France.

Les lettres patentes de mai 1733 confirment en faveur du duc d'Aiguillon le don déjà fait à la duchesse de tous droits de justice sur toute l'étendue des baronnies de Madaillan et de Montpezat. Ces lettres furent enregistrées au Parlement de Bordeaux le 13 août de la même année [1].

Dès lors ce fut une suite de défaites pour les derniers combattants. Des arrêts rendus en 1736, 1737, 1739 déboutèrent la communauté, même de ses requêtes pour faire admettre les surcharges. Il y eut cependant une dernière intervention d'un inspecteur du domaine et un fait remarqua-

---

[1] Considérants de l'arrêt de 1762 sur l'affaire de Montpezat. Imp. arch. dép. Don de M. Saint-Marc.

ble se produisit. M. de Cézar, conseiller rapporteur, jadis suspect au syndic et, à cause de cela même, nommé par l'influence de la duchesse, avoit fait un premier rapport tout en faveur de cette dernière. Sa conscience lui dicta sans doute un retour complet; dans les derniers débats il fit un nouveau rapport avec des conclusions absolument contraires. (Pièce j) Trop tard. Pour ceux qu'il essayait alors de sauver de la ruine, en réparant le mal qu'il leur avait fait, il ne restait plus que la note à payer [1] et le joug à reprendre.

Nous ignorons si, comme le dit l'histoire du procès, « tout « le barreau et toute la ville de Bordeaux crièrent à l'injus- « tice » après l'arrêt de 1736 «par lequel M. le duc d'Aiguillon « est maintenu dans la possession de la terre de Madaillan « quant à la justice et quant à la directité, la surcharge des « rentes interloquée... » Il est certain du moins que l'effet moral de pareils procès devait être immense. Les tenanciers apprenaient l'histoire et, dans leur révolte légale, ils étaient dirigés par des hommes qui savaient le droit. Une force nouvelle et que le temps décuple ébranlait déjà le vieux monde: l'opinion publique, qui juge de haut les actes même des rois et les arrêts des cours de justice.

Et les grands le savaient bien : soulevés eux-mêmes par ce levier, pensant tout bas sans doute ce que le roi disait

---

[1] En 1749, la communauté de Madaillan devait encore 8,750 livres empruntées à deux curés d'Agen, au chapitre Saint-Etienne. etc.,

L'intendant Tourny ordonna d'imposer chaque année 1,000 livres jusqu'à parfait paiement des intérêts et du capital. Un état fut dressé d'après lequel il fallait 10 ans pour se libérer. Arch. de M. J. de Bourrousse de Laffore.

tout haut « après nous le déluge » sûrs de tomber, du moins ils ont su tomber avec quelque honneur.

Un demi siècle s'écoula. La dernière page de l'histoire de la seigneurie de Madaillan est un réquisitoire dont la violence et la vigueur dépasse tout ce qu'on peut lire dans les factums écrits pour la communauté. Cependant ce n'est pas l'œuvre d'un tenancier mais celle du baron de Madaillan lui-même, du successeur des du Fossat, des Montpezat, des Villars et des Mayenne.

Ce réquisitoire, dont voici quelques passages, était prononcé dans les plus grandes assises que le pays ait jamais tenues.

« Dans plusieurs provinces, le Peuple tout entier forme une
« espèce de ligue pour détruire les châteaux, pour ravager
« les terres et surtout pour s'emparer des chartriers, où les
« titres des propriétés féodales sont en dépôt. Il cherche à
« secouer enfin un joug qui, depuis tant de siècles pèse sur
« sa tête ; et il faut l'avouer, Messieurs, cette insurrection,
« quoique coupable (car toute agression violente l'est) peut
« trouver son excuse dans les vexations dont il est la victime.
« Les propriétaires des fiefs, des terres seigneuriales, ne
« sont, il faut l'avouer, que bien rarement coupables des
« excès dont se plaignent leurs vassaux ; mais leurs gens
« d'affaires sont souvent sans pitié, et le malheureux culti-
« vateur, soumis au reste barbare des lois féodales qui
« subsistent encore en France, gémit de la contrainte dont
« il est encore la victime.....

« Il faut convenir des sacrifices de la féodalité nécessaires
« à la liberté et à une bonne constitution ; autrement
« il existe des droits de champarts, des chefs-rentes, des
« fiscalités, des greffiers, des droits de moute ; nous verrons
« toujours exercer la tyrannie de l'aristocratie et le despo-
« tisme ; la société sera malheureuse.....

« [Il faut poursuivre] la destruction du monstre dévorant
« de la féodalité, de l'assujettissement le plus fatal des vas-
« saux pour les moulins, et la rapidité du fisc à répandre
« partout le désespoir en saisissant féodalement par des
« formes illicites et ruineuses les propriétés des médiocres
« fortunes, qui n'ont pour garant de l'existence de leur fa-
« mille qu'un triste hameau et un seul champ, sans que le
« seigneur du fief arrête le cours de l'agiotage auquel il
« donna lieu »....[1]..

Armand-Désiré, duc d'Aiguillon, venait de clore par un aveu retentissant des débats de plusieurs siècles.

Depuis le 4 août 1789, les propriétaires de la rive droite du ruisseau Bourbon n'ont pas eu plus de charges que ceux de la rive gauche. Le ruisseau n'a pas cessé cependant d'être une limite ; mais la paix règne des deux côtés ; le canton d'Agen ne fait nulle instance pour absorber quelques paroisses du canton de Prayssas.

Nous savons que les six paroisses de Madaillan ne sont point les seules qui aient été détachées de la juridiction d'Agen. Deux autres avaient été abandonnées définitivement, en 1369, aux mains des Durfort. Elles constituèrent, jusques en 1789, la seigneurie de Bajamont, devenue baronnie. La même évolution dans le régime de la propriété que nous avons constatée pour Madaillan se produisit aussi sur ce territoire. Tous les habitants de la baronnie étaient transformés en censitaires à la fin du XVIe siècle, sans qu'on puisse

---

[1] *Moniteur universel.* Discours du duc d'Aiguillon à l'Assemblée Nationale, dans la nuit du 4 août 1789.

trouver une juste cause à l'établissement des rentes. Ces charges furent plus onéreuses encore que celles imposées aux habitants de Montpezat et de Madaillan.

En comparant les chiffres produits dans une note spéciale (note N) sur la quotité des droits féodaux dans l'Agenais, on verra que, de tout le pays, les habitants de Bajamont étaient ceux qui payaient le chiffre le plus élevé de redevances, au XVIII° siècle.

Ce petit alinéa des mémoires de l'Intendance de 1715 : « Bajaumont, baronnie à M. de Chazeron, qui vaut 15,000 « livres de revenu ; il y a deux paroisses dans cette terre[1] » doit se traduire ainsi : à Bajamont, les tenanciers payent comme devoirs féodaux 6 livres 18 sous par carterée, presque deux fois plus que le total des impositions. Nous établirons ces proportions dans la note précitée.

Si les malheureux tenanciers de Bajamont ont jamais exposé leurs griefs par-devant une Cour de justice, leurs requêtes et leurs dires ne nous sont point parvenus. Toutefois un procès, soutenu, de 1720 à 1724, par les tenanciers de Laroque contre Jules de Raffin et Clémence de Villemont[2], fournit quelques indications sur les agissements des seigneurs de Bajamont : 49 titres, de 1360 à 1617, furent produits aux fins de démontrer combien les charges avaient été aggravées à l'époque moderne pour des terres de Laroque voisines de Bajamont. Le sénéchal d'Agenais, François de Durfort, seigneur de Bajamont, un des capitaines souvent associés à Monluc est accusé d'avoir imposé aux paysans, en 1581, une

---

[1] *Nos pères sous Louis XIV. Extraits des mémoires sur la Généralité de Bordeaux concernant l'Agenais......*, par M. Faugère-Dubourg. In-8°, Agen, 1885, p. 88.

[2] Arch. comm. de Laroque, E. St. 697.

transaction léonine, qui fut renouvelée en 1583. Aux termes de ces contrats, les devoirs des tenanciers étaient par carterée de 10 deniers tournois, 10 picotins de froment, 2 picotins d'avoine. Les mémoires soumis au Parlement de Bordeaux indiquent ces quotités; nous ne possédons pas le texte des deux transactions, mais leur existence peut seule expliquer cette charge de près de 7 livres de redevances par carterée qui pesait sur les terres et les friches de Bajamont.

Il y a plus de dix ans qu'à la fin d'un article sur les tailles et les impositions en Agenais [1] je disais quelques mots de la vénalité, des concussions, des pratiques inavouables qui, dans le cours du xvi° siècle, entachent l'honneur de nombre de capitaines les plus considérés, de financiers, de magistrats, de mandataires du pays. Tout ce que j'ai étudié depuis lors de documents de cette époque confirme cette appréciation ; il serait aisé de consacrer à ce triste sujet une note plus longue que celle qui a été écrite d'après l'enquête de 1311. Il nous apparaît clairement que dans notre pays, pas plus au xvi° siècle qu'au commencement du xiv°, on n'avait le respect du bien d'autrui. Si le maréchal Monluc se félicite hautement d'avoir les mains nettes, c'est qu'il prétend faire exception ; il a vu à l'œuvre ses égaux et ses supérieurs, et il les a tenus pour généralement dénués de scrupule. Trop souvent alors tous les moyens étaient bons pour s'enrichir. La pratique commune de rançonner amis et ennemis pendant les guerres n'était qu'une des formes d'appropriation facile alors mises en usage; c'était assez pour faire dévier les consciences. On invoque, pour excuser les capitaines, la nécessité, les mœurs du temps; on les absout volontiers,

---

[1] *Recueil*, 2° série, t. IV.

quand ils ont combattu vaillamment pour la cause catholique ou pour la cause protestante, pour la Ligue ou pour le roi de Navarre. On est séduit par les récits d'escarmouches. Mais les annalistes ont aussi le droit et le devoir de regarder de plus près quels furent les actes de certains grands personnages. Ils ne doivent pas taire la vérité quand ils constatent que quelques-uns ont su faire marcher à côté de leurs gens d'armes les arpenteurs et les notaires et forcer les aveux et reconnaissances. J'ai dû montrer certaines signatures apposées par des barons au bas de papiers d'affaires, qui ont laissé des souvenirs plus durables que leurs coups d'épée. L'austère Sully se félicitait d'avoir recueilli dans le pillage de Cahors une cassette contenant 5,000 écus. C'est déjà fort étrange ; mais enfin les lois de la guerre autorisaient alors ce qu'aujourd'hui nous appellerions un vol. Les économies réalisées par un bourgeois de Cahors disparaissaient. Ses fils, réduits à la pauvreté, pouvaient à leur tour refaire une fortune. Ils restaient libres. Une famille ruinée, une ville ruinée se relèvent. Mais, quand l'abus de la force s'exerce sur des neutres et des alliés, ceux qui n'ont pas combattu, ceux mêmes qui vous viennent en aide, des faibles qu'on a la mission de protéger ; quand la contrainte de seigneur à justiciable entraîne, avec une ruine présente, une obligation perpétuelle, qui doit obérer aussi dans l'avenir les enfants des petits-enfants de ceux qu'on tient dans sa main, ce n'est plus une fait de guerre et ni les mœurs, ni la nécessité du temps ne sauraient être invoqués comme des circonstances atténuantes.

Or, très-hauts et très-puissants seigneurs Honorat de Savoie, comte de Villars, en 1558; François de Durfort Bajamont, sénéchal d'Agenais, en 1581 ; Henri de Lorraine, duc de Mayenne, en 1614, ont réduit des paysans autrefois jouissant de francs-alleux à la condition de tenanciers ou les ont maintenus indûment dans cette condition en les liant par de nouveaux contrats. Sept générations d'hommes ont payé la somme énorme des rentes qu'ils avaient ainsi constituées. Ces barons avaient aussi des emphytéotes en petit nombre; ils ont décuplé leurs charges.

Tels sont les faits qui se sont passés entre le règne de Henri II et celui de Louis XIII, à Madaillan et à Bajamont, sur tout le territoire que les Agenais avaient perdu.

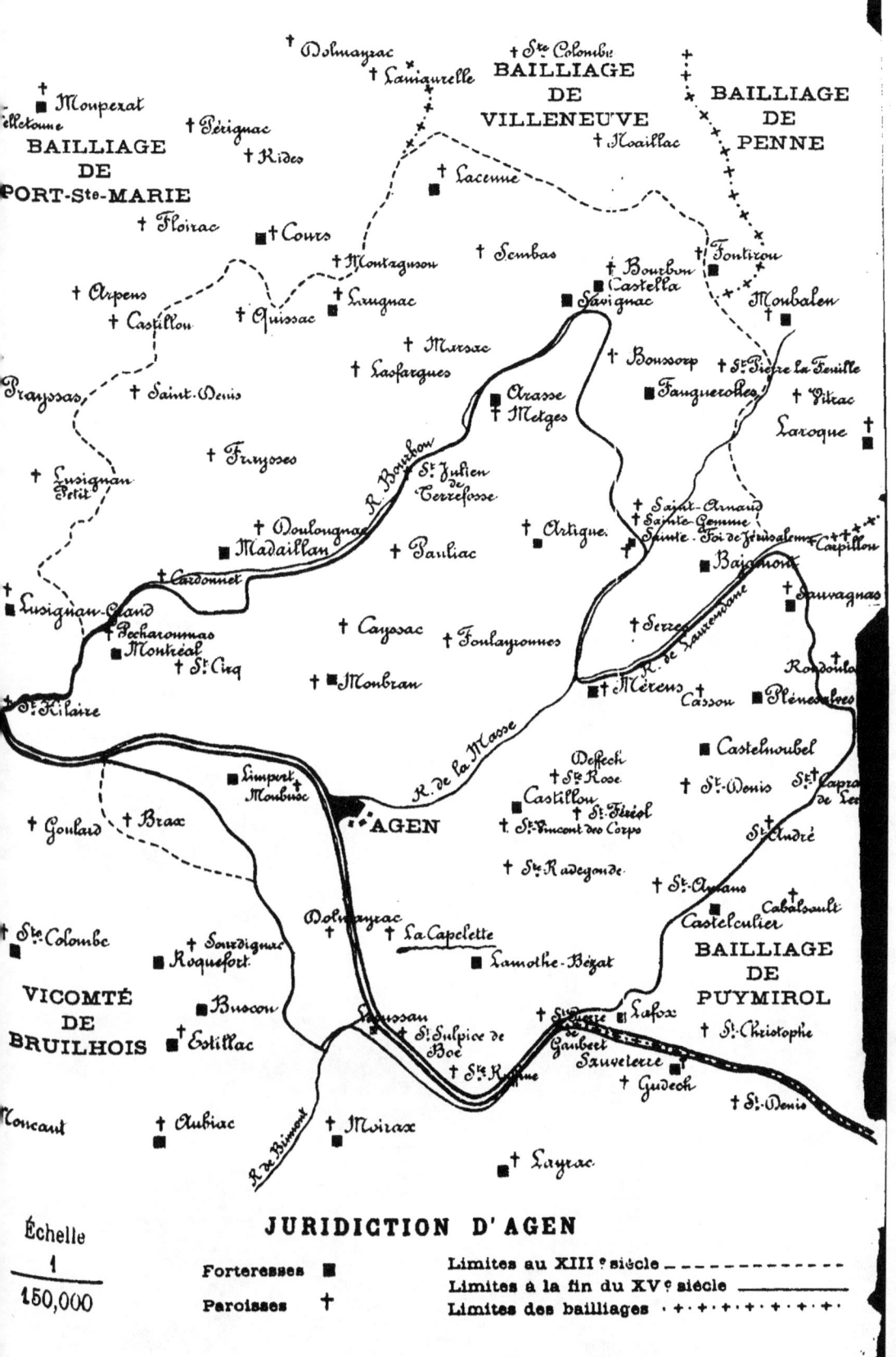

NOTES ET PIÈCES JUSTIFICATIVES

NOTE **A**.

Procès-verbal de l'arpentement de la juridiction d'Agen (1605).

Nous soubzsignes Bernard Ladebat, habitant de la ville de Nérac, Jean Duprat, de la ville de Thonenx-Dessus, Ollivier Faucheron, habitant de la ville de Marmande, et Pierre Blondeau, aussy habitant de la ville de Nérac, maistres arpenteurs jures, certifions a tous qu'il appartiendra qu'ayant entreprins l'arpentement general du pais d'Agenois, comme ayant este choisis et prins dessus par Monsieur maistre Nicollas de Netz, conseller du roy en la cour des Aides a Paris et comissaire depputté par sa magesté et ladite cour pour l'execution des arrestz obtencus en icelle par le scindiq et tiers estat dudit pays touchant ledit arpentement général et reallite des tailhes et suivant son ordonnance du dix septiesme novembre dernier, et commission a nous donnee, et commancé icelluy arppentement des le premier jour de decembre dernier en la ville de Saincte-Foy et despuis tousiours continue sans intervalle, l'une juridiction apres l'autre, jusques à ce que finallement serions arrives en ceste ville et cite d'Agen des le mercredy vingt septiesme avril dernier, (1605) y ayant este admenes par honnestes hommes les sieurs Esmanuel Boisbert et Jean Bourgeignon, consuls de la ville de Marmande et depputtes d'icelle, pour faire procéder audit arpantement general en ladite ville d'Agen et autres y annexcees suyvant l'ordre dressé par les estatz dudit pais ; ou estans, nous serions adresses a Messieurs les consulz de la ville et citte p'Agen, noble Joseph de Las, escuyer, seigneur de Gajan, noble Pierre Secondat, escuyer, seigneur de Roques, Roquefort et autres lieux, M. Jean de Lafargue advocat en la cour de Parlement, Sainct-Florenx, Sevignac, bourgeois, sieur (sir) et Pierre Juge et François Arnous, bourgeois et marchans ; et, represente comme dudit arpentement general il ne restoit que ceste ville et juridiction d'Agen, les suppliant nous faire admener par les limites et bornes de la juridiction d'icelle, ce qu'ils nous auroint offert et deffaict desputte honnestes hommes les sieurs Allein de Vaulx, bourgeois et marchant, M° Arnauld Roussel, notaire royal, juratz de ladite ville, et M° Bernard de Sabouroux, collecteur desdits sieurs consuls, lesquels nous auroint admenes et conduitz par toutes les extremittes de ladite juridiction, monstre les limites et bornes d'icelle et, comme nous avons cogneu et remarque, ayant arpente les lieux circonvoisins et abotissans a ladite juridiction, et nous auroint admenes au dela de la rivière de Garonne, des le vendredy vingt neuviesme dudit mois d'avril, ou estans aurions commance ledit arpentement sur le bort du fleuve de Garonne et a la sortye et embouchoure du ruisseau appele le Rieu Mort, qui separe ladite juridition d'avec celle de Brax, et apres monte en hault, vers le levant, le long dudit ruisseau, jusques au grand chemin qui va de ladite ville audit lieu de Roqueffort, ou se laisse ladite juridiction de Brax et rencontre la juridition dudit Roqueffort, puis, continuant tousiours ledit ruisseau jusques à l'endroit d'une fontaine appellee la font de Lagrange, ou estant laisse ladite juridition de Roqueffort et rencontre celle d'Estilhac, et ainsin continuant ledit ruisseau jusques a ce que, a main droite, rencontre une piece de vigne apartenante aux hoirs Jean Bonnet dit Jean Roux, ou se rencontre la juridiction de Segougnac, et laisse celle d'Estilhac ; puis apres du bout de ladite vigne desdits Bonnet monte au long d'une haye jusques a ung carrefourt de chemin appelle de Sourbier, et de la prend ung chemin, lequel il suict jusques à l'endroit d'une piece de vigne appartenante a M. Cancelles, ou estant prend a main gauche, au long d'une haye passant entre la vigne de Berthomieu Porchet, quy est en la present juridiction, et la vigne de Guinot Andrieu, qui est en Segougnac ; et ainsi vient tumber dans autre ruisseau appele del Gouch, lequel aussy faict ladite separation de la juridiction de Moyrax jusque a ce qu'il vient tomber dans ledit fleuve de Garonne ; et du couste de ladite ville et cyte d'Agen ladite limitte et arpentement a este commancé aussy sur ledit fleuve de Garonne joignant la juridiction de Lafox, a ung lieu nomme de Lamige et a ung fousse qui faict separation des terres du sieur de Selbes, qui sont en ladite juridition de Lafox, et les terres du sieur de Lamothe-Bezat, qui sont en la present juridiction ; et ainsin monte au long dudit fousse, passant par le villaige appele de Jean Bilou et venant tomber a ung pont appele de Tournadel, et prenant icelluy ruisseau et monte jusques a autre pont appele de Roupy, puis tourne comme vers le nort au long dudit ruisseau jusques au carrefourc appele de La Vignasse et audit carrefourc laisse ladite juridiction de Lafotx et rencontre celle de Castelculher, d'ou illec estant retourne au long dudit grand chemin que va de ladite ville d'Agen au lieu de Lafotx, jusques a autre pont appele de Verdoulon, sur le ruisseau appele le ruisseau vieulx, le long duquel ladite limitte monte, mais, laissant le cours d'icelle, suict l'antien cannal au dessus dudit pont et prend a main droite les predz du sieur de Cessac et jusques a ung chemin publiq et apres retourne dans ledit ruisseau passant au molin de Mondot et montant jusques a ce que a main droite pres le temple de Saint-Denis rencontre a main droite autre ruisseau appele de La Gourgue, lequel il suict en montant et biaisant le long d'une coline a une fontaine appelee a la Jourdame ; et, d'illec, passant a main gauche par le tertre et cyme du rocher appele al roc de Reissac traverse ung peu du bout dudit rocher en hors parmy ung sillon de terre droit au carrefourc appele de l'arbre, autrement au Marsal, ou se rencontre la juridiction de Puymirol, et laisse celle de Castelculher, suict ledit chemin en montant jusques a ce que a main gauche pres d'ung lac d'eau, prend au long d'ung chemin publiq contre une maison appellee al Capgros; et, d'illeq, va au long dudit chemin jusques a autre carrefour appelle a Mable del Pech, ou estant prend a main droite par autre chemin passant par dessus le villaige de la juridiction et par devant la grange et metterie appele del Tabia, appartenant au sieur de Pleneselves, et continuant ledit chemin passant au carrefourc appelle de la Bernade, ou estant reprend a main droite ledit chemin allant au carrefourc appelle de Lagaisse, ou estant prend au chemin de main gauche et va jusques au bout d'une piece de pred appele au prat meige, apartennant au sieur chanoine Cambes, et, du bout dudit pred, remonte comme vers le levant entre les terres des hoirs Moustel, Redoullou et du sieur de Tours, droit à une borne de pierre où se rencontre la juridiction de Salbaignas et laisse celle de Puymirol et d'icelle borne en hors retourne en biaisant sur le grand chemin publiq quy va de ladite ville d'Agen a Las Trichayries de Beauville, puis retourne au long dudit chemin, comme vers le couchant jusques au carrefour appelle de Montet, ou se rencontre la juridiction de Basjaumont, et laisse celle de Salbaignas, et continuant ledit chemin jusques à ce que, a main droite et au dessoulz les moulins à vent du sieur de Pleneselbe, ladite limite prend au long d'ung tertre ou tap ou il y a une grande haye et va droit au carrefourc appelle des Cassolens, et du carrefourc en hors prend le chemin qui dessend en bas jusques a autre carrefourc plus bas, ou il prend le chemin qui va du moulin de La Sarraude, en biaisant par dessus le rocher et continuant jusques sur ledit ruisseau de La Sarraude; puis dudit moulin de La Sarraude et du bout dudit chemin en hors, dessend au long dudit ruisseau jusques a ung lieu appelle au pont du Casse et estant remonte a main droite par autre ruisseau appelle le ruisseau vieulx, passant par le milieu de molin appelle de Labat et apres du molin appelle d'Arman, qui demure en Bajaumont, puis par le millieu du molin appelle du Conte et jusques pres d'une petite maison appellee a Mauguilhem, qui neantmoins demure en la present juridiction de Bajaumont, et d'illec va a droite ligne a la peyriere appellee de Mauguilhem, et en traversant le tertre ou pech appelle de Lapeyre, au long d'une haye droit a ung chemin de service qui va du villaige de Cailhau, autrement du Carsallade, au grand chemin qui va d'Agen a Villeneuve, puis suit le grand chemin, allant comme vers le nort, jusques à l'endroit d'une piece de pred appelle de Nadouilhan, le long duquel pred ladite limitte suict jusques au chemin publiq qui monte au villaige de Caussade, et se rencontre la juridiction de Feauguarolles et laisse celle de Bajaumont et estant au dessa dudit villaige de La Caussade a ung carrefourc appele a La Clede de Sevignac, ou il y a une borne plantee contre de grands arbres chaisnes, ladite limitte vient tomber au long dudit chemin, au bout d'une colyne au dessoubz ledit villaige de La Caussade, puis dessent par les preds de ladite coline jusques au ruisseau qui se nomme de Brunel et traversant icelluy monte par une coline appellee Colherc droit au roq et tertre appelle de Las Cousteres, lequel roq ou tertre ladicte limitte suict en biaisant, cernant le villaige de Brunel et la laissant en ladite juridiction de Feauguarolles et rebroussant monte au long de la combe de Brunel pour retourner encores par l'autre tertre et rocher et faict comme la forme de la lettre S jusques au dessus la maison de Pech, contre les ruynes d'une maison, ou il y a ung chemin qui prend a main droite jusques au grand chemin qui va du chasteau de Sevignac en ladite ville d'Agen, puis apres en montant puis dessendant au bas suit tousiours ledit chemin de Sevignac Agen, prennant a main gauche la grange appartenant audit sieur de La Tour appellee La Grange neufve, et laissant le villaige de Lostalneau a main droite en ladite juridiction de Feauguarolles vient tumber dans le ruisseau appelle de Bourbon ou Bourgoing contre la juridiction de Sevignac, puis dessant tousiours par ledit ruisseau de Bourbon, laissant au della d'icelluy les juridictions de Sevignac, Launhac, Madailhan et Lesignan, mais estant comme dessus le chasteau de Madailhan ladite limitte retourne dudit ruisseau en hors au long d'un fousse droit au rocher pres de la grange du sieur de Landes, et prenant par la coline dudit rocher jusques a ce que presque au fond d'icelluy retourne a main droite au long d'une piece de terre appartenant au seigneur et dame de Madailhan et dessandant en bas au long d'ung fousse retourne dans ledit ruisseau de Bourbon ou Bourgoing ung peu au dessus le mollin de Cardounet ; puis ladite limitte continue tousiours ledit ruisseau, en biaisant ainsy que va le cours de l'eau jusques a ce que au dessoubz le pont de Collayrac se vient rendre dans ledit fleuve de Garonne au dessus du bout de l'isle du seigneur de Lézignan, et ledit fleuve de Garonne servant de limitte au dessa et de la d'icelluy tant dudit ruisseau mort della ledit fleuve de Garonne contre la juridiction de Brax et jusques au ruisseau de Lagoutte contre la juridiction de Moyrax que au dessa ledit fleuve despuis le bout de ladite isle du seigneur de Lézignan jusques audit fousse appele de La Mige, contre la terre de Lafotx dans l'enclos desquelles limites et confrontations sont comprins ladite ville et citté d'Agen, fousses, vaquans et padouens d'icelle, graviers, isles, bourgz, villaiges, chemins et domaynes d'iceulx, tant nobles que tailhables, molins a vent et a eau, toute sorte de bastiments, tous ruisseaux et chemins grandz et petits, terres labourables et ermes, vignes, predz, bois, pasteuz et pasturaiges, rochers ou taps et ribes et generalement toute sorte et nature de terres estant le tout de la contenance de dix sept mil soixante dix carterees, scavoir ce qui est au della ledit fleuve de Garonne quinze cent vingt carterees et ce qui est au dessa du couste de la ville le nombre de quinze mil cinq cens cinquante carterees, faizant le tout ledit premier nombre de dix sept mil soixante dix carterees, a quoy nous avons procede assistes de Arnault Barret, Estienne Audouyn, Pierre Matthieu, Guilhem Castellyé, Jean Lafargue, Pierre du Treil et Jean de Pesguin, aussy maistres arpenteurs non assossiés, soubz nostre foy et serement, le plus justement et fidellement qu'il nous a este possible faire par art et forme d'arpenterie et compas geometrique, et ce a la mezure de carteree pratiquee et uzitee en ladite ville et citte d'Agen et au pied communal d'icelle, estant la mezure de doutze pieds et mettant vingt quatre mezures en longueur et dix huict en largeur, faizant quatre cens trente deulx carreaux ou escatz, en foy de quoy sommes soulzignes en laditte ville d'Agen le neufviesme jour de may mil six cens cinq. Signes a l'original : Boisbert, consul et depputté susdit ; Bourgagnon, consul et depputté de Marmande ; par les sieurs consuls de la ville d'Agen, de Roussel, jurat et depputte susdit, de Sabouroux, depputté susdit et nous. (Arch. dép. St E. n° 590, Reg. f° 125).

NOTE B.

La bastide de Lacenne.

Lacenne est à 14 kilomètres au nord d'Agen, dans la commune de Sembas. Son nom de *Penchavila* se trouve dans la charte de 1283 (publiée, n° LXVI des *Chartes d'Agen*) qui nous fournit le renseignement précité et nous apprend *cum parochia vocata Penchavila sit in et de territorio, jurisdiccione, honore et districtu civitatis Agenni*. On lit sur la cote : *Penchavila autrament La Cena*.

La même forme *Pencheville* est employée dans l'enquête de 1311 (analysée note D.) Il est dit dans cet acte (art. 16) : *locus de Pencheville, qui erat de juridictione alta et bassa domini regis et sue ballivie de Agenno.*

Une mauvaise lecture (*Apenthelma* pour *a Penchavila*) se trouve dans la cote suivante des *Rolles gascons* de Th. Carte : (T. I, p. 58.) *De privilegiis concessis habitatoribus novæ bastidæ in loco Apenthelma, vocato Cena.* 7 août 1320.

Les comptes de la sénéchaussée d'Agenais des années 1372 à 1374 mentionnent la destruction de Lacenne pendant les guerres. (*Rec. des trav. de la Soc.* 2º série, t. VI, p. 36 et 44.) Cependant Lacenne figure encore parmi les chefs-lieux de bailliage dans les comptes de l'Agenais du XVIe siècle (Arch. dép. E. St. 848.)

La paroisse de Lacenne, de *Picta villa alias de Lacena*, faisait partie de l'archiprêtré *de Opere et Pujolibus* (Voir Pouillé de 1520, publié par M. J. de Bourrousse de Lafforc. *Rec.* 1re série, t. VII, p. 97.)

Au XVIIe siècle, c'était encore le siège d'une justice et l'on consacrait à son territoire un terrier spécial (Arch. dép. de la Gironde, C. 2,303.)

Ce n'est plus qu'un hameau comprenant un château moderne et une petite église, autour duquel on ne reconnaît nulle trace de fortifications anciennes ; cependant quatre vieux chemins formant un plan rectangulaire paraissent délimiter l'enceinte qu'on avait prétendu donner à la bastide.

NOTE C.

Les châteaux-forts de la juridiction d'Agen.

BAJAMONT. (9 kilom. au N.-E. d'Agen.) — A ce château on pourrait appliquer plus qu'à tout autre la sentence mélancolique : *et etiam periere ruinæ*. En rasant les places fortes, on laissait quelquefois un pan de murailles dans toute sa hauteur, un témoin, pour que la leçon fût plus durable, le désastre plus apparent. Un angle de vieux murs, qui clôt la moitié d'une petite maison rurale, est tout ce qui reste de la grande forteresse du moyen-âge ; mais ce que la main de l'homme ne saurait détruire sans un coûteux effort d'ailleurs bien inutile ce sont les terrassements considérables qui forment deux étages sur une superficie d'environ 50 ares 84.

Le château occupait un point culminant, admirablement choisi comme poste d'observation, moins bien disposé pour la défense. A défaut de rochers à pic, de pentes inaccessibles, on a dû creuser des fossés sur trois côtés de l'enceinte qui paraît avoir été à peu rectangulaire ; toutefois, dans l'état actuel, les grandes lignes même du plan ne sauraient être relevées ; il semble seulement que les ouvrages les plus forts, où si l'on veut le donjon, s'élevaient au centre. Bajamont est cité dans les actes de serment de l'année 1271. Ce château avait peut-être remplacé un *castellum* plus ancien, élevé sur une motte féodale. La désignation primitive *Bajuli mons* semble indiquer qu'avant de devenir la propriété personnelle de la puissante famille des Durfort, cette place était occupée par un bailli d'Agen.

Je ferai remarquer le singulier isolement des châteaux de Madaillan et de Bajamont. On n'a construit dans leur voisinage ni une église ni un groupe de maisons, bien que des emplacements de choix se trouvent partout aux alentours.

Savignac. (12 kil. au N. d'Agen, comm. du Castella.) — Il subsiste de belles ruines de ce château, moitié moins considérable que le précédent Son assiette sur un haut plateau n'est pas des plus fortes. Son plan est quadrangulaire. Une seule tour carrée fait saillie sur la ligne des courtines, non sur un des côtés les plus accessibles mais au-dessus des pentes les plus raides, au sud-est ; C'est comme un donjon. Les archères, de forme longue, n'ont subi aucun remaniement. Ce fort, qui a tous les caractères des constructions du XIIIe siècle [1], paraît avoir été démantelé à une époque

---

[1] J'hésite à attribuer à ce château une charte de l'année 1267. A cette époque, Raymond, Bertrand et Pierre de Paderne, seigneurs de Savignac, se plaignirent à Alphonse de Poitiers des dévastations commises dans leurs forêts par les habitants de Villeneuve (*Très. des Chartes*, I. 319, n° 4, reg.) Il

fort ancienne ; aujourd'hui de vieux chênes végètent dans sa cour intérieure.

Une église dite de Savignac, sous le vocable de Saint-Euparque, existait autrefois dans le voisinage de ce château.

CASTELLA. — Situé à 500 mètres de Savignac, au centre du village du Castella, ce château a beaucoup souffert : il n'en reste que des substructions en moyen appareil. Son plan affectait la forme d'un trapèze aux angles flanqués de tours rondes.

LAUGNAC. (11 kilom. au N. d'Agen.) — Une tour carrée à trois étages, dont les meurtrières ont été appropriées à l'usage des armes à feu ; quelques portions de courtines ; une construction isolée, au centre de l'enceinte murée, qu'on appelle *la Recette* : tels sont les restes encore apparents de ce château, qui paraît avoir été remanié et agrandi à la fin du moyen-âge. La date de sa fondation n'est pas connue.

FAUGUEROLLES (11 kil. au N. d'Agen.) — Ce manoir est composé d'une tour sur plan quadrangulaire, de grande dimension, et qui paraît avoir eu trois étages. Deux de ses angles au nord sont protégés par d'épais contreforts. Sa date est difficile à déterminer. La porte est à ceintre brisé ; une fenêtre géminée paraît avoir été refaite au xve siècle. La tour de Fauguerolles a appartenu dans les temps modernes à de nombreux co-seigneurs. Son histoire au moyen-âge est peu connue. Son nom *de Falgaroliis* est commun à plusieurs autres localités importantes du Lot-et-Garonne, ce qui rend les méprises faciles. Il faut sans doute rapporter à ce petit château un acte de 1358, d'après lequel il appartenait alors à Bernard de Rovignan, seigneur de Castelculier [1].

---

existe un autre Savignac qui fait partie du canton de Monflanquin. La distance de Villeneuve à l'un ou à l'autre est exactement la même, 10 kilomètres.

En 1363, Arnaud de Lacassaigne, chevalier, était seigneur de Savignac. Il vivait en bonne intelligence avec les habitants d'Agen qui le nommèrent au nombre de leurs procureurs (*Collect. gén. de documents français* par J. Delpit. Procès-verbal de Filongleye, art. 146 et 273, p. 94 et 98.)

[1] *Confirmatio pro Bernardo de Rovignano, domino de Castelculier, de loco de Sancta Livrada cum loco de Falgueyroliis.* (*Rolles gascons*, t. , p. 144.)

CASTELNOUBEL (7 kilomètres à l'E. d'Agen, comm. de Bon-Encontre.) — Ce château a dû être d'une force égale à ceux de Bajamont et de Madaillan, s'il a jamais été terminé. Ses courtines protègent une enceinte quadrangulaire, établie sur un promontoire et flanquée de quatre grosses tours rondes en saillie sur les angles. Il ne subsiste qu'un seul corps de logis important ; il fait face au nord-est vers le point le plus accessible défendu par un fossé. Cette partie du château a d'ailleurs été profondément remaniée au xv⁰ et au xvɪᵉ siècle. C'est à tort que M. de Saint-Amans attribue la fondation de Castelnoubel au xivᵒ siècle (*Essai sur les antiquités du L.-et-G.* p. 223) ; ce *castrum* est plus ancien et figure dans les procès-verbaux de foi et hommages de 1271. Arnaud de Marmande était seigneur de Castelnoubel en 1306 et 1315 [1]. Détruit en partie pendant la guerre de cent ans, ce château fut réédifié au xv⁰ siècle, par les habitants des paroisses de Cassou, Saint-Denis-Lagourgue et Saint-Caprais-de-Lerm (FF. 134.)

PLÉNESELVES (à 1500 mètres au delà de Castelnoubel, à l'angle N.-E. du territoire de la comm. de Bon-Encontre). — Ce manoir est cité dans les mêmes actes de 1271. Il reste seulement de la construction primitive une portion de courtines au nord-est, où se voient des archères avec ailerons en croix, et peut-être aussi deux tourelles carrées englobées dans une construction du xv⁰ siècle. A cette dernière époque appartient un corps de logis, couronné de machicoulis à l'extérieur et accosté d'une jolie tourelle polygonale à l'intérieur d'une cour bien close et facile à défendre.

Il ne subsiste plus rien du château de *Mérens* et de ceux que les Templiers élevèrent à *Sauvagnas* et à *Sainte-Foy de Jérusalem*.

MONDRAN. — Ce château, qui a été si profondément remanié à diverses époques, est un des plus anciens. Labrunie avait eu en

---

[1] Voir enquête, art. 7, et une lettre du roi d'Angleterre, de l'année 1315, adressée à Arnaud de Marmande (Rymer, t. II, part. I, p. 85.)

mains des documents prouvant qu'il appartenait aux évêques d'Agen dès le commencement du xiii° siècle [1]. Ses tours d'angle circulaires et quelques portions du corps de logis appartiennent peut-être à la première construction.

Montréal — Ce château, complètement détruit, occupait une des positions les plus fortes à la frontière ouest du bailliage d'Agen (6 kilomètres). Le haut plateau de Montréal, qui domine Saint-Cirq, est défendu par des pentes escarpées ; il fait face au château-fort de Lusignan, dont il est séparé par la vallée devenue très large du ruisseau Bourbon. Son assiette eut été des plus favorables pour la fondation d'une bastide, à laquelle s'appliquerait très bien l'ancienne dénomination de *castrum*. C'est un des noms que l'on donnait fréquemment aux villeneuves. Dans l'enquête de 1311, qui fait l'objet de la note suivante et dont les syndics de Madaillan possédaient au xviii° siècle un texte plus complet que celui qui a été publié, il est question, au témoignage de ces mêmes syndics, d'une bastide royale fondée dans les environs d'Agen et détruite pendant les guerres. C'est peut-être Monréal, mais, faute de documents, nous n'osons l'affirmer. En tous cas, cette bastide aurait été restaurée depuis.

D'après Saint-Amans, qui paraît emprunter ce détail à Darnalt, la place de Monréal fut assiégée par Charles roi de Navarre, en 1351 (*Hist. du Dép.*, t. I, p. 213.)

La paroisse de Monréal, qui a porté aussi autrefois le nom de Pécharoumas, a subsisté jusqu'à la Révolution.

Indépendamment de ces châteaux, il existait de nombreuses maisons fortes, parmi lesquelles on cite dans les livres des consuls du xvi° siècle (FF. 39 et 41) Colombier, Chadoys, Dugonne, Grangia, Deffès, La Teste, près Layrac, Talives, Naux. Ces manoirs ou blockhaus ont été pour la plupart détruits et nous ne saurions décider si leur construction remontait au moyen-âge.

---

[1] *Abrégé chronologique.* Note ajoutée à la chronique de l'année 1364.

NOTE D.

L'anarchie dans le bailliage d'Agen, de 1300 à 1311, d'après l'enquête faite par les commissaires du roi d'Angleterre à cette dernière date.

Les sénéchaux. — Guillaume de Deen (1305-1308) confisque à son profit les biens de Raymond de Cassaigne[1], après l'avoir injustement condamné comme coupable du meurtre de Bertrand de Griffoul ; ces biens devraient être attribués au roi, si Cassaigne est coupable, restitués s'il est reconnu innocent. Le sénéchal les garde, sans plus s'inquiéter d'une sentence d'acquittement rendue par l'abbé de Condom et Raymond Marquès, désignés par le roi pour juger en appel la cause dudit Raymond de Cassaigne (art. 25).

Injustement sévère pour celui-ci, G. de Deen est indulgent pour d'autres : il acquitte Arnaud de Montpezat et Astorg de Lunat[2], qui, assistés de deux complices, ont tué Ogier de Miremont[3], damoiseau, de la famille d'Arnaud Garcies du Fossat (art. 27).

Il fait de même acquitter par un commissaire Guillaume Cot, qui a assassiné Bertrand Mastulier, et dont le patrimoine vaut plus de 2,000 livres (art. 44).

---

[1] Ce Raymond de Cassaigne figure comme témoin dans un acte important scellé du sceau de Deen, de l'année 1305. (*Chartes*, n° CXXXIII.)

[2] *De Lianico*. Il faut corriger *Lunato*. Sur Arnaud de Montpezat et Astorg de Lunat, voir *Nobiliaire de Guienne et de Gascogne*, par M. J. de Bourrousse de Laffore, t. IV, p. 279.

[3] Ce seigneur portait sans doute le nom de son fief. Miremont ou Miramont était une bastide probablement très forte. Le plateau escarpé sur lequel elle était assise domine Lagarrigue (4 kilomètres d'Aiguillon). Elle joua un rôle pendant le fameux siège d'Aiguillon. Miramont eut une justice jusques en 1789. Aujourd'hui la destruction de ses anciennes murailles est complète et ce n'est plus ni une commune, ni une paroisse, mais un hameau. En 1885, tandis que je visitais cet emplacement, à la recherche de quelques ruines, un jeune homme m'aborda en me disant : « Là était autrefois une grande ville. « Les Prussiens (sic) l'ont détruite il y a bien longtemps. »
Ainsi vont les légendes, même au XIX° siècle.

L'épisode qui va suivre nous révèle peut-être les véritables motifs de ces actes d'indulgence. Il caractérise de plus les mœurs de ce temps, où les pratiques religieuses se conciliaient avec les plus grandes atrocités.

Guillaume de Fage, pendu pour quelques larcins, avait, au pied de la potence, dénoncé Bernard de Devèze[1]. Celui-ci lui avait fait jurer dans l'église cathédrale, sur l'autel de la chapelle Saint-Eloi, de tuer Guillaume-Raymond de Calvet[2]. Trois bravi devaient assister Fage, pour le prix de cent livres à partager avec lui et d'un vêtement pour chacun. Des témoins du serment et de la tentative faite l'épée à la main contre Calvet avaient attesté la véracité de ces aveux par-devant le sénéchal G. de Deen. Mais Bernard de Devèze était riche; ses propriétés à Agen, à Port-Sainte-Marie, à Montpezat, ses biens valaient au moins 2,500 livres. Pour tout apaiser, il s'était contenté de déposer sur un autel un sac garni de 100 livres sterling, que le sénéchal avait fait prendre par un serviteur. Ce fait de corruption était parvenu à la connaissance du connétable de Bordeaux, Hugues Hugolin, qui n'avait fait poursuivre personne (art. 38).

Arnaud de Caupène, un autre sénéchal (12 mars 1308-1311?) s'est emparé des biens de Hugues Saint-Germain, tué, durant la guerre, par Aymeric de Biron. Cette succession d'un rebelle devrait être acquise au roi; elle vaut plus de 1,000 marcs d'argent. Le sénéchal la retient (art. 32).

---

[1] *De Duzia.* Il faut lire très probablement *de Devezia*, qui est le nom d'un agenais contemporain. Bernard *de Devesia* figure comme témoin dans un acte de l'année 1303 (*Chartes*, p. 254). Il mourut assassiné sur un grand chemin, en l'année 1316. Le procès fait à ses meurtriers, qui étaient bourgeois d'Agen, est une des pièces les plus curieuses de nos archives. (*Chartes*, n° CLVI). Ainsi, celui qui avait fait exécuter une tentative de meurtre périt victime d'un meurtre. Singulière coïncidence! Ce même G. R. de Calvet, que Bernard de Devèze avait voulu faire tuer, siégeait, à titre de consul d'Agen, dans la cour du bailli et se trouvait chargé de venger la mort de son ennemi.

[2] Guillaume-Raymond de Calvet avait fait partie, en l'année 1300, du syndicat nommé par les consuls d'Agen pour poursuivre des restitutions en faveur de la ville (*Chartes*, n° CXXI). Il figura comme témoin dans deux actes importants (ibid., n°° CXXIII, CXLII). Il fut consul en l'année 1316 (ibid., n°° CXLIV, CXLV, CXLVI).

Arnaud-Guillaume de Marsan, également sénéchal d'Agenais (1309-1311), reçoit 10 tonneaux de vin, 40 quartons de froment et divers cadeaux, d'une valeur de 100 livres, pour prix de l'abandon de toute poursuite au sujet du meurtre de Guillaume de Cassagne, chanoine de Saint-Caprais [1] (art. 41).

Il acquitte aussi Guillaume de La Pèze, coupable du meurtre de Guillaume Boson, au dire de trois témoins (art. 41).

Les baillis d'Agen ne sont pas plus intègres. Ils acquittent à prix d'argent (*propter multas pecuniarum quantitates*), versé par-devant témoins, le fils d'un nommé Tourette, et le fils de Bernard Estadem, et les nommés Le Barlet et de Barn, accusés de meurtre et d'autres crimes (art. 45).

La vénalité des juges explique pourquoi tant de crimes restent impunis. Les exemples abondent.

Raymond de Gadon a été assassiné dans le château et le cimetière de Saint-Etienne. Les Agenais désignent ses meurtriers : ce sont Pierre, prêtre, Arnaud, son frère, Raymond d'Aigrefol et Pierre Corte. Ceux-ci ont pris la fuite, mais leurs biens pourraient être confisqués et l'on ne fait pas d'information suffisante (art. 28).

Pierre Laband, d'Agen, a tué Pierre d'Arcumëde, sergent du roi : c'est le bruit public. Le bailli ne l'ignore point. Le coupable réside en ville sans être inquiété (art. 29).

Une femme, nommée Guillemette, avait été emprisonnée et mise aux fers et aux ceps pour avoir fabriqué de la fausse monnaie, ce qui entraînait la confiscation de ses biens au profit du roi. Elle s'était évadée, avec la complicité du bailli d'Agen, et réfugiée dans l'église Saint-Etienne (art. 30).

---

[1] Guillaume de Cassagne chanoine, figure comme partie avec le chapitre de Saint-Caprais, dans deux pièces de procédure de l'année 1303 (*Chartes*, p. 230, 231, 233, 238).

Les actes de vénalité ou de concussion qu'on reprochait aux sénéchaux paraissent avoir été trop communs. Ainsi les consuls d'Agen avaient nommé, en l'année 1300, neuf syndics ou procureurs pour poursuivre contre les héritiers de feu Pons de Montlaur, sénéchal d'Agenais, la restitution de sommes retenues par ce dernier (*Chartes d'Agen*, n° CXXI). Dans un espace de dix ans, il se rencontre quatre sénéchaux prévaricateurs.

Gaillard de Tantalon, chargé de crimes et emprisonné, s'était évadé par les mêmes moyens (art. 31).

Deux marchands, noyés dans le naufrage de leur bateau, en descendant la Garonne, avaient laissé un dépôt de plus de mille livres entre les mains de Bernard Dupuy, d'Agen. Celui-ci s'était attribué cette somme, l'avait partagée avec sa maîtresse Alaïse Du Moulin [1] et faisait de nombreux achats d'immeubles. Le trésorier de l'Agenais ayant dressé l'inventaire des deux successions en déshérence, un lieutenant du sénéchal avait fait rendre cette pièce tandis que, d'autre part, le bailli d'Agen travaillait à sacrifier les droits du roi. Des procureurs avides se faisaient aussi donner de grosses sommes pour étouffer cette affaire (art. 34).

Arnaud de Connadèble et Arnaud Delmas, l'un et l'autre fort riches, avaient pillé de nuit la maison d'un bourgeois d'Agen. Le premier avait été pendu, mais le second s'était évadé, en achetant ses juges ou ses gardiens (*creditur quod pecunia procedente*) (art. 37).

Les consuls d'Agen, dont les attributions judiciaires comprenaient entre autres la police et les causes minimes, avaient coutume de tenir deux audiences par semaine. Ils avaient depuis quelques années installé sous les Cornières un prétoire, où tous les jours ils recevaient même les actes et les contrats d'obligation. Les revenus du greffe qu'ils touchaient indûment, au moyen de ces pratiques, sont évalués à plus de 50 livres par an (art. 13).

Autorisés temporairement à établir des droits de péage et d'octroi pour en appliquer les produits à la construction du pont sur la Garonne, les consuls continuent, sans en avoir le droit, à lever ces impositions. Ils appliquent les sommes perçues à d'autres usages et les détournements exercés de ce fait dépassent la somme de 500 livres [2] (Art. 47).

---

[1] Le texte est incorrect. D'après quelques passages, il faudrait lire Bernarde Dupuy et son amie Alaïse du Moulin.

[2] L'enquête ne mentionne pas un procès des plus importants intenté aux consuls d'Agen et qui dura de l'année 1299 à l'année 1313. Deux hommes, après avoir blessé dans la rue Vital de Monlesit, s'étaient réfugiés dans l'église Saint-Caprais, où ils furent poursuivis par la foule et tués. Le sénéchal d'Agen, le Parlement, le Pape, le sénéchal de Toulouse, etc., firent suc-

Le clergé n'est pas non plus exempt de reproches. L'official d'Agen usurpe le droit de juger les laïques, ce qui fait perdre au roi un revenu que quelques-uns évaluent à 1,500 livres par an. (Art. 14).

On lui reproche aussi d'avoir acquitté des laïques en les faisant passer pour clercs, entre autres Arnaud d'Hélie, Guillaume, marchand d'Agen, qui avait tué Bernard Caprais. (Art. 40).

Des clercs, des chanoines, des religieux achètent des biens à des roturiers, ce qui est contraire à la coutume d'Agen et fait perdre les droits de mutation dus au roi. (Art. 24).

Nous avons vu des nobles usurper le territoire d'Agen, mais les nobles se faisaient aussi entre eux des guerres acharnées. Jourdain de l'Isle et le seigneur de Caumont avaient ravagé les terres de Garcies du Fossat, tuant les hommes, brûlant les maisons et les bois, arrachant les vignes.

Ils avaient fait assassiner un des parents de leur ennemi, pendant les foires d'Agen, et couvert le meurtrier de leur protection [1] (Art. 35 et 36).

Cependant la terreur était partout si grande, que les communications devenaient rares entre la ville et la campagne. Les procès les plus importants étaient prorogés, faute de témoins. Les Agenais ignoraient ce qui se passait à leurs portes, et, pour connaître l'étendue du mal, il aurait fallu parcourir les paroisses dont les barons s'étaient emparés. (Art. 15).

---

cessivement et quelquefois simultanément l'instruction de ce crime de meurtre sacrilège et de violation du droit d'asile. La ville entière paya pour les coupables 500 livres au chapitre de Saint-Caprais, et fut condamnée à payer au roi la somme de 10,000 livres. Une pareille amende aurait ruiné tout le pays; aussi, Philippe-le-Bel la réduisit à 5,000 livres et en fit même une remise entière, à la prière du Pape et du roi d'Angleterre. Les dix pièces relatives à ce procès, publiées dans le volume des *Chartes d'Agen* pourraient faire le sujet d'une étude fort intéressante.

[1] Le registre de *La saume de L'Isle* conservé aux archives dép. du Tarn-et-Garonne contient plus de cent pièces des XIII° et XIV° siècles intéressant l'Agenais. M. E. Cabié a eu l'obligeance de me fournir la liste de ces documents, dont quelques-uns se rapportent peut-être à ces épisodes.

L'enquête que nous venons de résumer fut instruite principalement dans un but de préservation du domaine royal et de fiscalité. La valeur d'un héritage à saisir comme prix du sang versé, est notée soigneusement. Les commissaires n'avaient pas à signaler tous les crimes dont la justice châtiait les auteurs sans faire ses frais. Combien ils devaient être nombreux ! Quand de pareils exemples étaient donnés au peuple par les sénéchaux, par les nobles, par les magistrats, par les bourgeois et les riches, on peut juger du débordement des passions dans les classes inférieures, parmi ceux qui ayant tout à souffrir n'avaient rien à perdre. D'ailleurs quel témoignage dans ce seul fait qu'on pouvait alors acheter et associer quatre hommes capables de commettre un meurtre de sang froid et publiquement, pour 25 livres chacun et un habit neuf !

Le xiv° siècle commençait ainsi. Les Agenais en avaient pour cent cinquante ans à subir des alternatives de guerres et de procès. L'âpreté déjà si grande des luttes nationales, celles-ci du moins légitimes, s'accroissait malheureusement de tous les anciens griefs, de toutes les injustices et des haines privées transmises d'une génération à l'autre.

La majeure partie des évènements de cette période du moyen-âge ne sera jamais connue, faute de chroniques ou de séries continues de pièces. Le sujet est si triste qu'il ne faut pas s'en plaindre. Malgré tout, à travers les formules froides et brèves de quelques chartes, on entrevoit des lueurs sur les calamités publiques : la défiance universelle justifiée par les crimes et les trahisons, des pratiques sauvages dans la paix comme dans la guerre, la cupidité sans frein, le droit impunément violé, le sang répandu, partout le faible sacrifié au fort.

Dans l'exposé qui précède, j'ai simplement traduit, en les abrégeant, les fragments que nous possédons de cette fameuse enquête de 1311. Nous devons la publication de ce texte (*Archives hist. de la Gironde*, t. vııı, p. 267) à notre savant collègue M. Tamizey de Larroque, qui l'a transcrit aux Archives nationales (k. 1170). Cette pièce paraît être un simple extrait d'un gros registre qui a été à la disposition des syndics de la communauté de Madaillan et des avocats du duc d'Aiguillon pendant les cinquante premières années du siècle dernier. Aussi les factums des deux parties abondent en renseignements sur cet ensemble de documents d'une si haute importance. Voici les notes sommaires que je crois devoir en tirer [1].

Ce registre était conservé à Bordeaux, au château de L'Ombrière, ancienne résidence des ducs de Guienne ; il faisait partie du trésor du domaine du roi.

Il avait au moins 236 feuillets. Au feuillet coté 236 on lisait : *quorum depositio remanet in castro Burdigalensi.*

Renaudier, notaire, en avait fait le collationné, en 1456, par ordonnance de Jean Augier, trésorier de France, officier préposé pour la conservation des Archives du domaine.

La partie qui concerne la juridiction d'Agen se trouvait au folio 220 sous le titre: *Informatio facta per Guillelmum Cazes, judicem Agenni, anno 1311, de occupationibus in partibus illis in prejudicium regis et ducis.*

Il y avait une enquête pareille sur les juridictions de Penne, de Puymirol, de Tournon.

Les renseignements contenus dans ce registre avaient été pris en considération pour trancher des procès considérables ; notamment dans un arrêt contradictoire du Conseil d'État, du 14 octobre 1687, rendu contre le syndic du pays de Labour. Ils avaient suffi pour faire ordonner la réunion au domaine de la ville et juridiction de Damazan, du péage de Saint-Uvile. Guy de Montpezat fut condamné par un arrêt du Parlement de Bordeaux, rendu en 1512, à en abandonner la possession, 258 ans après l'usurpation.

L'authenticité du recueil ne fut pas attaquée par les avocats du duc d'Aiguillon qui discutèrent seulement l'autorité de ces actes « concernant cent lieux et cent choses » compilés, disaient-ils, sans choix et sans ordre. L'enquête sur le bailliage d'Agen notam-

---

[1] Factums cités dans la note M : *a*, p. 9 ; *b*, p. 7 ; c, p. 11 ; *d*, p. 3; *e*, p. 22, 24 ; *g*, p. 9.

ment ne leur paraissait pas avoir le caractère d'une pièce officielle ou mieux, d'une information contradictoire. On pouvait plaider en ce sens ; mais l'authenticité de la pièce elle-même aurait été difficilement contestée. Les concordances avec des chartes contemporaines, que nous avons pu signaler, excluent l'idée d'une falsification. Le fragment retrouvé et mis au jour par M. Tamizey de Larroque est d'une si grande importance que nous regrettons vivement la disparition du registre original. Rien ne pourra suppléer aux pages qu'il contenait au moins sur trois autres bailliages de l'Agenais. Ces documents, comme on a pu le voir, abondent en traits de mœurs, en notions précises sur la situation respective du personnel féodal et des communes.

NOTE E.

I. Les deux baronnies agenaises du nom de Madaillan. — II. Liste des barons de Madaillan près Agen. — III. Le château de Madaillan.

I.

Les nombreux actes qui, de la fin du XIIe siècle à la fin du XIIIe, intéressent la famille de Madaillan, dont plusieurs membres sont qualifiés de seigneurs de Madaillan, se rapportent-ils à la seigneurie de ce nom près d'Agen ? Les avocats auxquels les ducs d'Aiguillon, barons de Madaillan, ont confié leur cause, au XVIIIe siècle, se prononcent pour l'affirmative. Il leur importait de démontrer que le fief de Madaillan formait une puissante baronnie dès le XIIIe siècle, et que par conséquent il ne s'était ni formé ni agrandi par des usurpations au XIVe.

Les syndics de Madaillan prétendaient au contraire : 1° Que les actes du XIIIe siècle se rapportaient à une autre seigneurie de ce nom, située près de La Sauvetat-du-Drot et désignée sous le nom significatif de Madaillan-Le-Vieux ; 2° que les paroisses du Madaillan près d'Agen étaient au XIIIe siècle du bailliage d'Agen et par conséquent du domaine du roi ; 3° que la seigneurie de Madaillan d'Agen eut pour origine les usurpations successives des du Fossat, sur deux paroisses au commencement du xiv° siècle, sur six paroisses avant l'année 1334. La dernière partie de cette assertion paraît suffisamment justifiée par la série des pièces étudiées dans ce mémoire. Mais la première proposition n'est pas démontrée pour cela, car la seigneurie de Madaillan près Agen n'eût-elle eu en superficie qu'un petit nombre de carterées autour du château, pouvait exister et a certainement existé avant l'usurpation des paroisses. Le château-fort était à lui seul une des plus belles propriétés que pût souhaiter un baron du moyen-âge.

Nous devons traiter la question de la date du château. Il résultera de ces recherches que les pièces relatives aux Madaillan, antérieures au milieu du xiii° siècle, n'ont aucun rapport avec le Madaillan d'Agen.

Durant le xiii° siècle, les barons de l'Agenais rendaient hommage à l'évêque d'Agen, et cinq des plus puissants d'entre eux portaient le prélat sur leurs épaules à sa première entrée. En 1263, les barons de Clermont-Dessus, du Fossat, de Boville, de Madaillan, de Fumel remplirent cet office [1]. Les du Fossat tiraient peut-être leur nom d'un quartier de la ville d'Aiguillon, divisée en deux, dont ils étaient seigneurs [2]. C'est à ce titre, sans doute, qu'un de leurs représentants jouissait d'une prérogative alors recherchée. Un Madaillan partageait avec lui cet honneur, non pas en raison du château de Madaillan d'Agen, qui devait être alors aux du Fossat, mais bien comme barons de Madaillan-Vieux. Ce qui le prouve, ce sont les pièces suivantes invoquées pour réfuter les théories des avocats des ducs d'Aiguillon.

« En 1384, Jean de Labarthe fait hommage de Madaillan à l'évê-
« que d'Agen, il s'engage de le porter en cette qualité dans son
« entrée solennelle, comme le fit son prédécesseur, en 1263. C'est
« une identité de seigneurie marquée dans l'un et l'autre hom-
« mage.

---

[1] Procès-verbal d'entrée. Pièces justific. d'Argenton, ms.

[2] Sur la division d'Aiguillon en deux bastides, celle du *Fossat* et celle du *Lunat*, voir *Rolles gascons* de Thomas Carte, t. I, p. 123.

« Jacmes ou Jammes du Fossat se qualifie, la même année 1384,
« seigneur de Madaillan (près Agen) ; il se donne pour père un
« Amanieu et pour frère Bertrand qu'il qualifie aussi de seigneur
« de Madaillan. »

Donc on distinguait deux seigneuries de Madaillan en 1384, dont l'une Madaillan-Vieux existait déjà en 1263.

De même en 1471, Jean de Grossoles fait hommage de Madaillan-Vieux, tandis que, cette même année, Charles de Montpezat possédait le Madaillan près Agen, en vertu de la transaction de 1470.

La seigneurie de Madaillan-Vieux était assez importante au XIIIe siècle pour donner à ses possesseurs un rang parmi les cinq premiers barons de l'Agenais.

Dès lors il n'y a pas lieu de rattacher l'histoire de la famille de Madaillan à celle du château de ce nom situé dans le bailliage d'Agen, qui est moins ancien que l'autre et qui appartenait aux du Fossat à la fin du XIIIe siècle.

Au reste les avocats et feudistes des ducs d'Aiguillon qui, au XVIIIe siècle, avaient en main les riches archives des Montpezat et des du Fossat se montrent avisés pour attribuer à leur baronnie les avantages que pouvait procurer la preuve de son existence au XIIIe siècle ; mais ils sont fort embarassés pour trouver le point de soudure : ils avouent ne savoir comment rattacher les du Fossat aux Madaillan ; ils allaient jusqu'à présumer qu'au XIIIe siècle les premiers prenaient indifféremment l'un et l'autre nom. Cette hypothèse est toute gratuite. Leurs explications sur les Madaillan, seigneurs prétendus du château de ce nom près Agen, sont des plus confuses.

Au milieu de ces difficultés, ils ont recours à une preuve négative : la baronnie de Madaillan-Vieux ou n'existait pas ou n'était pas assez importante pour avoir donné de hautes prérogatives à ses possesseurs au XIIIe siècle ; d'ailleurs il n'y avait pas de château-fort à Madaillan-Vieux[1].

---

[1] Madaillan, commune de Roumagne, canton de Lauzun, n'est plus qu'un lieu-dit. On y voit une maison construite avec des matériaux empruntés à des ruines. Le propriétaire qui l'habite conserve quelques parchemins : des recon-

Ils préjugeaient ainsi de l'état de cette seigneurie au xviii° siècle son importance relative au xiii°. Cette erreur est à moitié excusable. Les feudistes en ce temps là, ignoraient, comme tout le monde, l'archéologie du moyen-âge. Au rebours de ce qu'ils pouvaient croire, plus le fief est ancien plus le château qui en est la capitale est petit. Le château carolingien est une tour de bois dressée sur une motte.

Les châteaux du xi° et du xii° siècle, sauf de rares exceptions, ne ressemblaient en rien aux immenses constructions élevées durant les xiii° et xiv° siècles.

Le château de Madaillan-Vieux, du xii° siècle, de même que celui de Durfort, dans la juridiction de Penne, également détruit, n'était pas sans doute plus considérable que celui de Lafox, dont j'ai déjà parlé, et qui se composait d'une simple tour élevée sur une motte entourée de fossés.

Le développement de la bastide de La Sauvetat-du-Drot, voisine de Madaillan-Vieux, empêcha sans doute cette baronnie de s'accroî-

---

naissances en faveur des Laval et des d'Abzac, successivement barons de Madaillan, depuis le xvi° siècle.

Dans le champ de Madaillan, peu à peu nivelé par la culture, la charrue se heurte parfois à des substructions. Le laboureur enlève alors quelques pierres et continue son travail.

Je dois ces renseignements à l'obligeance de M. Aloy, auteur de l'intéressante histoire de La Sauvetat-du-Drot. M. Aloy est allé lui-même vérifier l'emplacement de ce fief, dont le nom a été porté, pendant six siècles, par de grands seigneurs.

Sur la branche de Madaillan, seigneurs de Montataire, voir notamment *Histoire d'un vieux château de France, monographie du château de Montataire* par le baron de Condé. Paris, A. Picard, 1883.

Non-seulement il faut distinguer les du Fossat des Madaillan mais encore les divers Madaillan. Non loin de l'Agenais, à Sauveterre (Gironde), existe encore un château de ce nom dont le possesseur, à la fin du xv° siècle, Jean de Verdun, était aussi seigneur de Laperche, Haute-Vignes, Cancon et Goutaud en Agenais. (Léo Drouyn. *Variétés Girondines*, fasc. VIII, p. 324.)

Quel sujet de confusion ! et ce n'est pas tout. Un autre château-fort de Madaillan, peut-être le plus ancien de tous, existait à Sainte-Livrade. Ses ruines étaient encore apparentes en 1712. Il était attenant à la très-ancienne église de Saint-Martin de Maumiar et dominait le Port de Sainte-Livrade. (Voir *Notice sur le Prieuré de Sainte-Livrade*, par M. Ph. Tamizey de Larroque. Agen, Noubel, 1869, p. 16.)

tre à partir de la fin du xiii° siècle. Celle-ci n'en resta pas moins un fief assez important jusques à l'époque moderne, plus important même que le Madaillan d'Agen. Quand elle fut saisie, en 1712, elle comprenait douze paroisses [1].

Les du Fossat, avaient leurs grands fiefs entre le Lot et la Garonne et même sur la rive gauche du fleuve, depuis Monheurt et Bruch, jusques à Madaillan auprès d'Agen. Aiguillon était leur principale forteresse. Les châteaux de Bruch et de Floirac leur appartenaient déjà en 1259. Floirac (commune de Montpezat) est au nord de Madaillan, ainsi entouré de leurs possessions. Il est à présumer qu'eux seuls ont possédé ce dernier château au xiiie siècle. Les Madaillan de La Sauvetat l'auraient-ils construit si loin de leurs fiefs principaux pour le céder immédiatement aux du Fossat ? Aucun document ne le prouve, et pareille hypothèse ne pourrait être appuyée que sur la similitude des noms. L'argument serait faible. Combien de noms de lieu sont communément répan-

---

[1] Ces notes sont rédigées d'après les documents publiés ou cités dans les factums de l'une ou de l'autre partie et dont l'authenticité n'a pas été contestée. Les recueils de Rymer et de Thomas Carte renferment d'ailleurs un grand nombre de pièces sur les Madaillan et les du Fossat. Il importerait de mettre au jour la généalogie de ces derniers.

Ce sujet difficile ne peut-être bien traité que par notre savant et si obligeant collègue M. le docteur Jules de Bourrousse de Laffore, qui sait apporter la lumière dans le chaos de notre moyen-âge et auquel nous devons déjà une remarquable généalogie des Montpezat, seigneurs de Madaillan pendant plus d'un siècle. Je cite cette généalogie, parmi tant d'autres, parce que je sais combien elle était difficile à établir sans confusion et parce que l'histoire de cette grande famille féodale touche de fort près à l'histoire d'Agen et au sujet même de ce mémoire.

Lorsqu'on a souvent éprouvé de l'embarras pour mettre une simple note à la suite d'un nom propre, pour déterminer le rang d'un personnage et la légitimité de ses droits, pour rattacher sa vie à un passé, on connaît tout le prix des renseignements qui abondent dans les généalogies traitées à la fois avec ampleur et exactitude comme M. de Bourrousse de Laffore sait les dresser. Combien de pages on en pourra tirer pour l'histoire de nos communes !

J'ajoute que, propriétaire du château de Madaillan, dont il a assuré la conservation, M. de Laffore exploitera doublement son domaine en retraçant l'histoire des premiers barons dont la puissance s'accrut par la possession de cette place forte.

Cette généalogie est déjà en partie composée et un important dossier constitué par Mme la comtesse de Raymond peut y ajouter de précieux éléments. Je fais des vœux pour qu'elle soit prochainement publiée.

dus, surtout les noms significatifs[1]! Il paraît certain que le nom patronymique de Madaillan dérive du Madaillan-Vieux. Si des confusions se sont produites entre les noms de Madaillan et de du Fossat c'est postérieurement à la construction du Madaillan d'Agen, c'est à-dire après le milieu du XIII° siècle, les du Fossat ayant le droit de prendre le nom de leur nouveau fief. En un mot les Madaillan antérieurs à 1250 sont les Madaillan de La Sauvetat et n'ont rien de commun avec les du Fossat.

II.

Liste des Seigneurs de Madaillan près Agen.

I. Amanieu I du Fossat prend le titre de seigneur de Madaillan dans trois actes, de 1285 à 1298 (factum *e* p. 4). D'après le même factum, qui invoque les pièces tirées des archives d'Aiguillon, il était mort en 1298 et sa succession aurait été partagée en 1305.

II, III. Il aurait eu deux fils : 1° Gautier qui était également mort en 1298, laissant une fille, Indie et un fils Amanieu II, seigneur

---

[1] Madaillan paraît être l'équivalent assez rare de *Milan, Meilhan, Meylan, Miolan,* dérivés de *Mediolanum,* c'est-à-dire *terre du milieu*. Sous ces dernières formes, la première syllabe brève s'est fondue avec la seconde d'après un procédé ordinaire. Toutefois la transformation de l'e atone en a, comme dans *Madaillan*, est régulière. (Voir *dictionn.* de Brachet, v° *amender*, de *ferocem, farouche,* de *redemptio, rançon,* etc.) La voyelle atone composée *io*, placée devant *l*, mouille ordinairement cette consonne. On a écrit parfois *Madeillan* et la prononciation actuelle ne s'éloigne pas beaucoup de cette forme.

L'application primitive du nom de *Mediolanum* à une localité pouvait dépendre de la position relative d'un lieu-dit dans un domaine ou plus fréquemment de considérations topographiques.

A ce dernier point de vue, Madaillan près d'Agen est un *Mediolanum* par excellence. Ce château occupe l'extrémité d'un promontoire escarpé entre deux vallées d'une largeur égale. Madaillan-Vieux est dans une position toute semblable, mais les pentes voisines sont plus accessibles.

Nous avons parlé d'un troisième Madaillan à Sainte-Livrade. On en trouve un quatrième dans la commune d'Agnac.

Et, malgré tout, fort sceptique en fait d'étymologies, je hasarde celle-ci sous toutes réserves.

de Madaillan, qui épousa Marthe de Lagraulet, et qui était mort en 1307 ;

2° Amanieu III, qui hérita en partie de son neveu Amanieu II, et devint seigneur de Madaillan, en 1307, par l'effet d'une transaction passée avec sa nièce Marthe de Lagraulet.

D'après les actes tirés également des archives d'Aiguillon par le syndic de Madaillan (Arch. dép. E. St. 1042), la succession d'Amanieu I n'aurait été partagée qu'en 1307 et celui-ci aurait eu quatre enfants : 1° Marie qui épousa Rainfroid de Montpezat ;

2° Gautier, co-seigneur d'Aiguillon, qui mourut en 1313, laissant une fille, Indie, laquelle épousa Raymond Pelet, co-seigneur du château de Puch de Gontaud ;

3° Amanieu II, damoiseau, qui épousa Marthe de Lagraulet et qui était mort en 1307 ;

4° Amanieu III, chevalier, seigneur de Madaillan, qui vivait encore en 1349, et dont la fille Béatrix, épousa Pierre de Molinier, bourgeois, en 1322.

En somme, les uns font d'Amanieu II et d'Amanieu III, deux frères, et les autres, l'oncle et le neveu. Les similitudes des prénoms et l'insuffisance des actes sont bien faites pour causer des confusions.

IV. Après Amanieu III, qui vivait encore en 1350, Amaury du Fossat, qui épousa Cécile de Durfort [1].

V. Amanieu IV du Fossat, seigneur de Madaillan en 1355, prisonnier du roi de France en 1371, mort en 1373 [2].

VI. Bertrand du Fossat, fils du précédent, seigneur de Madaillan en 1373. Son frère, Jacmes du Fossat est aussi qualifié de seigneur de Madaillan en 1384.

---

[1] Note ms. de M. J. de Bourrousse de Laffore.
[2] Voir *Rec. de la Soc. d'Ag. Sc. et Arts*. 2e série, t. IV, p. 212 et t. VI, p. 34 — *Hist. gén. du Languedoc*, édit. Privat, t. X. Preuves, p. 1460.

VII. Jeanne du Fossat, dame de Madaillan, épouse Simon de Bécarn.

VIII. Jeanne de Bécarn, leur fille, épouse, en 1405, Raymond-Bernard de Montpezat [1], qui posséda et transmit à ses successeurs le domaine contesté des paroisses.

IX. Charles de Montpezat, fils de Raymond-Bernard et de Catherine de Caumont, cité dans les documents, à partir de 1462. Il épousa, en 1466, Jeanne de Roquefeuil, et mourut en 1484 [2].

X. Guy de Montpezat, fils des précédents, sénéchal d'Agenais en 1493, épousa Jeanne de Mareul de Villebois. Il était mort avant l'année 1520 [3].

XI. Françoise de Montpezat, leur fille, épousa Alain de Foix, qui rendit hommage au roi pour Madaillan en 1528 [4].

XII. Jeanne de Foix, leur fille, épousa, vers 1540, Honorat de Savoie, qui rendit pareil hommage au roi en 1546 [5]. Il fut maréchal et amiral de France, gouverneur général de Guienne, en 1570, en remplacement de Blaise de Monluc. Il mourut en 1580.

XIII. Henrie ou Henriëtte de Savoie, fille unique du précédent, épousa en secondes noces, en 1576, Charles de Lorraine, duc de Mayenne, qui devint le général en chef des armées de la Ligue [6].

XIV. Henri de Lorraine, fils du précédent. C'est en sa faveur que les baronnies d'Aiguillon, de Madaillan, Montpezat, Sainte-Livrade et Dolmayrac furent érigées en duché-pairie d'Aiguillon, en 1599 [7]. Il mourut en 1621, sans postérité.

---

[1] *Nobiliaire de Guienne*, t. IV, p. 297. Généal. de Montpezat.

[2] Ibid.

[3] Ibid.

[4] Ibid et factum e p. 10 de la note M.

[5] Factum e p. 10. *Nobil.* t, IV, p. 68 et suiv. Généalogie de la maison de Savoie.

[6] *Nobil.* p. 83 et suiv.

[7] Ibid. p. 89.

XV. Nouvelle érection de la baronnie d'Aiguillon en duché-pairie, en faveur d'Antoine de Lage, seigneur de Puylaurens (1634), qui mourut en 1635 [1].

XVI. En 1637, Richelieu acheta le duché pour sa nièce, Madame de Combalet, et obtint du roi qu'elle en portât le titre. Madame de Combalet mourut en 1675.

XVII. Marie-Thérèze de Vignerod, hérita du duché-pairie d'Aiguillon, qu'elle céda avant d'entrer en religion à son neveu. Elle mourut en 1705.

XVIII. Louis de Vignerod, marquis de Richelieu, duc d'Aiguillon, comte d'Agenais, épousa Marie-Charlotte de La-Porte-Mazarini, petite nièce de Mazarin. Il mourut en 1730.

XIX. Armand-Louis, son fils, épousa Anne-Charlotte de Crussol. Il mourut en 1750.

XX. Emmanuel-Armand, son fils, ministre en 1771, disgracié en 1775, épousa Louise-Félicité de Bréhan. Il mourut en 1788.

XXI. Armand-Désiré, son fils, dernier duc d'Aiguillon, dernier baron de Madaillan, fut député aux Etats-Généraux en 1789. Il mourut en 1800, à Hambourg, sans postérité.

III.

Le Château de Madaillan.

Ce château-fort (9 kil. au N.-O. d'Agen) est construit sur un promontoire escarpé, à l'angle sud-ouest du territoire de la commune qui a gardé son nom. J'ai déjà eu l'occasion de le décrire sommairement [2]. Il se compose d'un corps de logis rectangulaire,

---

[1] Cette note et celles qui suivent sont empruntées à l'excellente notice de M. Ph. Lauzun, sur le livre *La duchesse d'Aiguillon* par M. Bonneau-Avenant. *Revue de l'Agenais*, t. VI, 1879, p. 475 et suiv.

J'ignore si les baronnies de Madaillan et de Montpezat furent rattachées au duché d'Aiguillon sous Antoine de Lage, comme elles le furent depuis Mme de Combalet.

[2] *Recueil...* 2ᵉ série, t. II, p. 347. Cette étude est à rectifier relativement aux dates des constructions.

soudé à une grosse tour presque carrée formant donjon, à l'ouest, et à une tour polygonale plus élevée, à l'est. Cette dernière, qui commande le point d'attache au coteau, forme un éperon saillant, dont l'angle aigu et la grande épaisseur donnent peu de prise aux projectiles. Une première enceinte irrégulière suit les contours du rocher et défend les abords sur tous les côtés sauf au nord, qui est le point le mieux protégé par les pentes.

Ce château a été démantelé et c'est vraisemblablement à l'effet de la mine qu'est due la chute des deux tiers de la tour nord ; l'éperon seul est resté debout, nettement tranché, dans toute sa hauteur. Le donjon est intact ; un tiers environ du corps de logis est détruit ; les ouvrages avancés sont réduits à une faible hauteur. Malgré tout, une assez grande partie des constructions ont échappé à la ruine pour que l'ensemble soit encore imposant et les restitutions possibles.

Quelle est la date du château ? Madaillan n'a pas le caractère des constructions féodales élevées sous le règne de Philippe-Auguste, qui était encore pour nous la période romane.

Il paraît avoir été fondé vers le milieu du XIII° siècle. A ce sujet nous avons quelques documents à citer.

Les habitants d'Agen déclaraient, en l'année 1318, dans une requête adressée au roi d'Angleterre, Edouard II, qu'on se souvenait encore du temps où une chaumière s'élevait sur son emplacement [1]. Soixante ou soixante-dix ans, représentent bien à peu près la durée extrême des souvenirs d'une génération.

---

[1] *Quod dictum castellum de Madalhano non consuevit esse castrum, sed adhuc existit memoria quod non erat ibi nisi quedam dominicula paliaris.* La lettre d'Edouard qui contient ce passage (*Chartes*, n° CXLVIII) est datée d'Yorck, onzième année du règne. L'original qui aurait fourni des éléments paléographiques pour la date n'existe pas dans les archives de l'hôtel de ville, qui possèdent seulement une copie de cet acte. On pourrait hésiter pour son attribution à Edouard I°ʳ (1283) ou Edouard III (1337) si la minute n'était pas citée dans les *Rolles gascons* comme étant émanée d'Edouard II (*de inquirendo ex parte Amanevi de Fossato de justitia alta et bassa infra castellum suum de Madalhano et in parochiis beatæ Mariæ de Fraysses et de Cardoneto.* — Carte T. 1, p. 33.)

La date de 1317, indiquée par nous dans les *Chartes d'Agen*, doit être rectifiée. Le 14 septembre, onzième année du règne d'Edouard II, se rapporte à l'année 1318.

Ce texte nous apprend de plus que le château, dans l'état où nous le voyons, n'en a pas remplacé un autre plus ancien.

D'après un des meilleurs factums rédigés pour le duc d'Aiguillon (Note M, pièce *e*, p. 4), le plus ancien document dans lequel un du Fossat est qualifié de seigneur de Madaillan date seulement de 1285 [1].

Les syndics de Madaillan soutenaient, d'autre part, que la première pièce officielle donnant à un du Fossat le titre de seigneur de Madaillan était une lettre d'Edouard II de l'année 1315 (publ. dans Rymer.) Ils estimaient que jusques alors les du Fossat s'étaient attribué ce titre sans droit, ainsi qu'il résultait de ce passage de l'enquête de 1311 : *dominus, ut dicitur, de Madalhano,* c'est-à-dire *soi-disant* seigneur de Madaillan.

Edouard II ayant qualifié dans sa lettre de 1318 Madaillan *une des principales baronnies* du pays, il paraît certain que le titre était justifié bien avant 1311.

Mais, au XIIIe siècle le château n'avait pas les proportions que nous lui voyons aujourd'hui. La tour polygonale et les clôtures du corps de logis remontent seules à cette époque. La pièce principale, le donjon, est une addition, ainsi que le prouvent des raccords à l'intérieur et à l'extérieur et l'existence de fenêtres dans les clôtures de l'ancien corps de logis masquées par cette construction nouvelle [2].

---

[1] Il faut rejeter une prétendue mention de Madaillan à la date de 1248. Suivant Saint-Amans (*Hist. du dép.* t. I, p. 154) Garcies du Fossat aurait rendu hommage à Raymond VII, comte de Toulouse, pour le château de Madaillan, le 10 juin 1248. L'acte original existe (*Layettes du Trésor des Chartes*, J.314, Toulouse, vu n. 46. Voir Teulet t. III, p. 70.) Je l'ai fait vérifier. Madaillan n'y est pas mentionné mais les châteaux de Bruch et de Floirac. Cette pièce fut rédigée à Agen le 10 juin 1249 ; voilà beaucoup de corrections qui touchent aussi à mon premier travail, dans lequel j'ai reproduit ces erreurs de confiance.

[2] Je dois cette observation, d'un grand intérêt, à M. Benouville, architecte diocésain, auteur des plans et des remarquables restitutions de la bastide de Vianne et du moulin de Barbaste. En 1885, M. Benouville a consacré cinq jours à relever le plan du château de Madaillan, à étudier cet édifice dans les moindres détails. Il a réuni des éléments complets pour une monographie du château, qui sera prochainement publiée.

C'est un motif de ne pas donner à ces notes plus de développements.

A en juger par le style de quelques moulures appliquées à ses baies, cette maîtresse tour date du xiv° siècle.

Dans leur ensemble, les travaux de défense couvrent une superficie de 35 ares 20, le château 6 ares 20. C'est peu ; Madaillan n'a rien des apparences formidables et des dimensions colossales d'un grand nombre de nos forteresses du moyen-âge.

Cependant, si l'on apprécie l'excellence d'un fort à la résistance qu'il oppose aux attaques on doit convenir que celui-ci était parfaitement établi. Nous avons vu qu'à plusieurs reprises il avait été vainement assiégé. Il reste à rappeler de quelle façon il devait résister à l'artillerie, et comment, au xvi° siècle, un grand capitoine, qui s'est proclamé lui-même heureux dans toutes ses entreprises, ne put réussir à s'en emparer.

En 1575, le maréchal Blaise de Monluc, avec un corps de troupes considérable, deux canons et une couleuvrine investit le château et le fit cribler de boulets pendant vingt-quatre jours (7-31 janvier.) Il finit par déclarer que les deux canons étaient insuffisants pour ouvrir une brèche, et, comme il craignait une surprise, il leva le siège[1].

Ce château historique devait finir obscurément. Je suppose qu'il a dû être démantelé peu après le siège de Monluc, car il ne joua aucun rôle dans les guerres de la Ligue, de Louis XIII, de la Fronde aucune pièce de nos archives ne nous révèle une participation des Agenais à sa démolition.

---

[1] D'après les comptes de nos consuls, 275 coups de canon furent tirés contre Madaillan. Un des boulets de l'artillerie de Monluc, recueilli dans les ruines du château, a été donné au musée d'Agen par M. le Dr J. de Bourrousse de Lafforc. Il mesure 0 m. 157 de diamètre et pèse 26 livres.
Voir pour les détails de l'expédition : *Le siège du château de Madaillan par le maréchal de Monluc*, notice de 20 pages que j'ai publiée, en 1872, dans le *Recueil*, 2° série, t. II.
Depuis cette époque, j'ai découvert quelques documents nouveaux sur le siège de Madaillan, dans un livre des audiences des consuls d'Agen (FF. 35.)
Ce fut sans doute le capitaine Carbon qui défendit le château contre le maréchal ; du moins, c'est lui qui occupait Madaillan pendant le blocus qui suivit le siège. Il négocia sans succès la reddition du château, à la condition qu'on mettrait en liberté le sieur de Moncaut, et continua à faire beaucoup de mal aux habitants de la banlieue d'Agen.

NOTE F.

Ordonnance sur la restitution des paroisses usurpées dans le bailliage d'Agen, rendue par les commissaires des rois de France et d'Angleterre.

(Langon, 8 juin 1334.)

Bertrandus Bonifacii, utriusque juris professor, canonicus parisiensis, et Petrus Raymundi de Rapistagno, miles, senescallus agenensis et Vasconiæ, pro parte domini regis Franciæ; et Johannes Travers, canonicus lichefeldensis, et Arnaldus Pagani, licenciatus in utroque jure, canonicus burdigalensis, pro parte domini regis Angliæ, ducis Aquitaniæ, super certis restitutionibus in ducatu Aquitaniæ faciendis subditis hinc et inde ipsorum dominorum regum autoritate electi et deputati, prudentibus viris senescallis, judicibus, tesaurariis, bajulis, servientibus et officialibus dictorum dominorum regum et ducis ad quos presentes litteræ pervenerunt salutem in domino. Noveritis quod, audita supplicatione procuratoris regii Agenni nomine procuratorio dicti domini regis Franciæ et pro ipso, nec non et consulum civitatis Agenni, nomine consulatus et universitatis civitatis ejusdem, in scriptis exhibita coram nobis, asserentium inter cœtera se, nominibus quibus supra, tempore obedientiæ per consules dictæ civitatis Agenni præstitæ domino Charolo quondam comiti Valesii, nomine domini regis Franciæ, fuisse in possessione pacifica et quieta juris exercitii juridictionis omnimodæ altæ et bassæ, meri et mixti imperii, coti et gardiagii et juris collectisandi per bajulum regium Agenni et per ipsos consules dictæ civitatis, in parrochiis Sanctæ Fidis, Sanctæ Gemmæ, sancti Juliani de Serris, de Bajolimonte, de Artigiis, de Medicis, de Dolhonhaco, de Cassone, de sancto Petro de Cardoneto, de Fraxino, de Madalhano et de sancto Dyonisio existentibus de pertinentiis et sub honorio dictæ civitatis Agenni, ipsamque juridictionem et ipsius juridictionis exercitium cum suis omnibus pertinentiis, post obedientiam prædictam et ante pacem inter dominos Carolum Franciæ et Edduardum Angliæ jam defunctos reges subsequtam, per gentes domini regis Angliæ et ducis Aquitaniæ occupata et usurpata fuisse et esse, vocatis siquidem procuratoribus dictorum dominorum regum et ducis et presentibus, aliisque vocatis evocandis, et fundato legitime judicio, liteque debito contestata ac nonnullis testibus ex parte dictorum procuratorum et consulum productis factoque contrario ex parte procuratoris dicti domini regis Angliæ et ducis super hoc proposito, et ad ipsum probandum nonnullis etiam testibus super hoc productis, ipsis que hinc et inde juratis testibus et diligenter examinatis ad instanciam dictarum partium, et ex officio habita deliberatione et consilio predictorum, quia nobis constitit atque constat juridictionem seu exercitium juridictionis altæ et bassæ meri et mixti imperii, coti et gardiagii, juris collectisandi omnium parrochiarum et locorum prædictorum, exceptis dictis duabus parrochiis videlicet de Fraxino et de Cardoneto, usque ad infra rivum vocatum de Borbol versus castrum de Madelhano, inter obedientiam et pacem memoratas per gentes dicti domini regis et ducis occasione commotionum dicto um dominorum regum occupata et usurpata fuisse, juridictionem et exercitium hujusmodi cum suis aliis pertinentiis supradictis, die datæ presentium, ad manum nostram tamquam communem ponendam et tenendam fore decrevimus auctoritate et potestate a dictis dominis regibus nobis super hoc attributa, cœterum nos, desiderantes finem hujusmodi processui debitum apponere remedium ac etiam opportunum, unanimiter quo ad hoc procedentes, attentis et consideratis processibus super hoc factis et habitis et aliis attendendis quæ nos in hac parte movere poterant et debebant possuntque et debent, vobis et vestrum cuilibet, prout ad vestrum quemlibet pertinuerit, auctoritatibus quibus supra, tenore presentium præcipimus et mandamus quatenus dictos bajulum regium et consules civitatis Agenni suo et nominibus quibus supra, prout ad ipsos universaliter et singulariter pertinet et pertinere potest, ad statum pristinum et possessionem dictæ juridictionis altæ et bassæ, meri et mixti imperii, coti et gardiagii et juris collectisandi dictarum parrochiarum et districtuum earumdem et ejusdem juridictionis exercitii et pertinentiis aliis, duabus exceptis parrochiis antedictis, prout superius continetur, realiter et efectualiter redducatis et nisi propria autoritate quod eisdem absque tamen violentia concedimus reducti fuerint reponatis cum nos ad statum et possessionem antedictam restituerimus corumdem, amoto quorumque alio detrimento et omni impedimento occasione commotionum dictorum dominorum regum aposito, quod nos etiam tenore presentium amovemus; facientes etiam, auctoritatibus quibus supra, eisdem bajulo et consulibus Agenni suo et nominibus antedictis in exercitio juridictionis hujusmodi et aliis omnibus eidem juridictioni, coto et gardiagio et juris collectisandi et predictis coto et gardiagio et juris collectisandi pertinentibus pareri efficaciter et intendi, prout ad ipsos bajulum et consules universaliter et singulariter noveritis pertinere, salvo et per nos declarato quod possessio juridictionis dictarum duarum parrochiarum de Fraxino et de Cardoneto, usque ad rivum predictum, manebit in statu quo erat tempore debati quo juridictio dictarum aliarum parrochiarum fuit, sicut prescribitur, occupata. In quorum testimonium, sigilla nostra duximus presentibus litteris apponenda. Datum Lingonni, octava die junii, anno Domini millesimo tricentesimo tricesimo quarto.....

Collationné à l'original par nous conseiller secrétaire du roy, maison couronne de France en la chancellerie près la cour des Aydes de Montauban. Laclaverie [1]. (Arch. d'Agen. FF. 136.)

NOTE G.

Privilèges accordés aux Agenais par Philippe-de-Valois.

Toutes les chartes de privilèges concédés à perpétuité aux Agenais antérieurement à Philippe-de-Valois ont été publiées (*Chartes d'Agen*, n°s 11, 13, 17, 47, 112). Elles se réduisent à cinq si l'on en déduit les répétitions et confirmations (n°s 96, 97, 118, 154, 157, etc.) et si l'on ne tient pas compte des grâces, des concessions temporaires (n°s 10, 31, 32, 155, 156, etc.) non plus que des règlements sur l'administration (n°s 74, 82, etc.).

---

[1] Cette expédition authentique fut délivrée à l'occasion du procès entre les tenanciers de Madaillan et le duc d'Aiguillon, en 1738. L'orthographe est moderne et l'on peut signaler quelques incorrections.

Les comtes de Toulouse accordèrent aux Agenais, dès l'année 1221, la confirmation de leurs coutumes ; ils s'engagèrent à ne pas construire de château dans Agen, à ne pas prendre d'otages, à ne tirer personne de la ville à moins d'obtenir pour cela un jugement des consuls. Ils déclarèrent les habitants d'Agen exempts de péages, et ce privilège fut étendu, en 1248 à l'exemption de toute taille et de toute quête. Il était reconnu que nulle imposition ne pouvait être établie, sinon du plein gré des consuls.

Voilà pour les textes. Dans la pratique, nous voyons la commune constituée avec une grande liberté d'action. Elle modifie ou interprète ses statuts (n° 44); elle négocie des accords et même des traités d'alliance offensive et défensive avec d'autres villes (n°s 14, 15, 16, 18, 30).

Les obligations réciproques qui dérivent du protectorat des comtes de Toulouse sont définies sommairement dans une charte de l'année 1226 (n° 17). Cette convention est toute à l'avantage de la commune.

Telle est la constitution politique de la république agenaise, constitution maintenue sous les rois d'Angleterre et de France. Antérieurement à Philippe-de-Valois, ceux-ci y ajoutèrent le privilège pour les habitants d'Agen de n'être pas jugés hors de la sénéchaussée (1298. — n° 112.) et les papes reconnurent que les Agenais ne devaient pas non plus être jugés hors du diocèse (1308. — n° 136).

Les évêques d'Agen ont des droits sur la justice et battent monnaie, mais, pour tout ce qui touche à la politique et à l'administration, leur pouvoir temporel est absolument fictif. Si jamais la commune d'Agen fut placée sous le joug des évêques, il faut constater qu'au XIII° siècle elle en était absolument affranchie.

Les privilèges concédés aux habitants d'Agen par Philippe-de-Valois (AA. 5 à 8.) sont quelquefois libellés en premier lieu par ses lieutenants, ses gouverneurs ou grands sénéchaux : Jean de Marigny, évêque de Beauvais; Raoul, comte d'Eu et de Guines; le roi de Bohême; Guillaume, archevêque d'Auch; Pierre de La Palu, seigneur de Varambon ; Louis, comte de Valentinois et de Die ; le duc de Normandie, fils du roi, etc... Leur confirmation par le roi suit de près ; et, comme on le savait libéral, on donnait beaucoup en son nom.

Indépendamment de nombreuses concessions temporaires et de grâces de toute sorte, les Agenais eurent le bénéfice de la fondation d'un atelier monétaire, en concurrence avec celui de évêque. Le droit des consuls d'exercer la justice fut étendu et défini. Les sergents d'armes royaux furent assujettis aux impositions municipales. Une seule charte, de l'année 1341, dont on trouvera le texte à la suite de cette note, concède aux habitants d'Agen huit privilèges nouveaux : l'exemption de tout subside et don pour la chevalerie des fils et le mariage des filles de France ; la réduction du secours en hommes, qui devait être fourni en temps de guerre, à 200 sergents, pendant 40 jours seulement, pour toute la durée de la guerre ; l'exemption de tout droit de péage, dans toute l'étendue du royaume; le droit de posséder des fiefs nobles dans tout le royaume sans payer aucune redevance ; le droit pour les consuls d'assister à toutes les informations criminelles qui se feront dans la ville par quelque officier que ce soit ; l'obligation pour tous les juges exerçant à Agen de jurer, comme y est tenu le sénéchal, avant d'entrer en fonctions, d'observer les coutumes et privilèges de la ville ; le droit pour les consuls de remettre les minutes des notaires décédés à tel autre des notaires de la ville qu'ils jugeront à propos ; enfin le droit de faire exécuter les sentences de la cour consulaire et lever les tailles municipales par les consuls ou leurs sergents.

Après avoir fait de telles libéralités, Philippe-de-Valois pouvait se croire autorisé à sacrifier une partie du territoire de la juridiction d'Agen sans prendre l'avis des intéressés. Il s'était trompé ; le sentiment du péril l'emportant sur celui de la reconnaissance, les Agenais protestèrent en dépit de faveurs nouvelles.

Lorsque, peu à peu, de la fin du moyen âge à la fin du xviiie siècle, le triage s'opéra dans le rôle un peu confus des privilèges et franchises de la ville d'Agen, de nombreux articles furent effacés les uns après les autres, mais quelques lignes subsistèrent auxquelles on tenait infiniment. J'aurai à citer un exemple de la persistance de certains privilèges dans la note (L) consacrée au droit de posséder des fiefs nobles.

Pendant la Fronde, après une opposition honorable et une sorte de guerre civile, la ville d'Agen fut ralliée quelque temps au parti de Condé. Le marquis de Saint-Luc, en priant les Agenais, dans une lettre affectueuse, de rentrer dans l'obéissance du roi, leur assura le maintien de leurs privilèges, qui sont, ajoute-t-il, *des plus remarquables de la province*.

Ceci était vrai à l'avènement de Louis XIV et resta vrai jusques à la Révolution. Les Agenais ont dû cette condition exceptionnelle au roi de France Philippe-de-Valois.

Lettre de Philippe de Valois concédant aux habitants d'Agen huit privilèges nouveaux (1341.)

Philippus, dei gratia Francorum rex, notum facimus universis tam presentibus quam futuris quod grata nobis probate fidelitatis sincere devotionis et ferventis dilectionis obsequia que dilecti et fideles nostri consules, universitas, burgenses et habitatores civitatis Agenni tam nostris predecessoribus Francie regibus quam nobis liberaliter impertiri et labores immensi quos pro nostris et regni nostri negociis gratantius sustinere voluerunt merito nos inducunt ut ad ea que sibi placida perpendimus liberalitatis regie dexteram extendamus, nos igitur, consideracione premissorum, et, ut iidem consules, universitas, burgenses et habitatores in nostre fidelitatis constancia fervencius continentur, eorum supplicationibus favorabiliter inclinati, eisdem, auctoritate nostra regia, ex certa sciencia et de speciali gracia, pro nobis et successoribus nostris, concedimus libertates, franchisias, consuetudines et privilegia prout articulatum subsequitur.

Videlicet quod per nos, officiarios seu ministros nostros, occasione milicie filiorum vel dotis filiarum vel alia qualibet racione vel causa, donum, subsidium vel mutuum deinceps ab eis nullatenus exigentur ; ymo jus petendi et exigendi dictum donum, subsidium vel mutuum, si quod ex causis predictis vel quibuscumque aliis, nobis, successoribus, officiariis vel ministris nostris competebat vel competere poterat, in futurum eisdem remittimus graciose.

Concedimus eciam, cum dicta civitas propter longum et ambitum inibi habitantibus et pluribus pro tuicione et defensione indigeat, quod dicti consules, universitas, burgenses, cives et habitatores dicte ville et civitatis ejusque pertinentiarum, per modum exercitus vel aliter, universaliter vel singulariter, ad adjuvendum nos vel successores nostros, vel ad mittendum gentes armorum servientes vel balistarios in guerris quas in presenti habemus vel habebimus in futurum, vel ad finandum pro premissis minime teneantur, nec ad hoc compelli possent, quaque occasione premissorum graciose ab eis nichil per modum mutui vel aliter exigi possit, hoc excepto quod, pro defensione ducatus Aquitanie et infra dictum ducatum, in tota una guerra, quamdiu illa duret, ducentos servientes et non plures, suis expensis, per quadraginta dies duntaxat, et tunc cum fiet exercitus generalis in Agennesio, et non aliter, mittere tenebuntur, consuetudine dicte ville suadente quod de quolibet hospicio ad generalem exercitum una persona debeat accedere non obstante.

Item, quod deinceps et perpetuo omnes et singuli burgenses dicte civitatis et ville a solutione cujuscumque leude, coustume vectigalis et pedagii ad nos spectantium in ducatu Aquitanie et alibi in toto regno nostro sint quieti, liberi et immunes quaque occasione illius leude, pedagii, vectigalis seu coustume ab eisdem nichil exigi possit, quantum jus nostrum tangit.

Insuper, concedimus eisdem burgensibus ut, absque financia aliquali et nulla alia a nobis seu officiariis nostris petita licencia seu obtenta, licet ipsi innobiles existant, in toto ducatu Aquitanie et alibi in regno predicto, feuda nobilia possint deinceps adquirere, tenere et jam acquisita perpetuo retinere.

Eciam et concedimus, auctoritate nostra regia qua supra, consulibus, universitati, burgensibus et habitatoribus antedictis, quod dicti consules, in quibuscumque informacionibus, que deinceps fient vel fieri contingerit, per quoscumque officiarios vel commissarios nostros, insuper vel pro excessibus infra dictam civitatem, juridictionem et pertinentias ejusdem commissis vel deinceps commitendis, debeant vocari, admitti et adesse ad finem fraudis vitande duntaxat prout inquestis dictarum causarum criminalium secundum eorum usus et consuetudines sunt vocandi, quodque pro informationibus factis super quibuscumque criminibus eciam fractionem salve gardie tangentibus, ipsis consulibus non vocatis vel admissis, et nisi per dictam informationem quis de criminibus reperiatur vehementer suspectus nullus possit cause subici vel inqueste.

Volumusque et concedimus consulibus, universitati, burgensibus et habitatoribus predictis quod judices quicumque Agenni, in novo suo adventu, antequam aliqua juridictione utantur, ad servandum consuetudines, usus, libertates et privilegia dicte civitatis, sicut senescalus in novo suo adventu, secundum eorum consuetudines, tenetur, medio juramento se astringant, nec idem senescallus inibi juridictionem exerceat donec ipsum prestiterit juramentum.

Insuper concedimus eisdem consulibus ut libros notariorum regiorum et quorumcumque aliorum in civitate Agenni commorantium, defunctis notariis, conferre et tradere valeant aliis notariis quibus eis videbitur faciendum, ac si et notarii ipsi per eosdem creati et presentati fuissent, et quod deinceps eisdem consulibus nullum per quemquam impedimentum prestari possit in hac parte.

Preterea volumus et concedimus quod amodo per dictos consules seu eorum servientes vel nuncios sentencie et judicia curie sue et judicum eorumdem exequantur tallieque collecte et alia ipsorum racione universitatis sue debita exigantur et leventur, eciam mediante cohercitione, quotiens opus fuerit, tanquam pro fiscali debito, personarum captione excepta.

Ut autem premissa omnia et singula robur obtineant stabilitatis perpetue in futurum, nostrum presentibus litteris apponi fecimus sigillum, salvo in aliis jure nostro et quolibet in omnibus alieno. Datum Parisius, in valle Scholarum, anno domini millesimo trecentesimo quadragesimo mense januarii.

(Arch. d'Agen, AA. 6.)

NOTE H

Mémoire produit par les consuls d'Agen contre Charles de Montpezat, touchant les limites de leur juridiction du côté de Madaillan (1466).

Avisemens a Messieurs les avocat et procureur général du Roy notre sire en sa cour de Parlement à Bordeaux, pour les procureur du roy en Agenois et consuls de la cité d'Agen, adjoints.

Contre le noble Charles, sieur de Montpezat et de Madaillan.

Premièrement disent lesdits procureur et consuls d'Agen que jacoit ce que, par la demande qu'ils ont faite, y a procès en ladite cour contre ledit de Montpezat, ils ayent fait conclure que les paroisses de Paulhac et aussi la part de la parroisse de Cardonnet qui est entre le ruisseau de Borbol et la cité d'Agen devoint être et apartenoient au Roy notre sire et a ladite cité tant seulement.

Lesdits demandeurs, corrigeans icelle demande et voulans ajouter en icelle, disent et concluent que toutes lesdites six parroisses dont en la première demande est faite mention, et est à savoir Fraisses, Saint-Daunès, Dolonhac, Cardounet, Paulhiac et Saint-Julian, sont et doivent être toutes par entier de la honneur, juridiction, mire et mixte imperi de la cité d'Agen et de la seigneurie et banlieue d'icelle et au vray [a] notre dit seigneur et a ladite ville toute entièrement appartiennent, sans que ledit de Montpezat ni ses predecesseurs y ayent jamais eu aucun droit sinon par usurpation inique, damnable et mauvaise.

Et de ce dient lesdits procureur et consuls avoir trouvé depuis peu de tems en ça plusieurs belles lettres, proces, enseignemens et documens desquels ils s'entendent ayder en cette matière.

Item dient lesdits demandeurs que ce n'est pas de merveile si ledit deffandeur maintient l'erreur et mauvaise querelle de ses predecesseurs en l'usurpation desdites parroisses et en plusieurs autres males erreurs, car, jacoit ce que par les officiers royaux qui ont été au pays d'Agenois, depuis qu'il a été vuidé des Anglois, il a ete maintesfois requis de se désister de l'occupation qu'il fait de plusieurs lieux et places apartenans au roy nostre seigneur et qui sont ou doivent etre de son ancien et propre domaine, si ne s'en est-il jamais voulu desister, ains en a pris et prent encores, contre la la volonté desdits officiers, les fruits, prouffits et emolumens, chacun an et continuellement.

Et ensuivent les lieux royaux qu'il occupe.

Premierement le chastel et la ville de Saincte Lieurada et la plupart des emolumens.

Item, tout le lieu et juridiction et territoire de Saint-Serdos.

Item, et aussi le lieu et emolumens de Saint-Damien.

Item, et pareillement du lieu de Feltrone[1].

Item, et ne luy suffit pas d'occuper les terres et seigneuries du roy son souverain seigneur, ains en fait il autant et pis a ceux de l'eglize, car, violantement et par forse, il prent et occupe continuelement les droits, decimes premieres et plusieurs autres droits du prieur de Sainte-Livrade, qui est conseigneur avec le roy dudit lieu[2].

---

[1] Dans une étude sur *Deux comptes financiers de l'Agenois sous Charles V* (*Recueil*, 2ᵉ série, t. VI, p. 37) j'ai déjà consacré une note à cet introuvable Felletone, qui était un chef lieu de bailliage dès l'année 1367 et qui conserva ce nom jusques au xviiᵉ siècle.
Les pièces du procès contre le seigneur de Montpezat fournissent une indication assez précise sur l'emplacement de Felletone. Le territoire contesté est celui de Saint-Damien ou Granges, Saint-Sardos et Felletone. A partir de la fin du xviiᵉ siècle, on cite dans le même procès au sujet des mêmes usurpations Saint-Damien, Saint-Sardos, Lussac et Saint-Amans. C'est donc Lussac et Saint-Amans, deux paroisses voisines de Saint-Sardos, qui doivent représenter la bastide ou le bailliage de Felletone.
Felletone est très probablement la bastide fondée en 1348 par les Templiers, dans le voisinage du Temple-de-Breuil, à la suite d'un accord passé avec Rainfroid, seigneur de Montpezat. (Th. Carte. *Rolles*, t. I, p. 123.)
Les noms imposés aux bastides ont parfois disparu à une époque relativement moderne, après avoir été longtemps employés concurremment avec les noms anciens : ainsi Pencheville, Castelseigneur, Castelcomtal, qui sont devenus ou mieux redevenus Lacenne, Laparade, Damazan, etc.

[2] Une pièce des archives de Montpezat rappelait sans doute ces souvenirs. On la fit disparaître en 1718, lorsque les scellés apposés sur les archives d'Aiguillon furent levés par autorité du Parlement à l'occasion du procès entre le duc d'Aiguillon et la communauté de Madaillan, dont on trouvera plus loin l'historique.
A ce sujet, le syndic signale « la conduite tenue pendant la visite des archi-

Item, occupe et a occupé, dix-huit ans a ou plus, toute la terre et seigneurie de Périnhac, joignant à sa terre de Monpezat, dont il n'a jamais voulu laisser jouir abbé qui ayt été, ains a fait vivre en langueur un frère, Jean Violet, qui étoit abbe de ladite abbaye, lequel, a cause du tort qu'il lui faisoit, a vecu d'aumones en la ville d'Agen plus de dix ans, et, finablement, a falu qu'il s'en soit allé mourir en une abbaye de Comminges, pour ce qu'il ne pouvoit avoir justice de luy.

Item, plus il occupe la juridiction et baylie et emolumens de la ville d'Aguilhon, qui est comprise en tous les livres du domaine royal d'Agenois[1] de passé a deux cens ans.

Item, en toutes les terres qu'il tient et dont il se dit seigneur, n'a homme si hardi qui osat appeler de lui pour quelque outrage qu'il leur fasse, ne se trouvera en livre, registre ne papier de cours des senechal ne juge ordinaire que, quinze ans a passes, homme qui soit son sujet ne ose impetrer lettres contre luy ne contre bayle ou procureur sien, que, incontinent, il ne les fasse mettre en basse fosse et la l'esteint jusques a ce qu'ils aient renonce à l'appellation et fait ce qu'il veut.

Et si n'est il guere annee qu'il, de son autorité, ne lieve quelque taille sur eux sans en avoir aucun compte du Roy.

Item est vrai que, chacun an, il vend a veranois et etrangers les herbages et anglanages des lieux et paroisses qu'il tient et occupe et fait vivre le bétail sien et de ses hommes ez terroirs et seigneuries tant d'Agen que de Port-Sainte-Marie et Sainte-Livrade, qui sont lieux royaux, comme ez lieux des autres nobles qui sont ses voisins et aussi gens d'eglize, comme de l'abbé de Clairac, du sieur de Pujols, du seigneur de Cours, du seigneur de Lasserre, du

---

« ves par les agents de M. Richelieu pour soustraire et escamoter partie des
« titres, comme firent d'un rescript d'un pape pour absoudre Charles de
« Montpezat et sa femme pour excès commis dans les églises, vu et lu de
« tous ceux qui étoient présent et dont le suppliant vouloit prendre une
« extraction; à la place duquel ont veut substituer aujourd'huy celuy pour
« Rainfroid de Montpezat. »
Factum produit au Parlement, coté *aa* dans la note M, à la p. 1.

1 Ceci est une erreur. Aiguillon est une ancienne juridiction seigneuriale.

seigneur de Bajaumont, du seigneur de Lesinhan, de Pelaguinhon et de plusieurs autres.

Item, et si aucun desdits nobles ses voisins se ose tant avanturer ou enhardir de prendre quelque bete que ce soit des siennes ou de ceux qu'il emploit (?) incontinent il court la terre d'iceluy et prent pour une bete quatre.

Item, depuis trois an en ça, par dépit du plaids que le procureur du Roy et la ville d'Agen mene contre luy, il envoya vingt sept hommes portans armes et autant de chevaux prendre en Colairac, ce qui est clairement de la seigneurie d'Agen, tout le bled et les gerbes qu'il peut trouver apartenans à Jean Dauphin, procureur du roy, lequel comme officier, est en especial sauvegarde.

Item, un peu avant ou peu après lesdits trois ans, il fit mettre une grande embuche de gens entre la ville d'Agen et Madaillan et memement en la terre du Roy et ce pour prendre les officiers du Roy et consuls d'Agen, pour ce qu'il avoit ete avise que on vouloit prendre aucun bétail qui, de par luy, mangeoit les herbages de la terre du Roy.

Item, depuis cinq ans en ça, il prit par force a une demoiselle, nièce du seigneur de Lustrac, laquelle est mariee Agen, quatre vaches qu'elle avoit sans plus et les a tuees et mange, et par dépit de la ville d'Agen.

Item, il usurpe et detient par force du seigneur de Buoville, qui n'a quinze ou seize ans, le chatel de Monreal, la paroisse de Saint-Peyre de Pecharomas [1] et les rentes qu'il a en certaines autres parroisses, qui montent près de cent livres tournoises de rente, dont ledit de Montpezat ne sauroit montrer lettre ni enseignement quelconque, et le seigneur de Buoville en est bien garni, mais il n'a de quoy plaidoier contre luy, qui a plus de quinze plaids ordinaires en diverses cours.

Item, six ans a ou environ, que ledit de Montpezat reçut a foy et hommage un gentilhomme d'Agen et sa femme, à laquelle le seigneur d'Aubiac avoit donne un grand terroir qui est dans la

---

[1] Annexe de Cardounet. C'est l'ancien nom de la paroisse de Montréal.

juridiction d'Agen, mais, nonobstant qu'il ayt reçu ledit hommage, si en prent il les herbages, aglanages et autres émolumens par force.

Item, depuis deux ans en ça, par malveillance qu'il porte a un bon gentilhomme qui est seigneur de Courts, lequel se deffend contre luy par justice, il luy a mis a feu, en plein midy, un moulin qu'il avoit fait tout neuf et toutes les murailles dirruides (sic).

Item, depuis quatre ans en ça, ledit de Monpezat, sachant qu'un sergent royal, homme de bien, passoit par sa terre, lequel avoit quelquefois executé aucunes lettres de justice contre luy, il le fit prendre, lier et etacher et mettre en la fosse de Madalhan, en laquelle il le tint bien trois semaines, sans qu'on sceut aucunes nouvelles de luy.

Item, en cet an meme, mil quatre cens soixante-six, il a oté par force aux officiers du Roy certain nombre de gros bétail qu'ils avoint pris ez herbages ou aglanages du Roy.

Item, lorsque Talebot descendit en Guienne il fit prendre et oter par son frère batard aux officiers du Roy certaines grandes quantités de bledz et de vins apartenans a Anglois qui les avoint au lieu de Sainte-Lieurade.

Item, il fait chacun an rançoner les prudhommes qui sont ez paroisses dont est question pour leur bétail qui pait en leurs possessions propres, dont il vend les herbages et glanages aux étrangers.

Item, il occupe par force le lieu de Pressan, auquel le seigneur d'Aubiac et autres gentilshommes ont part et n'est raison qu'il le veuille faire....

Collationne sur l'original par nous, conseiller secretaire du Roy, maison, couronne de France en la chancellerie pres la cour des Aydes de Montauban. Laclaverie [1].

[1] FF. 141. L'expédition fut probablement faite entre les années 1710 et 1738, à l'occasion du procès entre les tenanciers de Madaillan et le duc d'Aiguillon.
L'orthographe et les formes anciennes n'ont pas été respectées par le copiste. Cette pièce peut être rapprochée d'un état des usurpations commises par le

Fragment d'un mémoire pour Charles de Montpezat contre les consuls d'Agen. Non daté. Environ 1466.

Item, preffatus nobilis Karolus deffendens, post multiplices successionnes supradictas, tenuit et possedit dictum castrum de Madalhano et supradictas parrochias, tanquam suum verum matrimonium et indubitatum et in predictis parrochiis, ut dominus de Madalhano, omnimodo imperium merumque et mixtum imperium exercuit et exercet de presenti.

Item, dicit quod idem deffendens tam per se quam suos predecessores supranominatos expressatos, pariterque per alios non expressatos, tenuit et possedit dictas parroquias, tanquam pertinentes et spectantes eidem ad causam dicti castri de Madalhano et tanquam suum proprium patrimonium et domaynium per nonaginta annos continuos ymo et amplius, taliter quod non est memoria de contrario.

---

seigneur de Montpezat, dressé le 13 décembre 1469. (Publié par M. J de Bourrousse de Laffore. *Nobiliaire de Guienne et de Gascogne*, t. IV, p. 300.) Elle a été reproduite en partie dans le factum coté *d* (Voir note M.) Ce même factum contient aussi le reste du premier cahier d'*instructions* sur la même affaire, à la même date. Le rôle original conservé à l'hôtel de ville est plus développé. Il existe trois pièces différentes trop volumineuses pour être toutes reproduites. J'ai publié comme étant le plus intéressant le mémoire contenant non la défense des consuls mais leur attaque contre un adversaire qu'ils veulent faire paraître comme dénué de tout scrupule.

Cependant je crois devoir citer le passage suivant, dans lequel se trouve l'énumération des droits que les consuls d'Agen prétendent posséder sur les paroisses.

Les consuls ont « droit de toute justice... et l'esmolument et prouffit des-
« quels appartient au roy partie et partie auxdits consulz.

« Item ont accoutumé avoir cot, gardiage, garde de champs et de maisons,
« tailles et collecte pour les biens estans esdites paroisses.

« Item cognoissance de tous crimes et délits et délinquants en icelles, et
« aussi la garde des foires qui se tenoient chacun an esdites paroisses, avec
« plusieurs autres droiz comme des autres estans en leur justice.

« Item estoient et sont encores les habitans desdites paroisses bourgoys de
« ladite ville et cité d'Agen et contribuables aux necessites et repparations
« comme les habitans d'icelle cité et ville.

« Les seigneurs ont occupé et occupent encores lesdites paroisses appar-
« tenans, comme dit est, au roy nostre seigneur et ausdits demandeurs et
« d'icelles prins taille et levé les fruiz, prouffiz, revenues et esmolumens a
« tort et sans cause .. etc.

Item dicit quod tantum tempus suprascriptum cum successionnibus mentionatis haberi debeant pro justo et legitimo titulo, nec est necesse alium titulum hostendere pro parte deffendentis quia de jure in patramoniis (sic) antiquis antiquissimum tempus pro titulo repputatur, ut in causa predicti. Ergo, ex premissis, clare constat quod dictus dominus de Montepesato habet legitimam deffentionem et civilem prescriptionem temporis longissimi.....

Item dicit quod in presenti provincia Acquitanie antiqua pocessio haberi debet pro titulo maxima ratione quia propter guerras que..... viguerunt in ducatu Acquitanie loca in majori parte fuerunt in ruinam et heremum reducta, taliter quod omnia documenta patrimoniorum fuerunt deperdita et devastata et pauca hodiernis temporibus possunt reperiri et quam maxime nobilium virorum, qui, pro honore guerre, pocius studebant ad deserviendum domino nostro regi in guerris et causa deffentionis regn quam ad custodiendum sua proprias terras et documenta.

Item dicit quod maxime dominus Amanevus de Montepesato et dominus Ramundus Bernardus ejus filius vacaverunt in servicio domini nostri regis et ipsi deservierunt totis temporibus vite sue et, ipsi deservientes dicto domino nostro regi, locus principalis de Montepesato, ubi omnia documenta tenebant et erant repposita, fuit captus et destructus per anglicos inimicos antiquos regni, et omnia documenta patrimonialia et alia quecumque fuerunt concremata et perdita et destructa et prothocolli antiqui notariorum deperditi. Est enim notorium quod mangones anglicorum qui ceperant et destruxerant dictum locum de Montepesato, tempore dictorum duorum Amanevi de Montepesato et Ramundi Bernardi ejus filii, penuncellos faciebant de cartis et instrumentis, more puerorum, et in ignem reponebant et etiam in furno ardenti, et sic omnia documenta fuerunt deperdita, saltem in majori parte.

Item dicit quod de jure compellere eumdem dominum de Montepesato ad demonstrandum titulum acquisitionis loci de Montepesato et aliorum locorum ab omni evo per ipsum et predecessores suos pocessores quod esset sibi impossibile propter prefatam deperditionem instrumentorum. Igitur tempus longissimum cum successione sufficit et habetis pro titulo et quantum maxime in prefatis parrochiis et supra deductum est in proposito nostro.

Item non obstat nec obstare potest aliqua compositio que pretenditur esse facta anno domini millesimo CCC. LXIX in duos procuratorem regni consules et scindicum civitatis Agenni et superius scriptum Amanevum de Fossato, quem pars agens in hac causa pro sua intentione fundamentali allegare et deducere satagit, quia de dicta compositione non costat nec costare potest in forma debita, quia non est in forma instrumenti, nec est sigillata nec tabellionnata nec testium nomine corroborata et est nullius efficacie seu momenti.

Item non obstat quedam confirmatio que asseritur exinde subsequta per quemdam Eduardum, tunc regem Anglie, qui super hoc non habebat potestatem, et, si potestatem haberet, talis confirmatio fuit impetrata absque manumento dicti domini de Fossato et sic talis impetratio confirmationis in prejudicium ipsius de Fossato valere non potuit....

(Archives d'Agen. FF. 141. Fragment [1]. Ecriture de la seconde moitié du xv° siècle.)

NOTE I.

Transaction passée entre le procureur du duc de Guienne et les consuls d'Agen, d'une part, et Charles de Montpezat, seigneur de Madaillan, d'autre part, au sujet des limites des juridictions d'Agen et de Madaillan. (31 juillet 1470.)

In nomine Domini amen. Noverint universi et singuli hoc presens publicum instrumentum inspecturi, visuri, lecturi ac eciam audituri quod cum prout ibidem dictum fuit a partibus infrascriptis lis, questio, debatum seu controvercia mote extitissent et am-

---

[1] D'après le factum du syndic de Madaillan cité ci-dessus (Voir note M, pièce aa, p. 6.) la défense de Charles de Montpezat aurait rempli trois cahiers d'écritures, dans lesquels il n'invoque pas autre chose que les arguments de bonne foi, de possession plus que centenaire et de prescription, sans produire un seul titre.

plius in futurum moveri spectarentur inter procuratorem domini nostri Francie regis et nunc excellentissimi et potentissimi domini nostri ducis Acquitanie, consulesque et universitatem Agenni, agentes et petentes, ex una, et nobilem ac potentem virum Karolum de Montepesato, dominum de Montepesato, de Acculeo, de Toarcio, de Madalhano et condominum de Sancta Liberata, deffendentem partibus, ex altera, super eo et pro eo quia dicti procurator domini nostri ducis, consules et universitas Agenni, dicebant et asserebant sex parrochias existere in juridictione dicte civitatis Agenni, scilicet de Cardoneto, de Fracxinis, de sancto Dionisio alias de sent Daunes, de Paulhaco et sancti Juliani de Terrafossa, cum omnibus earum jurisdictionibus altis, bassis, meris et mixtis imperiis, gardiatgiis costacgiis et omnibus exerciciis jurisdictionum earumdem parrochiarum et cujuslibet ipsarum pertinere et pertineri debere antedictis domino nostro duci, consulibus et universitati predictis pluribus racionibus et mediis per ipsos dictis et allegatis; preffatus vero dominus de Montepesato contrarium dicens et asserens videlicet easdem parrochias predictas sibi pertinere et spectare racione sui castri predicti de Madalhano ac alias parrochias ultra predictas contenciosas, in quibus prethendebat habere jus, scilicet in parrochiis sancti Petri de Pecharomas, de sancto Cirico et de Medicis. Et sciendum quod anno et die infrascriptis existentes et personaliter constituti apud Agennum in nostrorum notariorum publicorum et testium infrascriptorum presencia, videlicet honorabiles ac sagaces viri dominus Bernardus de Guotis, decretorum egregius professor, judexque ordinarius Condomensis, Johannes de Galheto major, Ramundus de Baylivia, magister Johannes Charrerie, Guillermus de Vernhia, Bertrandus Graba, et magister Florencius de Noord, in medicina baccallarius, et consules presentis civitatis Agenni anni presentis infrascripti necnon magister Petrus Torti, advocatus dicti domini nostri ducis, Johannes Ebrardi, in legibus baccallarii, Ymbertus Testa, patris Albrecompre, Johanes de Fumello, Johannes Lombardi, Guillermus de Ripperia, Guido Filheul, Johannes de Galhardo, Johannes de Godailho, Petrus de Guilhansa, Anthonius Graba, Robertus de Noseriis, Johannes de Brucellis, et Robertus Albrecompre, jurati et burgenses presentis civitatis Agenni, ex una, et nobilis ac potens vir Karolus de Montepesato, dominus de Montepesato, de Preyssano, de Acculeo, de Toarcio, de Madalhano et condominus de Sancta Liberata partibus, ex altera.

Omnes insimul congregati in ecclesia cathedrali sancti Stephani Agenni et capella sancti Michaelis ejusdem ipse.... partes predicte et ipsarum quelibet volentes et affectantes nutare amorem et concordiam inter easdem et evitare jurgia...... ac dubios litium eventus parcereque sumptibus et expensis, tractantibus aliquibus dictarum parcium et cujuslibet ipsarum amicis et benivolis de predictis lite, questione, debato seu controvercia se transhigerunt, pacisferunt et concordarunt ut infra consequenter describitur.

Et primo, sponte, dicti domini consules, jurati et burgenses, pro se ipsis aliisque dominis consulibus abscentibus, juratis, burgensibus ac toscius universitatis et communitatis civitatis Agenni quibuscumque, non inducti, ut dixerunt et asseruerunt, nec circumventi per aliquem seu aliquos dolo, fraude, malo, vi, metu, deceptione nec alia mala machinacione, nec verbis blandiciis, minosis, seu contumeliosis alicujus seu aliquorum, sed eorum et cujuslibet ipsorum bona fide et benigno ac deliberato animo unanimiter et concorditer pro bono pacis, concordie, si placet dicto domino nostro duci, donaverunt, cesserunt, remiserunt, quittaverunt, transhigerunt penitusque et omnino disemparaverunt eidem nobili viro de Montepesato ibidem presenti pro se suisque herebibus, ordinio et successoribus universis stipulanti et recipienti videlicet totum eorum jus, nomen, vocem et accionem quem, quam, quod seu quas habent habereque possunt et debent quocumque modo, jure seu titulo, quavis racione, occasione vel causa in jurisdiccionibus altis et bassis merisque et mixtis imperiis, costaegiis, gardiaegiis cum omnibus exerciciis earumdem jurisdictionum, scilicet in parrochiis prenominatis de Cardoneto, de Fracxinis, de sancto Dyonisio alias sent Daunes, de Dolonhaco, de Paulhiaco et sancti Juliani de Terrafossa in quantum se extendunt ultra rivum vocatum de Borbol, cum quodam parvo territorio quod est situatum infra dictam parrochiam de Cardoneto et citra rivum predictum de Borbol et ante dictum castrum de Madalhano, scilicet a dicto rivo de Borbol incipiendo a quodam rocali descendente recto limite ad dictum rivum de Borbol ad locum quod recte respicit ad cadrum parietis ecclesie predicte de Cardoneto versus partem dicti castri de Madalhano, et a dicto loco ascendendo per dictum rivum de Borbol usque locum quod respicit ad quoddam fossatum quod ascendit iterum ad dictum rocale prope quandam terram et vineam a Maneudala, et a cilio dicti rocalis sive lo bort ejusdem recto limite semper tendendo per custam silium sive bort dicti rocalis absque et nullo modo ascendendo supra dictum silium sive bort nec montem ejusdem sed semper tendendo per dictum silium sive bort usque ad locum predictum quod respicit cadrum dicte ecclesie de Cardoneto, in quoquidem territorio est solum habitator de presenti dictus Amanevus Dala. Et converso vicicim et vice versa dictus nobilis vir Karolus de Montepesato gratis et sponte, cum congedio et licencia supreme curie magnorum dierum Burdegale, per se suosque heredes et successores quoscumque, non inductus, ut dixit et asseruit, nec circumventus per aliquem seu aliquos dolo malo, vi, fraude, metu, deceptione nec aliqua alia mala machinatione nec verbis blandiciis minosis seu contumeliosis alicujus seu aliquorum, sed ejus bona fide, motu proprio et benigno animo, pro bono pacis, concordie, donavit, cessit, remisit quietavit, transhigit penitusque et perpetuo dissamparavit cum hoc presenti publico instrumento, nunc et in perpetuum valituro et duraturo eisdem domino nostro duci, consulibus juratis et burgensibus prescriptis, ibidem presentibus pro se ipsis aliisque dominis consulibus, juratis, burgensibus comunitatis et universitatis Agenni absentibus et successoribus quibuscumque stipulantibus et recipientibus, videlicet totum suum jus, nomen, vocem, racionem et accionem quem quam seu quas ipse habet habereque potest et debet quocumque modo, jure, titulo, quavis racione, occasione vel causa in jurisdictione alta et bassa, meroque et mixto imperio, costatgio, gardiatgio cum omni exercicio ejusdem jurisdictionis, scilicet quod in dictis parrochiis sancti Petri de Pecharomas, de sancto Cirico, de Cayssaco, de Paulhaco, sancti Juliani de Terrafossa et de Medicis et in quibuscumque aliis parrochiis existentibus, positis et situatis citra dictum rivum de Borbol versus dictam civitatem Agenni, videlicet a quadam carreria vocata la carrera de Gaute, tendente in longum parrochie sancti Caprasii de Bosorp prope locum de Falgayrolis prout et quemadmodum dicta carreria tendit et intrat infra predictum rivum de Borbol prope locum de Savinhaco et abhinde descendendo ad longum dicti rivi de Borbol prout et quemadmodum dictus rivus currit et dilabitur usque et infra flumen Garone, retentis et reservatis per eumdem dominum de Montepesato omnibus juribus et deveriis feusalibus sibi pertinentibus pertinereque et spectare debere in eisdem parrochiis superius specifficatis et declaratis et intra dictos limites et confrontaciones. Hanc autem donacionem, transhactionem, cessionem, quitationem et disamparacionem, prout supra dictum est, fecerunt et se fecisse dixerunt dicte partes et ipsarum quelibet una alteri et altera alteri vicicim et viceversa ad habendum, tenendum, utendum, fruendum possidendum et omnimodas suas et suorum voluntates inde penitus et perpetuo faciendum pariter et complendum, cedentes et transferentes dicte partes et ipsarum quelibet una alteri et altera alteri vicicim et viceversa ibidem presentes et prout supra stipulantes et recipientes omne jus et omnem accionem, proprietatem, possessionem seu quasi et partem possessionis ac eciam omnes et singulas actiones reales seu personales, mixtas, civiles vel pretorias, utiles vel directas rey persequtorias et in rem scriptas aut judicum officia et interdicta in et pro predictis omnibus et singulis jurisdictionibus altis et bassis merisque et mixtis imperiis, costatgiis cum omnibus exerciciis earumdem jurisdictionum, tantum prout supradictum est, per quamlibet partem alteri parti eidem competentibus vel competituris tenore hujus presentis publici instrumenti, disvestientes se et denudantes dicte partes et ipsarum quelibet de predictis jurisdictionibus altis et bassis, merisque et mixtis imperiis, costatgiis, gardiatgiis cum omnibus exerciciis earumdem jurisdictionum, prout supra dictum est, quelibet vero pars alteram partem vicicim et viceversa ibidem presentem et prout supra stipulantem et recipientem cum hoc presenti publico instrumento investivit et in corporalem possessionem seu quasi omnium et singulorum premissorum pacifficam et quietam induxit eo meliori modo forma et jure quibus potuit et debuit ad comodum et utilitatem ipsorum et cujuslibet ipsorum, constituentes se nomine precario dicte partes alteraque vice et nomine alterius predicta omnia et singula jura, res, voces et nomina, prout superius sunt donata, cessa, remissa, transhacta, quietata penitusque et omnino disamparata per quamlibet partem tenere et possidere seu quasi donec et quousque predicte partes possessio-

nem seu quasi omnium et singularum jurisdictionum altarum et
bassarum, merorumque et mixtorum imperiorum, costalgiorum
gardiatgiorum cum omnibus exerciciis earumdem juris seu facti
nacta seu adhepta fuerit corporalem modo et forma et cum pactis
predictis quam nascissendi et adhipiscendi nactamque et adhep-
tam seu adhipiscendam retinendi dicte partes supra nominate pro
se et suis, ut supra dictum est, predictis partibus ibidem presentibus et ut supra stipulantibus omnimodam licenciam et ple-
nariam ac liberam potestatem dedit, concessit et contulit per se
vel per alium seu alios ejus nomine sua propria auctoritate quan-
documque et quoscienscumque sibi placuerit ac visum fuerit faciendum. Pro quibus omnibus universis et singulis supradictis et
infrascriptis sicut melius supradictum est tenendis complendis et
observandis prenominate partes scilicet consules, jurati et burgenses, obligarunt et hypothecaverunt omnia et singula bona
mobilia et immobilia, presencia et futura consulatus et universitatis presentis civitatis Agenni. Et dictus dominus de Montepesato
omnia et singula bona sua mobilia et immobilia, presencia et futura. Et ad predicta et infrascripta tenendum et observandum, ut
supra dictum est, voluerunt dicte partes supranominate cogi et
compelli per curiam magniffici et potentis viri domini senescalli
Agenni et Vasconie et per curiam honorabilis ac discreti viri domini judicis ordinarii Agenni et per curiam honorabilium virorum dominorum consulum civitatis Agenni et per curiam domini
bajuli seu bajulorum Agenni qui nunc sunt aut qui pro tempore
futuro erunt vel eorum locatenentium, et per curiam honorabilis
ac circumspecti viri domini officialis agennensis per sententiam
excommunicationis et interdicti fulminacionem, et per quemcum-
que alium judicem ecclesiasticum vel secularem, tanquam pro re
judicata, clara, liquida, cognita et confessata. Necnon per captionem omnium bonorum suorum predictorum quorumcumque
pignorum captionem, vendicionem, distractionem alienationem
et explectationem eorumdem bannique incantus et garnisionis
unius, duorum aut plurium servientum in eisdem bonis appositio-
nem et continuam detensionem tamdiu donec et quousque omnia
et singula in hoc presenti publico instrumento contenta et superius
descripta fuerunt de puncto ad punctum observata et ad verum
effectum deducta et alias viriliter et rigide prout efficacius fieri

poterit et videbitur faciendum prout vires, rigores, districtus, compulsiones curiarum et sigillorum predictorum exposcunt, postulant et requirunt. Et insuper dicte partes et ipsarum quelibet vicicim et viceversa renunciaverunt omnibus et singulis errori juris et facti et calculi atque ignorancie et exceptioni omnium et singulorum supradictorum et infrascriptorum non sic factorum, non sic accordatorum, non sic dictorum, non sic obligatorum et non sic gestorum et juri dicenti confessionem factam extra judicium confitenti prejudicare non posse et omni alii juri dicenti ubi judicium confitenti prejudicare non posse et omni alii juri dicenti ubi judicium inceptum est ibi finem recipere debet, et exceptioni doli mali, vis, metus, actioni et in factum, condicioni indebiti sine causa et ob injustam causam et cuilibet alii juri peticionique obligationi libelli et simplicis petitioni hujusmodi instrumenti et ejus note quivique tempori feriato et feriis messium et vindemiarum, omni consuetudini et statuto omnibusque dilacionibus quadraginta dierum, quatuor mensium, quinque annorum et majus et minus, cuivique appellacioni remedio et constitutioni quibus cavetur ne quis nisi certis exceptis casibus extra suam civitatem et diocesim extrahatur, et ne rem alterius diocesis ultra unam dictam a fine sue diocesis judicium evocetur et de duabus dictis in consilio generali et quibuscumque aliis editis et edendis juri revocandi et benefficio restitutionis in integrum, omnibusque licteris, graciis suffectis et indulgenciis ac privilegiis apostolicis et regiis ac ducalibus et juri dicenti generalem renunciationem non valere nisi precesserit specialis, et demum ac generaliter omni alii juri et facti auxilio canonico et civili, divino et humano, novo et veteri, usui, statuto et consuetudini ac privilegiis quibuscumque quibus mediantibus contra premissa vel eorum aliqua modo aliquo facere, dicere, vel venire possent aut in aliquo se juvare, deffendere vel thueri aliqua racione vel causa, jure seu titulo aut alias quovismodo ullo tempore in futurum. Et ad confitendum omnia et singula supradicta et infrascripta ac in hoc presenti publico instrumento contenta in predictis curiis ecclesiasticis et secularibus et earum quelibet, necnon et juramenta infrascripta per dictas partes una alteri et e contra inferius prestita seu prestanda esse et fuisse licita et honesta et in casu licito et honesto fore et fuisse prestita in predictis curiis ecclesiasticis et secularibus gratis dicte partes et ipsarum quelibet prout ad quamlibet tangit seu tangere potest fecerunt, constituerunt, creaverunt et eciam ordinaverunt suos veros, certos, speciales, generales et irrevocabiles procuratores videlicet notarios ordinarios dictarum curiarum et cujuslibet ipsarum procuratores et scindicos quatuor ordinum paupertatis qui nunc sunt et qui pro tempore futuro erunt et eorum quemlibet in solidum. Ita tamen quod inter eos non sit melior condicio primitus occuppantis nec deterior subsequentis sed id quod per unum ipsorum confessatum et acceptatum fuerit per alium seu alios eorumdem iterum confiteri valeat et acceptari. Quibusquidem procuratoribus suis superius constitutis et cuilibet ipsorum in solidum dederunt et concesserunt plenam licenciam et liberam potestatem premissa omnia universa et singula in hoc presenti publico instrumento contenta de puncto ad punctum faciendi, confitendi, procuratores acceptandi et excercendi que in premissis et circa premissa necessaria fuerint seu eciam opportuna juxta et secundum naturam seu convenienciam presentis contractus et stilus, convenciones et observancias curiarum ecclesiasticarum et secularum predictarum et cujuslibet ipsarum, et eciam si talia essent que majori mandato seu potestate indigerent speciale promictentes inde prenominate partes constituentes et ipsarum quelibet nobis notariis publicis infrascriptis ut communibus et publicis personis stipulantibus et recipientibus pro dictis procuratoribus ac omnibus illis quorum interest, intererit aut interesse poterit in futurum se ratum, gratum, stabile atque firmum perpetuo habiturum totum id et quidquid per dictos procuratores suos superius constitutos et quemlibet ipsorum in solidum confessatum, acceptatum, submissum, resubmissum aut alias modo quolibet procuratum fuerit remque ratham haberi judicioque sisti judicatum et confessatum tenere et solvi cum omnibus suis clausulis universis ipsosque procuratores et eorum quemlibet ab omni et quolibet onere satisdandi penitus relevare sub obligacione et yppotheca omnium et singulorum bonorum supradictorum. Et ad majorem omnium et singulorum premissorum roboris firmitatem habendam et obtinendam gratis dicte partes et ipsarum quelibet jurarunt supra sancta Dei quatuor evangelia earum manibus et cujuslibet ipsarum propriis dextris corporaliter tacta predicta omnia universa et singula in hoc presenti publico instrumento contenta tenere, actendere, complere et cum effectu inviolabiliter observare contraque in aliquo non facere, dicere seu venire, nec contra facienti, dicenti seu venienti in aliquo consentire jure aliquo, racione aliqua sive causa ullo modo, ullis temporibus in futurum. De quibus omnibus universis et singulis premissis quelibet pars peciit et requisivit sibi et suis retineri et fieri publicum seu publica instrumentum seu instrumenta unius et ejusdem tenoris dictandum et dictanda ad sensum et intellectum ac consilium cujuslibet sapientis productum in judicio vel non productum facti tamen substancia in aliquo non mutata per nos notarios publicos infrascriptos, quod et fecimus. Acta, publicata et recitata fuerunt hec Agenni, in loco predicto, die ultima mensis julii anno Domini millesimo quadringentesimo septuagesimo, regnante illustrissimo principe et domino nostro domino Ludovico Dei gracia Francorum rege excellentissimoque et potentissimo principe et domino Karolo duce Acquitanie dominante, et reverendo in Christo patre et Domino Petro eadem gracia agennensi episcopo existente, in presencia et testimonio nobilium ac discretorum virorum domni Johannis de Duroforti, militis, domini de Castro Novello, Anthoni de Autafaga, Bernardi del Agraulet, domicellorum, loci de Acculeo, domini Johannis Normerii, in decretis licenciati, priorisque prioratus ecclesie secularis et collegialis sancti Caprasii et canonici Agenni, magistri Alexandri Tucherii, notarii Agenni publici, Arnaudi Bernardi de Ficapal, macellarii, Johannis Frugerii et Jacobi Sivard, mercatorum et habitatorum Agenni, testium ad premissa vocatorum specialiter et rogatorum;

et mei Guilhermi Bilhonis, oriundi et habitatoris civitatis Agenni, publici auctoritatibus regia imperiali et honorabilium virorum dominorum consulum ejusdem civitatis Agenni notarii, qui in premissis omnibus et singulis dum sic ut premititur agerentur et fierent, una cum prenominatis testibus ac magistro Johanne Joliveti notario Agenni publico mecum adjuncto et subsignato presens interfui, eaque omnia et singula premissa sic fieri vidi et audivi, requisitusque de premissis una cum dicto adjuncto in nothis sumpsi, a qua quidem nota hoc presens publicum•instrumentum manu mea propria abstracxi et per alium michi fidelem clericum grossari feci et demum facta diligenti collacione cum nota et ordinacione hic me suscripsi et signo meo publico et auctentico precedenti signavi in fidem et testimonium premissorum;

et mei Johannis Joliveti clerici lemovicensis diocesis publici auctoritate regia notarii, Agenni habitatoris, qui in premissis omnibus et singulis dum sic ut premictitur, agerentur, dicerentur et fierent una cum prenominatis testibus et magistro Guilhermo Bilhonis, notario publico Agenni suprascripto mecum adjuncto et subsignato presens interfui, eaque sic fieri vidi et audivi, et requisitus de premissis una cum dicto adjuncto notario sumpsi et recepi. De quaquidem nota hoc presens publicum instrumentum manu aliena scriptum abstrahi per alium michi fidelem grossari et scribi feci ac in hanc publicam formam redigi, et demum facta primictus diligenti collatione cum nota et ordinatione hic me signo meo autentico quo in meis publicis utor instrumentis una cum suscriptione mea solita signavi in fidem vero et testimonium omnium et singulorum premissorum requisitus et rogatus.

(Original. Parchemin. Arch. de l'hôtel de ville d'Agen, BB. 18.).

NOTE J.

Pièces relatives aux limites de la juridiction d'Agen du côté du Bruilhois.

1

Lettres du roi Philippe-le-Bel, par lesquelles il mande à son sénéchal d'Agenais de juger en appel une contestation entre le vicomte de Bruilhois et les consuls d'Agen. Ceux-ci se prétendaient lésés par une sentence de Jean Antoine, juge de Cahors, qui avait attribué audit vicomte des territoires de Brax et de Dolmairac sur lesquels les consuls avaient, de toute ancienneté, le droit de haute et de basse justice (3 juillet 1299.)

Philippus, dei gratia Francorum rex, sennescallo agennensi salutem. Consules Agenni nobis exponi fecerunt quod magister Johannes Anthonius, judex caturcensis, cujusdam mandati nostri ad instantiam vicecomitis Brullesii sibi directam pro quibusdam limitationibus faciendis, facta quadam insufficienti apprisia seu informatione cum gentibus dicti vicecomitis et quibusdam aliis, non auditis rationibus nostris et consulum et civium agennensium, ad limitationem faciendam procedens, eidem vicecomiti assignavit magnum territorium ad nos immediate et ad dictam civitatem pertinens, eidem civitati contiguum, quod est ultra flumen Garonnam in parrochia sancti Petri de Brax et de Dalmairaco in cujus territorii pocessione et exercendi ibidem omnimodo altam et bassam justitiam nos et dicta civitas fuimus a tempore cujus contrarii memoria non existit ; propter que et propter causas alias legitimas, procurator noster generalis pro nobis et syndicus civitatis predicte ab audientia dicti magistri Johannis ad curiam nostram legitime, ut dicitur, appellarunt. Quare mandamus et committimus vobis quod, vocatis procuratore nostro et aliis evocandis, causam appellationis hujusmodi audiatis et fine debito terminetis, ea que post appellationem hujusmodi in nostrum et dicte civitatis prejudicium super hiis attentata inveneritis ad statum debitum reducentes. Actum apud Axutemargy (sic) die veneris post festum beatorum Petri et Pauli apostolorum anno domini millesimo ducentesimo nonagesimo uno.

(Copie faite le 31 décembre 1660, collationnée et certifiée par Boissonnade, juge mage (FF. 132.)

II

Appointement prononcé par Pierre Bérart, seigneur de Bléré et de Chissé, trésorier de France, dans la contestation élevée entre la ville d'Agen, d'une part, et le vicomte de Bruilhois, Poton, seigneur de Xaintrailles, d'autre part, au sujet des limites de leurs juridictions respectives. (14 mai 1461.)

Les tresoriers de France a tous ceulx qui ces presentes lettres verront salut. Comme nous, Pierre Bérart, l'un de nous, conseiller du roy nostre sire, seigneur de Blere, de Chisse, avons trouve, nous estans en ceste ville d'Agen, besoignant en icelle de nostre office, que, à l'occasion de certain procès ja pieca meu entre le viconte de Broilhais, d'une part, et le sindic et consulz de la dicte ville d'Agen, d'autre part, touchant leurs limitations de leurs jurisdicions pluseurs griefz, tors, forces, violences, controverses, questions et debatz avoient este et estoient souventes foiz fait, commis et perpetrez par l'une partie et l'autre leurs consors et adherans en ceste partie, ainsi que par pluseurs requestes avons sur ce baillees, avions este advertiz du grand interest de la chose publique desdits lieux ; et, a ceste cause, voulons savoir la nature de leur dit debat, pour y mectre quelque bon ordre au bien et pacification desdites parties aussi de ladicte chose publicque desditslieux, fismes venir par devers nous aucun des officiers de ladicte viconte, aussi des habitants de ladicte ville, pour estre par eulx informez a plain de et sur ce que dit est ; et, apres ce qu'ils nous eurent remonstre ledit debat, fusmes meuz d'en escripre a Poton, seigneur de Santraille, mareschal de France, qui tient et possede de par le roy a certains titres la dicte viconte, a ce qu'il y pourvoist ou fist pourveoir, et tellement que le pauvre peuple de par deca peust faire son labour en paix, sans vivre en tels murmures, controverses et divisions, lequel, apres la recepcon de nos dictes lettres, nous fist a icelles response par lettres closes contenant creance, laquelle il nous fist expliquer en qudtre pointz par Jehan de Vaulx, estans cappitaine de Saint Maliacy, contenant entre autres choses que ledit sieur de Saintrailles, avoit veu nosdites lettres, dont il avoit este bien joyeulx et qu'il estoit fort desplaisant dudict debat, mais qu'il ne procedoit pas de lui ne de son temps mais de pieça, et qu'il avoit entendu que c'estoit a l'occasion des limitacions et de la jurisdiction et de ladicte seigneurie de Broulhas, que le procureur du roy en ladicte viconte et lui ou nom que dessus, pretendoient qu'elle duroit et s'estendoit jusques dedans la riviere de Garonne au droit de ladicte ville d'Agen, ce que lesdits consulz ne veulent souffrir, aincois disent au contraire et que la leur s'estand jusques bien loings oultre ladite riviere de Garonne vers ladicte viconte de Broulhais, nous requerant par ladite creance que sur ce voulussions faire aucun bon accord a ce que telles disccusions, murmures, controverses et divisions d'entre lesdictes parties, leurs officiers et subgetz, consors et adherans cessassent, car, en tant que luy touchoit, il tendroit, observeroit et garderoit ce que en vouldrions appointer, et tellement que les parties adverses devroient estre contens, requerrant icellui de Vaulx, ou nom que dessus, estre en ce par nous procede et appoincte ainsi que en bonne raison voirions estre a faire, laquelle creance ainsi par nous oye, fut par nous respondu que pour l'onneur dudit sieur de Saintrailles, aussi pour le bien de ladicte chose publicque mectrions voulentiers peine d'icellui accord faire. Et lors demandasmes au procureur du roy en ladite seneschaucee, qui a la proposition de ladicte creance etoit present, s'il avoit aucune chose a dire au contraire, lequel dit que non, aincois que voulentiers se adioindroit avec ledit sieur de Saintraille pour consentir ledit accord, afin de faire cesser lesditz debats. Et lors mandasmes lesdits sindic et consulz, auxquelz remonstrasmes les choses dessudictes, lesquelz furent et estoient, comme ilz disoient, tres contens que procedissions a faire ledit accord, si nostre plaisir estoit, et faire le poyons, mesmement que c'estoit du consentement dudit sire de Saintraille. Et, a ceste cause leur ordonnasmes declairer leurs droits et iceulx avec tout ce qu'ils vouldroient produire mectre par devers nous, pour, iceulz veus, en estre par nous ordonne ainsi que nous verrions estre a faire, ce qu'ils fisdrent (sic) disans lesdites parties et mesmement lesdits procureur du roy et sire de Saintraille que la jurisdiction de ladite visconte s'estandoit en et jusques dedans ladicte riviere de Garonne au devant de ceste dicte ville et que d'icelle en avoient les vicontes et seigneurs de Brollays joy et use de tel et si long temps et au veu et sceu desdits habitans d'Agen et de tous autres qui l'avoyent voulu veoir et savoir et tellement qu'il n'estoit memoire d'omme au contraire, requerans en estre laissez joir ainsi que d'ancienneteilz avoient acoustume d'en joir et user. De la partie desquelz sindic et consulz fut dit au contraire et entre autres choses que leur dicte juridiction s'estendoit oultre ladicte riviere de Garonne jusques au Rieu mort, qui commance depuis le pont de Lecussan a venir au long dudit rieu jusques au pont d'Ayquart et dudit pont a tirer au long du chemin de Roquefort jusques au rieu del Causse et d'illec en descendant au long dudit rieu del Causse jusques au pont de Lacleda et d'icellui pont jusques au pont de Noys et d'illec en Garonne ; duquel territoire, ainsi qu'il se pourporte et comporte au dedans desdites limitacions, lesdits consulz en avoient et ont joy et use plainement et paisiblement au veu et sceu de tous ceulx que semblablement l'ont voulu veoir et savoir et ont sur ce obtenu plusieurs sentences et autres appointemens jurisdiques de la court dudit seneschal d'Agennoys, et jusques a puis aucun temps en ca que lesdits officiers de Broullays les ont ce non obstant voulu en ce troubler et empescher, requerans que dudit territoire les feissions joir, offrans a prouver de leurs faiz en cas de ny, a quoy lesdites parties ont repplique dupplique plusieurs choses au contraire l'un contre l'autre et sur ce produit tout ce que bon leur a semble, lesquelles productions veues et considerees avec tout ce qu'il faisoit veoir et considere en ceste partie, nous, en la presence et du consentement desdites parties comparans, c'est assavoir maistre Vidal Testet, procureur du roy dessusdit, de Francoys Jehan, bailli de ladite viconte de Broullays et ledit sire de Saintrailles par ledit Jehan de Vaulx, charge de ladite creance, consors en ceste partie, d'une part, et maistre Bernard de Gotz, Patrix Arbicombre, Pierre de Guillaumassa, Jehan Mandeville, Arnault de Gamaville et Marc de Fumel, tous consulz de ladicte ville d'Agen et faisant la pluspart d'iceulx, d'autre part, et, par l'advis et deliberacion des seneschal d'Agenois, de maistre Jehan Roussignol et Jehan Norme, ses lieuxtenans, des juges ordinaires de Vivarais, d'Agen, de Condom, de Fenouilhade, d'Armagnac et de Caussade en Quercy et de plusieurs autres gens saiges, sur ce convoquez et assemblez, avons par maniere de provision et jusques a ce que autrement en soit par justice ordonne et sans preiudice des droitz desdites parties et de chacune d'icelles aussi de leursdits proces maintenues execution d'icelles et autres sur ce ensuivies (?), dit et appoincte, disons et appoinctons de sur ce que dit est en la forme et maniere que s'ensuit : c'est assavoir que lesdits consuls joiront de leur juridiction ou territoire dessusdit a prendre devers Agen au long de Garonne et du coste d'amont depuis le pont de Lescussan au bois de Cailleau et a la font du Temple, a la vigne de Picot, descendant par ledit rieu mort jusques au pont d'Ayquart et, dudit pont, par droicte ligne, au long dudit rieu mort, jusques au pont de Noiz descendant en Garonne. Et au regard desdits procureur et sire de Saintrailles nous avons semblablement dit, en la presence dudit bailli de Broullais, qu'ilz joiront de leur jurisdiction ou terrouer qui est oultre ledit rieu mort a prendre dudit pont d'Ayquart tirant vers le rieu del Cause, descendant par icellui rieu par le pont de Laclede jusques au pont de Noiz et d'illec jusques en Garonne, et avec ce que certain pal fiche en ladite riviere a la requeste dudit sire de Saintrailles par vertu de sadite maintenue ou autrement et auquel pal sont en signe de ce les armes du roy notre sire, sera ousté sans prejudice comme dessus ; et, oultre, avons dit que si aucun des habitants de ladicte ville d'Agen ou de l'onneur d'icelle ont aucuns heritaiges oultre ledit rieu mort, en la part et portion demoree a la seigneurie de Broullais, qu'ils paieront les tailles des gens d'armes imposees sur iceulx heritaiges avec les autres de ladite viconté de Broulhais, et semblablement ceulx dudit Broulhais qui ont heritaiges deca ledit rieu mort en la part et porcion desdits consulz paieront lesdites tailles a Agen. Et, au regard des herbaiges et pasturaiges, du bestail, l'une desdites parties ne pourra ne sera tenue aller sur l'autre. Et touchant les oublies et censives deues pour les heritaiges qui sont au dedans desdites deux limitacions ilz seront paiez ou et ainsi que par cy devant a este acoustumé de faire, dont lesdites parties ont este contans et d'accord. Et partant les en avons juges et envoyez sans jour. Si donnons en mandement au seneschal d'Agenois ou a son lieutenant maistre Jehan Roussignol, sur ce requis, qu'ils mectent ou facent mectre ces presentes a execution deue en ce ou elles requerront execucion. Donné a Agen soubz le scel de l'un de nous le XIIII jour de May l'an mil CCCC LXI. Froment.

Parchemin. Scellé sur double queue d'un sceau privé en cire rouge, recouvert d'une enveloppe de papier. (FF, 132.)

NOTE K.

Extraits de la transaction passée entre Henri de Lorraine, duc de Mayenne et d'Aiguillon, seigneur de Madaillan, et les habitants de Madaillan sur les devoirs seigneuriaux que doivent payer ces derniers. Cet acte comporte une reconnaissance générale desdits habitants (1614).

Comme ainsi soit que, par transaction passée entre haut et puissant seigneur, Messire Honorat de Savoye, en son vivant marquis de Villars et amirail de France, seigneur des terres et seigneuries d'Aiguillon, Monpezat, Madaillan, Sainte-Livrade et Dolmayrac en Agenois, et les consuls, manants et habitans de ladite terre, seigneurie et baronnie de Madaillan, par laquelle iceux consuls, manants et habitans et bientenants de ladite terre et juridiction de Madaillan sont tenus et obligés d'exporler et reconnoitre tous les biens, possessions et héritages qu'ils tiennent et jouissent en ladite juridiction et ce, sous les cens et rente[1] de douze deniers tournois en argent, demy carton de froment et demy carton d'avoine à la mesure d'Agen, pour chacune carterée desdites possessions, et de vingt en vingt carterées un chapon, une poulle, quatre onces de cire et deux manœuvres ou dix-huit deniers pour chacune manœuvre, au choix dudit seigneur, ses fermiers et receveurs, le tout payable, savoir est : le froment et avoine au jour de Saint-Michel, en septembre, et l'argent, poullaille et cire, au jour et fête de Noel, randu et porté au chateau dudit Madaillan, ou autre lieu auquel ledit seigneur faira faire sa recette en ladite jurisdiction, et les manœuvres tout le long de l'an, ainsi qu'il plaira audit seigneur, ses fermiers et receveurs. Comme aussy sont tenus lesdits fermiers et tenanciers au droit d'acapte, qui est double de l'argent, seulement à chacune mutation de seigneur et de tenancier, en quelque sorte de maniere que advienne ladite mutation[2]; et de faire le guet et garde au chateau dudit Madaillan, ainsi qu'il est accoutumé, comme ainsy d'aller moudre le bled et grains aux moulins[3] dudit seigneur en

---

[1] On sait combien il est difficile de distinguer le bail à cens du bail à rente. (Sur ce sujet voir P. Viollet, *Précis de l'histoire du Droit français*, p. 566, 568.) Les baux du xiv° siècle qui fixent la condition de quelques tenanciers à Madaillan ont le caractère des emphytéoses. Je ne saurais décider si, à la suite des transactions du xvi° siècle, les habitants de Madaillan furent placés sous le régime des baux à cens ou sous celui des baux à rente. La distinction serait d'ailleurs purement théorique.

[2] Dans ce texte, le mot *acapte* a un sens général et comprend : l'acapte proprement dit ou droit à payer à la mort du seigneur ; l'arrière-capte ou droit à payer à la mort du tenancier (ce droit n'est pas stipulé dans les baux passés au moyen-âge par les seigneurs de Madaillan) ; enfin même les droits divers de mutation.

[3] Le vieux chemin qui descend perpendiculairement du château de Madaillan au ruisseau Bourbon aboutit à un moulin, dont l'établissement est peut-être contemporain de la fondation du château. Il reste de la construction primitive le mur de clôture au sud, percé d'archères longues, ainsi qu'une voûte en berceau brisé élevée au-dessus du déversoir.

laditte juridiction, payer le droit de mouture, sans préjudice des autres droits dudit seigneur, comme des lods et ventes, droits de prelation et desdites accaptes, quand le cas aviendra, et tout autrement, ainsy que plus a pleinement est porté par ladite transaction passée par feu MM. Etienne Viau, Jean Patat et François Metge, notaires royaux en Agenois, en datte du seizieme jour de may en l'an mil cinq cens cinquante huit, en consequence de laquelle transaction lesdits manans et habitans auroient fait percher et arpenter leurs terres et heritages que chacun d'eux tient et possède particulierement au dedans de ladilte jurisdiction et auroient en outre baillé iceux habitans les denombremens de leurs dittes possessions pardevant les commissaires et notaires deputes par ledit seigneur pour recevoir lesdittes reconnoissances suivant lesquels dénombrements lesdittes reconnoissances auroient été ainsy rerecuës et ce sous les charges et conditions susdittes, aux reservations toutes fois de ne recevoir les dittes reconnoissances pour plus grand nombre de terres et possessions que ce qui est contenu et déclaré en icelles, et qui a été baillé par le denombrement par lesdits tenanciers, reservant ledit seigneur le surplus pour et a son profit, ainsy qu'il est porté par lesdites reconnoissances, qui en furent lors recues au nombre de mille quatre cens, ainsy qu'elles sont ecrites et incerées en quatre grands livres qui sont devers ledit seigneur, signés dudit Viau, contenant les autres clauses, subjections et conditions, à quoy lesdits habitans et tenanciers sont sujets envers leur seigneur justicier direct et foncier, auxquelles transactions et reconnoissances lesdits habitans ont depuis ledit an toujours obei, payé et satisfait suivant icelles, ou, pour le moins, il ne c'est presenté aucun qui l'ait voulu contester, sinon quelques particuliers qui se voulurent pourvoir par requette civile contre l'arrêt d'homologation de ladite transaction et d'autres, par lettres royaux, pour la faire rescinder et casser, pour raison de quoy il y a eu plusieurs poursuittes en la Cour du parlement de Bordeaux, ou enfin tant procédé que, par l'une et l'autre instances, arrêts s'en seroient ensuivis, tant au profit dudit seigneur amirail que de Madame Henrie de Savoye, duchesse de Mayenne, sa fille et heritiere universelle, par lesquels fut ordonné que ladite transaction sortiroit son plain et entier effet, or est-il...

[Suivent cinq pages qui traitent de la procuration donnée par très haut et très puissant prince, messire Henri de Lorraine, duc de Mayenne et d'Aiguillon, à Etienne Sourdeau, son intendant, et fournissent cette explication que, pour éviter les frais des reconnaissances à faire à la suite d'un nouvel arpentement, les tenanciers ont demandé à passer un nouvel acte comportant reconnaissance générale, et ainsi] sont demeurés d'accord et, pour y parvenir,

 Ce jourd'huy vingt huitieme jour d'aoust mil six cens quatorze, apres midy, reignant notre souverain prince Louis, par la grace de Dieu roy de France et de Navarre, dans le lieu de Madaillan en Agenois, par devant nous notaires royaux soussignés, et en presence des temoins ci apres nommés, ont été presents en leurs personnes et duement constitués honorables hommes M° Bernard Bezard, Antoine Minda et Berthoumieu Roudès, consuls dudit Madaillan, M° Jean Deltruch, lieutenant dudit Madaillan, Antoine Tancoigne, avocat,

    [Suivent quarante-sept noms.]

 Les tous habitans de la presente jurisdiction de Madaillan ou d'Agen, jurats dudit lieu, assistés des sieurs M°° Jean Delescaze, Guillaume Raffier et Jean Dutournier, avocats es cours d'Agen, leurs conseils, lesquels tant en leur propre et privé nom, en ce qui leur touche, que suivant le pouvoir a eux donné par les manans, habitans et tenanciers de ladite jurisdiction, pour cet effet, ils ont dit avoir plusieurs fois assemblé, ainsi qu'il apert par les actes qui sont ci apres inserés, lesquels, tant pour eux que pour leurs hoirs, successeurs et ayant cause à l'avenir ont reconnu et confessé par ces presentes, reconnoissent et confessent tenir de present et vouloir tenir dudit tres haut et puissant prince messire Henry de Lorraine, duc de Mayenne et d'Aiguillon, seigneur de la baronnie dudit Madaillan, l'un des membres dudit duché, auquel lieu il a toute justice haute, moyenne et basse, maire, mixte, impere et exercice d'icelle, absent, mais a ce present M° Etienne Sourdeau, son procureur special, comme apert de sadite procuration, qui sera aussi cy apres inserée, à ce present et avec nous, notaires royaux susdits, stipulant et acceptant pour ledit seigneur, ses héritiers et successeurs en ladite terre et seigneurie de Madaillan, promettant neanmoins lui faire ratifier le contenu en ces presentes, c'est à savoir : toutes les terres et possessions et heritages que lesdits manans, habitans et tenanciers tiennent generallement en ladite terre et seigneurie et baronnie de Madaillan, de la contenance, comme dit est, de trois mille sept cens soixante dix carterées, et en payer, chacun en particulier ce que chacun en tient et possède seulement, en suivant ledit arpentement, qui a été signé et certiffié par les arpenteurs susdits, et ce, sous la rente annuelle et perpetuelle de douze deniers tournois, demy quarton froment, demi quarton avoine, mesure d'Agen, pour chacune carterée, et, de vingt en vingt carterées, un chapon, une poule, quatre onces de cire et deux manœuvres simples, ou dix huit deniers pour chacune, au choix dudit seigneur, que lesdits tenanciers, chacun ou leurs successeurs seront tenus payer chacun an au dit seigneur duc et ses successeurs, seigneurs dudit Madaillan, ses procureurs, receveurs et fermiers rendu et porté au chateau et recette dudit Madaillan ou autre lieu auquel le seigneur faira faire sa recette en ladite juridiction, savoir est : le froment et avoine, chaque jour et fete de Saint-Michel en septembre; l'argent, poulaille et cire, chacun jour et fete de Noel, et la manœuvre tout le long de l'année, quand par ledit seigneur, lesdits procureurs et fermiers en seront requis, et, en outre, ont reconnu et reconnoissent lesdits habitans et tenanciers que, pour raison de leurs susdits heritages, etre du audit seigneur et ses successeurs, a chacune mutation de seigneur, soit par succession ou collatérale et en quelque autre sorte qu'advienne ladite mutation de seigneur et enphiteote, droit d'acapte, qui est double rente, rente d'argent seulement, et être tenus, comme ils ont promis pour eux et leurs successeurs aller moudre leurs grains aux moulins dudit seigneur en ladite juridiction, et payer le droit de mouture, et faire le guet ez portes du chateau dudit Madaillan, comme il est accoutumé; et d'avantage ont promis et juré lesdits tenanciers, tant en général qu'en particulier d'être bons et loyaux emphiteotes et sujets audit seigneur et à ses successeurs, et de ne mettre ni aliener lesdits heritages en main morte, forte ou prohibée de droit, ny y mettre rente sur rente, par quoy lesdits heritages en puissent être deteriores, ni en aucune maniere les droits et devoirs dudit seigneur diminués…, etc.

Copie délivrée le 20 septembre 1777 par Bezin, notaire royal à Aiguillon, signée par ledit notaire et par Bertrand Salvandy, procureur fondé du duc d'Aiguillon. — Arch. dép. E. S. 1043. Don de M. Saint-Marc.

NOTE L.

Le franc-alleu dans l'Agenais.

Nous avons déjà cité l'article remarquable de la coutume d'Agen (chap. XXXII) aux termes duquel les bourgeois d'Agen pouvaient fonder des bastides sur leurs terres et leur donner des coutumes. De pareils établissements étaient faits sous réserve des droits du seigneur suzerain [1] et à la condition de lui fournir le service militaire dans les mêmes occasions où les habitants d'Agen étaient tenus de ce service.

Ce texte donne bien la définition d'un fief noble. Assurément un grand nombre de terres étaient ainsi constituées et c'est pourquoi une notable partie de la coutume d'Agen (Chap. XXXVIII-XLIX) est consacrée au régime des fiefs.

Les Agenais ont toujours considéré que leur droit de posséder des fiefs était affirmé par leur coutume. Dans les cas nombreux où leur privilège de posséder des fiefs nobles donna lieu à des contestations, alors même que ces textes n'auraient pas paru assez explicites, ils avaient des preuves plus formelles encore à produire.

Il appartenait à Philippe-de-Valois, le roi de France qui a le plus ajouté aux privilèges des Agenais, de préciser l'étendue de leurs droits sur ce sujet spécial.

Dans ses lettres patentes de 1341 (publiées note G) se trouvent quatre lignes d'une valeur inappréciable; elles se résument ainsi : « Les bourgeois d'Agen, même roturiers, pourront posséder des fiefs nobles dans tout le duché d'Aquitaine et dans tout le royaume, sans payer aucun droit à nous et à nos officiers. »

L'expression *jam acquisita perpetuo retinere* prouve qu'antérieu-

---

[1] Dans le cours du XIIIe siècle, les comtes de Toulouse, suzerains de tout l'Agenais, n'étaient seigneurs directs que sur un petit nombre de terres. L'énumération de leurs propriétés personnelles se trouve dans un acte d'une grande importance qu'il faut souhaiter de voir publier en entier. Je veux parler du *Rôle des fiefs du comte de Toulouse dans la sénéchaussée d'Agenais*, en 1269, pièce de quatre mètres de longueur, contenant 88 reconnaissances. *Layettes du trésor des Chartes*, J. 311. (Voir Teulet, t. III, p. 499 b.)

rement à cette concession, les bourgeois d'Agen possédaient des fiefs nobles.

La clause d'après laquelle les bourgeois d'Agen étaient exempts de tous droits à payer pour la possession de leurs fiefs leur assura une situation exceptionnelle, qu'ils surent maintenir, non sans débats, jusques à la Révolution.

Enfin le privilège de posséder des fiefs nobles dans tout le royaume grandit leur condition. Il était personnel. Dans ses plus lointains établissements, partout en France, un Agenais pouvait opposer aux sommations inévitables des receveurs royaux ou seigneuriaux, embusqués à tous les coins de terre, ce titre de noblesse plus sérieux que beaucoup d'autres : *bourgeois d'Agen* [1].

Ces diverses conséquences de franchises octroyées en partie, en partie confirmées par Philippe-de-Valois, valent la peine d'être établies. Examinons, successivement, comment, même à l'époque moderne, les Agenais ont pu échapper au payement des droits de francs-fiefs, quelle fut l'application de leur privilège de posséder des fiefs nobles dans tout le royaume.

A la suite de ces notes, nous ajouterons quelques lignes sur cette question : de tels privilèges étaient-ils particuliers aux habitants d'Agen ou communs à tout le pays d'Agenais ?

Les francs-fiefs étaient sujets à des droits établis en 1275. Cette taxe consistait en une année et demie du revenu de la terre à payer tous les vingt ans [2].

En 1492, des commissaires furent députés par le roi pour

---

[1] La possession de fiefs nobles est un mode d'anoblissement dans la tradition et dans les mœurs. Voir à ce sujet : Paul Viollet, *Précis de l'histoire du droit français*, p. 221.
Nous allons prouver que la condition des bourgeois d'Agen était même plus avantageuse que celle des nobles, puisque, en possédant des fiefs nobles, ils n'étaient pas tenus du ban et de l'arrière-ban, non plus que de l'hommage.
[2] P. Viollet, *ouvr. cité*, p. 220 ; Beaune. *La condition des biens*, p. 168, 316.

« faire recepte des froncqs-fiefs et nouveaux acquets» dans la sénéchaussée d'Agenais. Les habitants d'Agen leur exhibèrent le privilège concédé par Philippe-de-Valois et confirmé par tous ses successeurs; ils obtinrent un jugement qui les déclarait affranchis de tous droits. (AA. 15.)

Les fiefs nobles étaient sujets au ban et à l'arrière-ban. Des commissaires nommés en 1544 pour ce fait, ayant vérifié les privilèges des Agenais, déclarèrent dans leur sentence « que lesdicts « consulz, manans et habitans de ladicte ville d'Agen, pour raison « des biens, fieuiz, cens, rentes qu'ils tiennent noblement ne se- « ront coutises a contribuer au service du ban et arrière-ban ne « autre subside. » (EE. 2, AA. 41, f° 731.)

Des commissaires délégués en 1606 et 1607 pour la vérification des droits de francs-fiefs ne trouvèrent pas assez explicite sur ce sujet particulier la confirmation des privilèges accordés aux Agenais par le roi Henri IV. Les habitants d'Agen demandèrent un délai de deux mois pour avoir l'attestation du roi; ils obtinrent des lettres patentes déclarant qu'ils étaient exempts de tous droits de francs-fiefs, nouveaux acquets et amortissement. (CC. 127, AA. 41, BB. 40.)

Ce privilège fut confirmé, en même temps que tous les autres, par le roi Louis XIII. (AA. 19.)

La possession de fiefs nobles comportait l'obligation des fois et hommages, des aveux et dénombrements. En 1618, un commissaire, le sieur Montaigne, somma les habitants d'Agen de s'acquitter de ce devoir. On s'émut vivement de cette innovation. Une assemblée des trois ordres, convoquée par les consuls, déclara « qu'on n'a jamais ouï dire par le passe qu'il aye este randeu « aulcungs hommaiges pour raison de ce. » Il ne semble pas que Montaigne ait poursuivi contre les habitants l'exécution de sa commission ; mais les consuls consentirent à lui donner « le dé- « nombrement des rentes et oblyes apartenens à la communaulte « republique de la ville d'Agen. » Ces rentes et oublies étaient de 6 livres tournois. (CC. 111, BB. 42, f° 363.)

En 1628, une ordonnance de commissaires députés pour la recherche des francs-fiefs reconnut de nouveau l'exemption des Agenais. (AA. 20.)

En 1651, le roi Louis XIV accorda aux Agenais une confirmation générale de leurs privilèges. (AA. 21.) Simple formalité, qui assurément ne pouvait faire revivre certains privilèges abolis ou restreints par le régime des édits et ordonnances; mais, à l'égard des exemptions des droits de francs-fiefs, cette reconnaissance avait une importance particulière. D'après la jurisprudence qui devait plus tard s'établir, ce droit n'était reconnu qu'à la condition d'être confirmé par chaque roi à son avènement à la couronne [1].

Dans le cours de la même année, un bourgeois d'Agen, Saint-Gillis, sans avoir mandat pour cela, commit l'imprudence de rendre hommage pour tous les droits appartenant à la ville. Les consuls se pourvurent au parlement de Bordeaux, protestant contre cet acte arbitraire qui pouvait créer un précédent préjudiciable à leurs franchises. Un arrêt, rendu en 1659, reconnut le bien fondé de leur requête. (CC. 235.)

En 1659, un édit du roi prescrivit la confection d'un terrier général qui contiendrait la déclaration des fiefs. (CC. 235.) Pendant vingt ans, les Agenais luttèrent pour échapper à cette obligation. Les commissaires généraux institués pour la confection du nouveau terrier, les intendants de Sève et Faucon de Ris multiplièrent en vain les ordonnances pour les contraindre. En 1679, on soumettait encore cette grave affaire à une assemblée des douze principales villes du pays. (CC. 248, 253.)

La duchesse d'Aiguillon, engagiste de l'Agenais, se montrait naturellement plus dure que les souverains. Elle avait trop d'intérêt à assujetir le pays aux obligations du Code Michaud (ordonnance de 1629), aux termes duquel tous les héritages ne relevant

---

[1] « Il y a plusieurs villes en France dont les habitants jouissent de l'exemption du franc-fief; c'est-à-dire dont les habitants, par des privilèges particuliers, peuvent, quoique roturiers, acquérir et posséder des fiefs sans être tenus de payer aucune finance. Mais, comme ces privilèges contiennent aliénation des droits domaniaux de la couronne, dont le roi n'a à proprement parler que l'usufruit, il faut suivant la doctrine de Bacquet (*chap. 10, n° 12.*), non seulement qu'ils soient vérifiés tant au Parlement qu'en la Chambre des Comptes mais qu'ils soient encore confirmés par chaque Roi à son avènement à la couronne, sans quoi on n'y a aucun égard. » François de Boutaric. *Traité des droits seigneuriaux*. Édit. de *1737*. Toulouse, p. 432.

d'aucun seigneur sont censés relever du roi. L'ordonnance de 1692 confirma ce principe et imposa des droits sur les terres tenues en franc-alleu [1]. La résistance devenait de plus en plus difficile. Cependant les Agenais réussirent à sauvegarder leur privilège le plus cher en payant la somme de 3,300 livres [2].

Le XVIIIe siècle ne s'écoula pas sans donner lieu à quelques difficultés nouvelles ; cependant un arrêt des trésoriers des finances, de l'année 1788 (AA. 42), nous démontre qu'à la veille de la Révolution, nos arrière grands-pères avaient encore sur ce sujet le bénéfice des coutumes d'Agen, vieilles de six siècles et des concessions octroyées par Philippe-de-Valois.

L'exemption des droits de francs-fiefs fut accordée par les rois de France aux officiers municipaux, aux bourgeois, aux habitants de plusieurs villes [3], mais, dans ce cas, les exemptions personnelles s'étendaient-elles aux biens possédés dans tout le royaume ? Je ne suis pas fixé à cet égard. Pour Agen, deux pièces originales prouvent que les bourgeois surent faire reconnaître ce droit au moins durant le moyen âge.

En 1464, des commissaires établis par le roi pour la finance « des fiefs et nouveaulx acquetz faiz par gens d'eglise et non « nobles, puis LX ans en çà » recherchèrent Guy Filleul pour certains fiefs consistant en plusieurs maisons, terres et bois, qu'il possédait en la paroisse de Denouville, au bailliage de Chartres. Celui-ci, « natif de la langue de France » était pour lors trésorier d'Agenais et Gascogne. Il s'empressa de demander aux consuls d'Agen des lettres de bourgeoisie, qui lui furent concédées [4]. Il

---

[1] Voir Beaune, *ouvr. cité*, p. *170, 171*.

[2] Arrêt du Conseil d'Etat du *30* décembre *1704*. Pièce imprimée. AA. 50.

[3] M. P. Viollet, *ouvr. cité*, p. *221*, indique les consuls de Limoges, les bourgeois de Paris, de Bourges, de Saint-Omer, les habitants d'Orléans, comme étant dotés de ce privilège.

[4] Il semble bien que ces lettres furent sollicitées à l'occasion de la poursuite : elles sont du *16* avril *1464* et la sentence des commissaires, qui opéraient à Chartres, est du 29 mai de la même année.

produisit ce titre par devant les commissaires, en même temps que des extraits des privilèges des Agenais. Pareil moyen de défense était bien imprévu à cent lieues d'Agen. Il fallut renvoyer indemne le nouveau « bourgoys cythoyen de la cite l'Agen. » (Original. AA. 13.)

En 1496, des commissaires institués pour le fait des francs-fiefs dans la sénéchaussée d'Armagnac reconnurent également le bien fondé des réclamations de Jean Godailh, receveur du payement des gens de guerre au pays d'Agenais et bourgeois d'Agen. Ils ne lui firent payer aucun droit pour les fiefs qu'il possédait en Armagnac. (Original. — AA. 13.)

Le droit de posséder des fiefs nobles et l'exemption de toutes charges en raison de cette possession sont-ils des privilèges communs à tout le pays d'Agenais ou particuliers à la ville d'Agen? Pour bien traiter cette question, il faudrait pouvoir consulter les séries de privilèges octroyés à nos villes anciennes les plus importantes, et ces documents n'ont pas été conservés. Il est douteux que toutes nos villes aient été favorisées au même degré que celle d'Agen. L'octroi et la confirmation des privilèges exigeaient souvent des démarches coûteuses. Les rois n'allaient pas d'eux-mêmes au devant d'une population pour rendre sa condition meilleure ; ils n'avaient pas le même intérêt à s'attacher une bourgade qu'une grande ville. Toutefois à défaut de chartes nombreuses et précises, il est probable que, dans la pratique, on laissait jouir la plupart des bailliages de l'Agenais d'une partie des franchises qu'on avait si libéralement conférées à la capitale. Le défaut de tout régime qui admet le privilège c'est de provoquer tout le monde à solliciter l'exception. Oppose-t-on la rigueur? Ce sont partout des mécontents. Fait-on preuve de facilité? Bientôt l'exception deviendra la règle. Brèche ouverte, place prise. Je crois, d'après quelques indices, à un certain pouvoir rayonnant des privilèges au moyen âge. Lorsque, par exemple, un souverain avait exempté les Agenais des tailles et des péages, il devenait difficile d'imposer des tailles et des péages aux habitants des bailliages voisins de Puymirol, de Penne et de Port-Sainte-Marie.

Pour ce qui concerne les alleux, il fallait aussi tenir compte de l'état ancien. Les habitants d'Agen en possédaient antérieurement à la charte de 1341 ; tout porte à croire que les conditions étaient les mêmes dans les autres juridictions. Le Languedoc nous montre pareils droits existant de fait avant le régime des chartes octroyées, à cette époque où l'Agenais était encore rattaché par bien des points à cette province.

Je trouve dans un ouvrage déjà cité [1] que Marmande et Condom n'étaient pas pays de franc-alleu. Cette assertion est tirée d'autres ouvrages, où l'on a peut-être confondu les époques et pris une ordonnance exceptionnelle pour la règle.

Dans le cours du XVIIe siècle, de 1625 à 1679 [2], particulièrement aux approches de cette dernière date, les principales communautés de l'Agenais, s'unirent aux consuls d'Agen, pris à titre de syndics du pays, pour la défense du privilège de franc-alleu. Cette prétention laisse supposer des titres. A ce moment des plus critiques, la duchesse d'Aiguillon s'avisait d'exiger partout, comme engagiste, des droits de lods et ventes, et, d'autre part, il fallait appliquer l'édit du roi pour la confection du terrier général comprenant l'aveu de tous les fiefs. Un échange de correspondances s'établit entre les consuls d'Agen et les consuls de Marmande, de Villeneuve, de Monflanquin, de Castillonnès, de Tournon, ceux-ci affirmant le privilège qu'avaient les habitants de ces villes royales de posséder des fiefs nobles. La ville de Condom demanda à s'unir à l'Agenais pour soutenir les mêmes droits.

Nous n'avons que des pièces détachées du dossier de ce grand procès : l'information n'est pas suffisante pour conclure.

En tout cas, la plupart des communautés, moins heureuses que celle d'Agen, perdirent leur cause à une époque relativement moderne : c'est pourquoi les rédacteurs des doléances du tiers état de l'Agenais aux Etats-Généraux de 1789 ont inscrit cette revendication, sous forme impérative, dans leurs cahiers : « la maxime « du franc-aleu, *nul seigneur sans titre*, aura lieu dans l'Agenois, « où elle était originairement reçue ».

---

[1] *La condition des biens*, Beaune, p. 165.

[2] Pour l'année 1625, on trouvera la mention d'une démarche des consuls de Port-Sainte-Marie pour la conservation de leurs droits de francs-fiefs. Les autres pièces se rapportent aux années 1668 à 1679. (BB. 34, 35, CC. 248, 253).

NOTE M.

Factums imprimés et pièces diverses relatives au procès entre les ducs d'Aiguillon et les tenanciers de la baronnie de Madaillan. — Historique du procès (pièce *h*.)

Pièce *a*. 14, p. in-folio, s. d. (1712). Requête au Parlement de Bordeaux et preuves pour le syndic de Madaillan Bernard Méja, contre le marquis de Richelieu, en réponse à un factum fait pour ce dernier [1].

Le syndic des paroisses de la baronnie de Madaillan ne conteste point au duc d'Aiguillon le droit de jouir de ladite baronnie à titre d'engagiste, mais il s'oppose à ce qu'il la retienne « à titre de pro-
« priété des terres en question et veut qu'elles soient déclarées
« royales et du domaine, afin que quand l'engagement viendra à
« cesser, Sa majesté en reprenne la jouissance ; et il importe aux
« tenanciers par raison d'honneur et d'intérêt d'être déclarés im-
« médiatement justiciables et emphitéotes du roy, par l'avantage
« glorieux d'être sous sa seigneurie et sous la protection du souve-
« rain, et non sous l'oppression d'un seigneur particulier, de ses of-
« ficiers et gens d'affaires, et par le profit sensible de ne payer d'au-
« tres redevances que celles que payent les autres justiciables et te-
« nanciers des terres royales d'Agenois, qui n'a jamais augmenté et
« qui consiste à un sol par carterée seulement, au lieu des de-
« voirs excessifs tant en grains qu'en argent, manœuvre, volaille,
« cire, acaptes que les auteurs du Sr défendeur ont imposé et
« ajouté au devoir originaire, qui n'étoit qu'en argent, tant sur les
« terres usurpées que sur celles qui composaient originairement
« le domaine particulier et le patrimoine propre des anciens sei-
« gneurs de Montpezat. »

---

1 Ce factum cité nous manque. Un exemplaire de la pièce *a* fait partie des archives de M. le dr J. de Bourrousse de Laffore, un autre a été donné aux Archives départementales par M. Saint-Marc. Ce dernier exemplaire porte sur sa cote : « Faite en 1712, et responsive à ce beau factum de M. de Riche-
« lieu, fait à Paris ».

Pièce *aa*. 16 p. in-folio, s. d. (1722). Nouvelle requête au Parlement de Bordeaux, de Bernard Méja, en réponse à une requête du marquis de Richelieu du 28 février 1722 et responsive à celle du suppliant du 30 juillet 1720 [1].

Discussion des documents produits par la partie adverse. Mêmes conclusions que dans la requête de 1712.

Pièce *b*. 8 p. in-folio, s. d. (après 1724). *Mémoire pour monsieur le procureur général du roy en la Cour contre messire Louis-Armand de Vignerod, marquis de Richelieu* [2].

Conclusions en faveur des tenanciers des paroisses de la baronnie de Madaillan.

Pièce *bb*. — Arrêt du 31 juillet 1727 [3]. Dispositif: « La Cour.... a déclaré et déclare les terres, seigneuries et paroisses de Cardounet, Fraysses, Saint-Denis, Doulougniac, Saint-Julien et Pauliac, ensemble les places, terres, seigneuries et paroisses de Saint-Sardos, Saint-Damien et Felletonne, celles-ci suivant qu'elles sont limitées et confrontées par les piquettements faits par ledit procureur général du roy, portés par le verbal du sieur Palet, du 3 décembre 1512, être toutes les susdites paroisses, terres, places, seigneuries et toutes autres qui sont au delà du ruisseau de La Bausse, avec toutes justices et directité, droits et devoirs seigneuriaux en dépendants, du vray et ancien domaine du roy, à cause de son duché de Guienne. En conséquence condamne ledit sieur de Richelieu de s'en désister et d'en laisser la libre possession au roy, ses officiers, fermiers ou receveurs, avec restitution de tous les fruits, profits, et émoluments que luy ou ses autheurs leurs receveurs, procureurs ou fermiers en ont perçu depuis quarante ans avant la demande du premier juillet mille sept cent quatre au

---

[1] Ces deux dernières requêtes nous manquent. La pièce *aa* a été donnée aux Archives départementales par M. Saint-Marc.

[2] M. le d^r J. de Bourrousse de Laffore possède deux exemplaires de la pièce *b*. Un exemplaire a été donné aux Archives départementales par M. Saint-Marc.

[3] Archives de M. le d^r J. de Bourrousse de Laffore.

profit de sa majesté et de ses fermiers, suivant la liquidation qui en sera faite par un commissaire de la cour sur les règlement et fixation du pied de rente, pour raison de quoy tant ledit procureur général, le fermier du domaine que les syndics des communautés de Montpezat contesteront plus emplement, ensemble sur la prétention dudit sindic de Montpezat sur le restant du territoire qui forme et compose à présent la juridiction de Madaillan, sans préjudice audit sieur de Richelieu de justifier des fiefs, rentes et domaines qui pourront luy appartenir à titre particulier tant dans lesdites paroisses et bourgs d'icelles que dans toutes autres qui sont au delà dudit ruisseau de La Beausse, et exceptions au contraire réservées ; et lors sera fait droit de l'appel intergeté par ledit La Garenne et par le sindic de Madaillan de l'appointement du juge de Madaillan dudit jour 25 février 1701 ; comme aussy des lettres de restitution en entier tant par eux que par le sindic de la communauté de Montpezat contre les transactions mentionnées auxdites lettres, pareillement des surcharges et restitutions par eux prétendues contre ledit sieur de Richelieu, pour raison de quoy, ensemble sur les demandes en garantie et regarantie respectivement prétendues par ledit sieur de Richelieu et par les directeurs des créanciers de la maison de Mayenne que génerallement sur toutes les conclusions et exceptions ce concernant, les parties contesteront plus emplement. Condamne ledit sieur de Richelieu en tous les dépens envers le roi et le fermier de son domaine et en la moitié aussy de tous les dépens envers les sindics desdites communautés de Montpezat et de Madaillan, l'autre moitié, ensemble ceux faits entre ledit sieur de Richelieu, La Garenne et tous autres à raison desdites garanties et regaranties, demeurant réservés. Dit aux parties, à Bordeaux, au Parlement, le 31 juillet 1727. »

Pièce c. 44 p, in-folio, s. d. (entre 1727 et 1732.)

Mémoire pour M. le duc d'Aiguillon, pair de France, demandeur en lettres en forme de requête civile, contre M. le Procureur général, le fermier du domaine du Roy, et les sindics des communautés de Montpezat et de Madaillan [1].

---

[1] Archives de M. le dr J. de Bourrousse de Laffore.

Le duc d'Aiguillon demande au Parlement de Bordeaux « la ré-
« tractation de l'arrêt surpris de sa religion en 1727 » qui réunit
au domaine, quant à la justice et quant à la directe, les paroisses
de la baronnie de Madaillan, Fraysses, Cardounet, Saint-Denis,
Doulougnac, Saint-Julien et Pauliac.

Il soutient : 1° que la justice a été exercée sans troubles sur les
paroisses par les divers seigneurs, et notamment depuis la transaction de 1470.

2° Que la directe est établie: par une transaction passée en 1558,
entre Honorat de Savoie et les tenanciers, en vertu de laquelle,
ceux-ci, au nombre de 1,400, passèrent des reconnaissances ; par
une autre transaction de 1565 ; par un acte solennel, passé, en
1614, en faveur du duc de Mayenne, pour 3,770 carterées; par la
jouissance paisible des seigneurs de Madaillan depuis cette date
jusques en l'année 1701.

Pièce d. 15 et 30 p. in-folio, s. d. (entre 1727 et 1732) [1].

*A juger en Grand-Chambre par commissaires, entre Monsieur le Pro-
cureur Général en la Cour, le sindic de Madaillan et M. le duc d'Aiguillon.*

Ce factum tend à fournir la preuve que « les paroisses de Fraysse
« Saint-Denis, moitié des paroisses de Cardounet et de Doulognac
« partie de celles de Saint-Julien, Pauliac, Saint-Aignan, Lasfar-
« gues, Lusignan-Grand, Lusignan-Petit et une petite annexe de
« Lusignan-Petit, nommé Saint Martin, ont fait partie du domaine
« royal d'Agenois.

« Si elles en ont fait partie, comme il est prouvé par les titres
« du syndic, elles doivent y être réunies sur le fondement de l'ina-
« liénabilité et imprescribilité du Domaine du Roy. »

Il est composé de deux parties. La première (15 p.) contient une
réponse aux objections sur les titres produits par le syndic et
une réfutation des arguments tirés des titres produits par le
duc d'Aiguillon.

[1] Archives de M. le d{r} de Bourrousse de Laffore.

La seconde (30 p.) est un recueil de 19 titres, texte et traduction, le plus souvent sans commentaire. Les originaux ou des copies authentiques des deux tiers de ces pièces existent aux archives de l'Hôtel-de-Ville d'Agen.

Les autres, récemment publiées ou moins connues, sont de provenances diverses.

Ces documents: serment de 1271, enquête de 1311, règlement de Langon de 1334, prise de prossession des paroisses usurpées par le seigneur de Bajamont en 1334, transaction etc., étudiés par nous d'après les originaux, ont été utilisés et signalés dans le cours de cet ouvrage.

La lettre d'Edouard II (Charte n° CXLVIII), simplement datée du 14 septembre, onzième année du règne (1318), a été attribuée par erreur à Edouard III et, par conséquent, à l'année 1337. La même faute a été commise dans tous ces factums du xviii° siècle. La liaison de cette pièce avec les faits révélés par l'enquête de 1311 aurait dû fixer l'attention. La date de 1318 ne saurait être douteuse. Nous avons fait remarquer, dans la note C, que cette pièce, dont on n'avait ici que des copies, figure dans les *Rolles gascons* parmi celles qui émanent d'Edouard II.

Au nombre des chartes invoquées par les tenanciers d'Aiguillon les actes de réunion d'Agen à la couronne de France ou d'Angleterre servent aussi de preuves. On y trouve notamment les lettres patentes de Philippe-de-Valois, de janvier 1341, contenant cet engagement formel: « *Civitatem prædictam (Agenni) cum ejus districtu* « *et honore, habitatoresque et habitaturos in eisdem et eorum singulos,* « *in et sub regio domanio et regimine immediato perpetuo retinemus,* « *concedentes eisdem quod extra manum nostram regiam, seu successo-* « *rum nostrorum Francie regum, quomodolibet in posterum ponantur*[1]. »

Nous savons que l'année d'après, le roi de France oubliait sa promesse en cédant les six paroisses à Amanieu du Fossat.

Il est vrai qu'en mars 1350, il révoqua non moins facilement

---

[1] L'original existe à l'Hôtel-de-Ville d'Agen. (AA. 6.)

cette concession en *restituant* aux consuls tous leurs droits sur ce territoire : « *prefatis consulibus, universitati et habitatoribus dicte ci-* « *citatis et eorum successoribus perpetuo omne jus et deverium quod* « *et quæ habebant vel habere poterant et debebant ante tempus donatio-* « *nis predicte in dictis parochiis et earum qualibet, tenore presentium* « *de speciali gratia restituimus et donamus...* » (FF. 139.)

De telles fluctuations dans la politique de nos rois, qui avaient sacrifié ou favorisé tour à tour les seigneurs ou les villes, expliquent trop bien les incertitudes sur le droit des uns et des autres.

En présence de tant de contradictions, les plaideurs, et aussi les juges, tentaient de remonter jusqu'à l'origine des vieux procès et aux titres primordiaux. On agissait ainsi au XVIII° siècle. A la fin du moyen-âge, on était plus disposé à s'en référer aux actes probants les derniers en date.

Pièce *d d*. Cahier in-folio de 19 feuillets. Le 20me feuillet est déchiré [1].

« Estat que fournit M° Jean-François Uchard, avocat en Parlement « fils de feu M° Pierre Uchard, aussi avocat au Parlement, celluy « ci en qualité de député de la communauté de Madaillan » des recettes et des dépenses faites pour le procès, du 26 mai 1720 ou 22 février 1734. La recette est de 7,197 livres; le total des frais dépasse 9,000 livres. Les commissaires vérificateurs, nommés par la communauté de Madaillan, Messieurs Antoine de Bonpart, écuyer, sieur de Lasserre, Michel Baret et Antoine Minda, bourgeois, firent quelques réductions sur les articles des dépenses. Jean François Uchard avait eu à rédiger ce compte de 14 années moins de deux mois après la mort de son père [2], qui n'avait cessé de s'occuper du procès. Cette pièce, comme tous les comptes anciens détaillés et motivés, abonde en renseignements. Certains articles valent de véritables anecdotes.

---

[1] Archives de M. le d^r J. de Bourrousse de Laffore.

[2] Pierre Uchard, fils de Jean, juge ordinaire de Madaillan, était né en 1669. J'ai signalé le livre de raison qu'il a tenu depuis le 6 février 1700, jour de ses fiançailles avec Geneviève de Lamouroux, jusques à l'année 1723. *Le Livre de raison des Dauree*, p. 77.

Les cinq livres données au garde de la buvette pour écouter aux portes « pendant deux ou trois bureaux ; » le bon curé Baret, tout dévoué, distribuant « à des personnes de condition, pour l'intérêt de la communauté » 5 livres 1/3 de tabac (à priser) de 4 livres tournois chacune : ces petites histoires et bien d'autres à propos de chiffres, nous apparaissent comme des tableaux de genre sur le fond noir des procédures.

Une note de 10 livres 10 sous payée à Dumon, imprimeur « pour « avoir fait graver sur bois le plan de la terre et juridiction de Ma- « daillan qui est en tête du factum signifié le 28 ou 29 août 1732 » nous fait regretter la perte d'une pièce curieuse qui manque à nos dossiers.

Nous avons utilisé ce compte pour certains détails, et pour déterminer la suites des actes de procédure. Notons que la grosse dépense fut le payement de 75 après-dîners qui coûtèrent 3,500 livres.

Ceux qui épargnèrent le moins les voyages à Bordeaux et jouèrent le rôle le plus actif après les députés Pierre et Jean-François Uchard et les syndics, sont : le curé Baret, toujours prêt à voir l'intendant, à distribuer à propos les poulets (15 paires à 12 sous la paire à Sylvestre, avocat, etc.,) comme le tabac; M. de Montpezat, qui passa 121 jours à Bordeaux, à raison de 3 livres d'indemnité par jour.

Le détail suivant vaut la peine d'être relevé : « 80 livres payées « à l'avocat, le 14 avril 1722 pour l'honoraire du factum *fait sous* « *le nom de M. le Procureur Général*, dont la copie nette a été remise « à M. Baret, curé. »

Pièce *e*. 56 p. in-4°, s. d. (17 avril 1734.)

Mémoire pour M. le duc d'Aiguillon, pair de France, baron de Madaillan, etc., contre le syndic des habitants de cette baronnie [1].

Cette réplique pour le duc d'Aiguillon renferme nécessairement bien des redites sur un sujet presque épuisé. Afin de le renouve-

---

[1] Archives de M. le d' J. de Bourrousse de Laffore.

ler, son auteur essaye de mieux élucider les origines et d'établir que Madaillan était déjà une terre considérable avant la fin du xii⁰ siècle; il cite de plus des titres intéressant la famille des Madaillan, sires de Lesparre, seigneurs de Sainte-Livrade en paréage avec le roi, etc, dont le fief principal, Madaillan, figurait parmi les cinq grandes baronnies de l'Agenais.

Toutefois il déclare ignorer comment la terre de Madaillan sortit « de la maison à qui elle avait donné son nom » pour passer dans celle des du Fossat. Dans la note E j'ai signalé le point faible de ces théories.

L'historique de la terre de Madaillan, continué jusqu'au xviii⁰ siècle, est la partie la plus originale de ce mémoire, qui contient d'ailleurs la discussion des titres principaux produits depuis le commencement du procès.

On lit à la dernière page de ce factum :

« Les habitants de Madaillan se plaignent que Madame la du-
« chesse d'Aiguillon poursuit avec rigueur le recouvrement des
« arrérages ; *leurs cris n'ont pu se faire entendre ; ils ont été livrés à*
« *des Agens avides et intéressés* (sic. Passage en italique). Ces plain-
« tes sont aussi mal fondées que leur demande. Après l'entérine-
« ment de la requête civile, Madame la Duchesse d'Aiguillon vint
« à Madaillan rassurer les habitants allarmés des suites de cet
« arrêt. Les Pasteurs furent chargés de leur annoncer ce qu'ils
« devoient attendre de sa générosité ; ils ressentirent bientôt les
« effets de ces promesses ; tous ceux qui se sont présentés ont ob-
« tenu des remises considérables ; elle a bien voulu s'exposer à
« leur ingratitude qu'elle avoit prévue.

« Si quelques particuliers ont été traités avec moins d'indul-
« gence, c'étoit un exemple nécessaire ; il falloit avertir les com-
« munautés de se défier de ceux qui n'excitent des procès que
« pour profiter eux-même des malheurs où ils précipitent. »

Pièce *ec*. 63 p. in-4°, s. d., Bordeaux, imp. J. de La Court.

Réédition de la précédente, sous le même titre. Elle renferme de ci de là quelques additions (qui font 7 pages de plus) surtout pour les preuves de la directe et des changements de formule faits par le conseiller rapporteur *de Cézar* qui s'est tout simplement approprié le travail de Grenier, avocat du duc d'Aiguillon, pour conclure avec lui et comme lui. Le titre plus exact de cette pièce devrait être : Rapport de M. de Cézar, conseiller, sur le procès etc. A la signature *de Cézar*, rapporteur, et *Grenier*, avocat est jointe celle de Duteille, procureur [1].

Pièce *f*. 8 p. in-folio, s. d. (vers 1736) *Titres qui établissent une baronnie de Madaillan ailleurs que dans les paroisses contentieuses.*

Textes de cinq documents dont quelques-uns ont été utilisés dans la note E.

« Observation sur les pièces signifiées (par la partie adverse) les « 14 juin et 4 juillet 1736 » [2].

Pièce *g*. 42 p. in-folio, s. d. (après 1734, probablement après 1736).

A *nos seigneurs de Parlement*, requête de Joseph Ludret, ancien officier d'infanterie et syndic des habitants de Madaillan [3].

Discussion nouvelle de la plupart des pièces invoquées dans les instances précédentes. Arguments tirés de l'existence d'une seconde baronnie de Madaillan.

Pièce *h*. manuscrite [4]. C'est un historique du procès qui m'a paru mériter d'être publié en grande partie.

« *Copie du mémoire qui a été livré aux officiers du domaine de Bor-*
« *deaux pour servir à la demande en cassation de l'arrêt du 1er décem-*
« *bre 1736, lequel, après requête civile du Duc.. maintient le duc d'Ai-*
« *guillon dans la possession de Madaillan.*

---

[1] Arch. dép. don de M. Saint-Marc.

[2] Un exemplaire de ce factum faisait partie des papiers du château de Causac, que M. le marquis de Châteaurenard a bien voulu céder aux Archives départementales, en 1883. Il est catalogué dans l'inventaire sommaire St. E. n° 326.

[3] Arch. de M. le dr J. de Bourrousse de Laffore.

[4] Arch. de M. le dr J. de Bourrousse de Laffore.

Histoire du procès du syndic de Madaillan en Agenois demandeur en réunion au domaine du Roy, contre M. le duc d'Aiguillon.

« Ce procès, qui avoit commencé dès l'année 1311, fut jugé par les commissaires des deux roys de France et d'Angleterre qui déclarèrent Madaillan du domaine du Roy de France et de la banlieue d'Agen. Ce jugement est de l'an 1234.

La guerre s'étant ralumée en Guiene, Amanieu du Fossat l'usurpateur, à la faveur de la protection des Anglais, s'empara de nouveau des paroisses de Madaillan, mais, sur la plainte des consuls d'Agen, il en fut dépouillé en 1349 par le Roy Philippe VI.

Le syndic de Madaillan ayant découvert ces jugements dans les archives de l'hôtel de ville d'Agen, intervint, en 1703, au Parlement de Bourdeaux, au procès que feu Madame la duchesse d'Aiguillon porta dans cette Cour contre un tenancier de Madaillan, à qui elle demandoit de grosses rentes et conclut à la réunion au domaine du Roy pour toute la terre de Madaillan.

Le syndic de Monpezat intervint aussi, en 1704, en se plaignant, comme celuy de Madaillan de l'usurpation et de la surcharge.

M. le procureur général intervint également la même année 1704 par le ministère de M. Dudon, avocat général, et conclut à la réunion, comme les syndics.

Jean de Laplace, fermier du Domaine, se joignit, en 1709, à M. le procureur général et aux syndics et prit les mêmes conclusions.

Le sieur Fossier, lors directeur du Domaine, fondé de procuration, signa la requête de Jean Laplace.

Feu M. le marquis de Richelieu opposa aux titres du sindic de Madaillan la fin de non recevoir prise d'une longue possession qui, selon luy, devoit suppléer aux titres de propriété.

On luy fit voir : que la possession, quelque longue qu'elle fut, ne pouvoit suppléer aux titres, selon les édits et déclarations de nos roys, principalement selon l'édit de 1667 ; que d'ailleurs, sa possession, dont on montroit la vitieuse origine, avoit été tantôt interrompue, tantôt continuée, et toujours soutenue par des violences, et qu'enfin les titres du roy réclamoint son ancien maître, contre lequel il n'y avoit point de prescription à proposer.

M. le marquis de Richelieu opposa en second lieu les transactions, comme des liens qui ne peuvent être rompus.

Par la transaction de 1470, passée entre Charles de Monpezat, soi-disant seigneur de Madaillan, et les consuls de la ville d'Agen, ces consuls cèdent à Montpezat les paroisses de Madaillan, en échange de certaines autres que Monpezat leur cède. Le vice de cet acte a été relevé au long dans le procès. On se contentera d'en faire remarquer une circonstance, pour faire comprendre combien il est plein de fraude : c'est que les paroisses changées et contrechangées étoint du domaine du Roy, auquel elles avoint été réunies par le jugement des commissaires des deux roys, l'an 1334.

Par trois autres transactions extorquées des tenanciers, le seigneur impose une rente excessive, qui enlève le revenu des biens. Ces transactions ne peuvent subsister à l'égard des emphithéotes du Roy qui demandent à rentrer en vertu de leurs titres sous sa seigneurie immédiate.

M. de Richelieu fit essuyer dans le cours de ce procès aux habitants de Madaillan tout ce que la chicane soutenue de l'autorité a de plus amer ; il les appela en différents tribunaux, tantôt au Chatelet de Paris, où le décret du duché d'Aiguillon avoit été poursuivi, tantôt au Conseil privé, en règlement des juges. Le Roy ayant, par arrêt de son conseil du 31 janvier 1708, renvoyé la cause au Parlement de Bourdeaux, M. de Richelieu employa les meilleures plumes du royaume pour soutenir ses prétentions.

On a eu donc tort d'avancer dans la suite que le procès avoit été mal défendu de son temps, mais les titres du roy étoint si parlants que le Parlement ne peut point se dispenser d'adjuger les paroisses de Madaillan à son Domaine.

Il y eut arrêt le 31 juillet 1727, qui déclara ces paroisses du Domaine du Roy et certaines autres dépendantes de Monpezat à cause de son duché de Guiene, condamna M. de Richelieu à la restitution des fruits de 40 ans avant la demande, selon le règlement de 1670, en faveur du fermier du Domaine, et aux dépends, et en la moitié des dépends en faveur des sindics, les autres demurant réservés. Cet arrêt passa tout d'une voix pour l'intérêt de Madaillan.

On fit pourvoir M. le marquis de Richelieu par requête civile sur les moyens les plus frivoles et sans aucune nouvelle pièce.

Madame la duchesse d'Aiguillon parut sur les rangs pour défendre la requête civile. Elle commença par affirmer contre les sindics, affirmation qui dure encore depuis 1732, quoyque les sindics, par respect, n'aient jamais affirmé contre le duc d'Aiguillon.

On ne scauroit exprimer tous les artifices qui furent pratiqués pour parvenir à l'entérinement de la requête civile.

L'ordre du parquet fut d'abord renversé. M. l'avocat général Latrène, qui étoit au civil, et qui par conséquent devoit connaître de ce procès, pour l'intérêt du Roy, fut prié de céder sa place à M. l'avocat général Dudon, qui avoit des raisons particulières pour être dévoué à M. le duc d'Aiguillon.

Il avoit acquis, depuis sa requête en intervention, le fief de Boynet, en Agenais ; il avoit obtenu de M. le duc d'Aiguillon un relâchement des lots et ventes que ce seigneur avoit droit d'exiger en qualité d'engagiste du comté d'Agenois ; bien plus, M. le duc d'Aiguillon avoit consenti au démembrement des justices royales de Montflanquin et de Villeréal pour ériger la seigneurie de Boynet en terre en justice, selon les lettres patentes que M. Dudon avoit surpris du roy Louis XIV.

C'est sans doute ce qui lui fit oublier dans la requête civile les solides raisonemens qu'il avoit employé pour établir la nécessité de la réunion, et combatre de toutes ses forces un arrêt qui l'avoit ordonnée et qu'il avoit demandé luy même ; les titres du Roy qui l'avoint frapé autrefois ne furent selon luy que des papessarts informes ; il conclud qu'il n'insistoit à l'enterinement de la requête civile. Quel personnage pour l'homme du roy !

Il ne suffisoit pas d'avoir gagné le parquet ; il étoit question d'avoir des juges à sa dévotion et d'écarter ceux que l'on croyoit contraires aux veues de M. le duc d'Aiguillon, et notamment les juges qui avoint été de l'arrêt de 1727. C'est à quoy on ne réussit que trop bien, par le soin que prit feu M. le premier président, de concert avec M. le doyen, de faire continuer la plaidoirie de la requête civile en l'absence de MM. de Bigot, Combesbousse, Constantin, qui avoint été de l'arrêt attaqué ; on tendit des pièges à ces messieurs, aussi bien qu'à messieurs Leblanc et Ruat, pour qu'ils ne parussent pas au jour de la plaidoirie, en leur faisant entendre que la requête civile ne se plaideroit qu'après la fête de la Trinité, et elle fut pourtant appelée la semaine auparavant, en l'absence de ces messieurs.

On eut beau représenter à M. le premier président que la cause du roy et des sindics périclitoit, en mettant à l'écart les juges de l'arrêt de 1727 qui auroit (*sic*) peu instruire les autres, on n'eut aucun égard à des si justes raisons, quoyque l'on fit suspendre dans la suite la plaidoirie de la requête civile en l'absence de M. de Caupos, que l'on scavoit être tout dévoué aux intérests de M. le duc d'Aiguillon. Par là, les plus grands magistrats, reconnus pour tels par leur probité et par leurs lumières supérieures, furent furtivement écartés. Ce sont des faits connus de tout le monde, et qui pourroient être attestés par un nombre des gens de probité et particulièrement par les juges mis à l'écart, s'ils étoint interpellés.

On ne doit donc pas se surprendre si, après de tels artifices, la requête civile fut entérinée avec dépens contre le sindic et contre le fermier du Domaine.

Ce qu'il y a de singulier c'est que sur l'appel des sindics concernant la taxe des dépends, n'y ayant point dans le tarif des affirmations du Parlement de Bourdeaux d'articles pour les ducs pairs, non plus que dans ceux des Parlements de Paris, Bretagne et autres, à cause sans doute de leur éminente qualité qui ne leur permet point les affirmations, on fit, avant de juger l'appel de la taxe des dépends, un nouveau tarif au Parlement de Bourdeaux, où furent compris les ducs et pairs sur les rangs des présidents à mortier, et sur lequel on fixa les dépends de M. le duc d'Aiguillon. Quelle affectation !

La terre de Madaillan fut, bientôt après ce jugement, inondée des gens de guerre, tantôt infanterie, tantôt cavalerie, avec ordre de soutenir les hussards et archers de la maréchaussée dans les exécutions tortionaires que l'on fit contre ces malheureux habitans, sous prétextes d'arrérages de rente qu'on leur demandoit, qui exédoit la valeur de leurs biens. C'étoit tous les jours des nouveaux actes d'hostilité pour les obliger à renoncer au procès, à la réunion, et à se soumettre à la rente portée par les transactions extorquées. Plusieurs, intimidés, souscrivirent à tout ce que l'on exigeoit d'eux [1]

Cependant le sindic de Madaillan, voulant se faire rejuger, demanda à M. le premier président un rapporteur tel qu'il jugeroit à propos, autre pourtant que M. de César, qu'on avoit reconnu très contraire aux intérêts du roy et du sindic. C'est pourtant celuy qui fut nommé.

Le sieur Fossier, qui avoit signé, en 1709, la requête en intervention pour Jean Laplace, fermier du Domaine, et qui, du depuis, avoit acheté la charge de président des requêtes du palais, fut recherché par Madame la duchesse d'Aiguillon pour les dépends auxquels le fermier du Domaine avoit été condamné par l'antérinement de la requête civile.

Le sieur Fossier fit alors un acte de désistement de la procédure faite au nom du fermier du domaine. Qui ne voit le ridicule de cet acte, qui fut concerté avec les agens de M. le duc d'Aiguillon? Et quel pouvoir avoit le sieur Fossier de faire un pareil acte? On ne laissa pas pourtant de faire des tentatives pour le faire recevoir par arrêt sans la participation du sindic et malgré ses oppositions.

Cet acte et les oppositions du syndic furent jointes au procès principal, pour servir de préparatoire aux récusations des grands juges, sous prétexte des procès qu'ils pouvoient avoir aux requêtes du palais, où M. de Fossier étoit président.

Le conseil de M. le duc comprit que si l'on ne trouvoit pas le moyen d'écarter les magistrats, comme on l'avoit fait dans le cours de la requête civile, la cause du roy et du syndic recevroit une juste décision. Il fallut donc employer le prétexte de M. de Fossier pour récuser M. de Combebousse, ce qui eut son effet.

---

[1] Le factum imprimé du syndic coté *g* contient à sa dernière page un appel aux *inclinations bienveillantes* du cœur de la duchesse pour faire cesser tant de misères .. « les tenanciers de Madaillan ne seroient point exposés à
« la rapacité de ses gens d'affaires, qui, abusant tous les jours d'un nom si
« respectable, les vexent par des exactions continuelles ; aussi les ont-ils
« mis déjà dans un décharnement semblable à celui d'un squelette. »

M. Leblanc fut encore récusé sous ce même prétexte il avoit eu un procès aux requêtes du palais, qu'il avoit terminé depuis un an et demi. — Le procureur du fermier du Domaine et un huissier du Parlement se prêtèrent pour soutenir que le procès subsistoit encore et produisirent des lettres missives pour vérifier ce qu'ils avoient arrangé. La Cour, après avoir reconnu la fausseté de ces lettres, les décréta tous deux, et, quoyque leur crime méritât une peine afflictive, la même puissance qui les avoit engagés dans ce mauvais pas ménagea un jugement bien peu proportioné au délit. Ils furent condamnés aux dépends, aux aumônes, à être interdits pendant un an et à être admonestés par la Cour. C'est par ces détours artificieux et criminels qu'on voulut enlever un grand magistrat de sa place. Il fut pourtant légitimé, mais sans amende ni dépens. *Quod est notandum.*

Plusieurs des anciens présidents et conseillers étant lors ou suspects ou absants, les agens de M. le duc d'Aiguillon pratiquèrent pour former un bureau à leur guise. C'est ce qui obligea le sindic à donner une cédule évocatoire, fondée tant sur la parauté que sur toutes ces intrigues dont on vient de parler, où le sindic eut le malheur de succomber.

Il fallut donc procéder devant des juges, la plupart suspects ou récusables, et si le sindic, en suivant l'exemple de M. le duc d'Aiguillon, veut donner des requêtes en récusation, il est traité de chicaneur ; on en écrit même à Mgr le Chancelier, comme d'un attentat punissable ; on condamne personnellement à l'amande le procureur du sindic sur une récusation qu'il a donné contre MM. les présidens de Gasc et Daugear, fondée sur ce que le premier avoit donné à manger à Madame la duchesse dans un lieu où il y avoit des auberges et que le second avoit des procès aux requêtes où M. Fossier étoit président. Cependant, quand il est question de la récusation de M. Leblanc qu'on soutient par une fausseté, il n'y a point d'amande. Quel jeu! Quelle partialité!

Que pouvoit attendre le sindic d'un tribunal si prévenu ? Il y étale avec la plus grande évidence les droits du roy ; il fait voir clairement que ce procès doit être jugé comme en 1727 ; que les titres produits nouvellement par M. le duc d'Aiguillon ne sont que des titres de famille, où il n'est fait aucune mention des paroisses contentieuses; que le titre de 1342 qu'il rapporte, intitulé *restitution*, contient une restitution des châteaux qui appartenoint à Amanieu du Fossat et une donation des paroisses contentieuses; que le roy Philippe VI, en 1349, révoqua la donation, quoy qu'il laissât subsister la restitution, et qu'enfin ce n'étoit qu'à la faveur de sa félonie que du Fossat vouloit se soutenir dans la possession de ces paroisses et que ses successeurs cherchoint à se faire un titre du crime de leurs autheurs.

Toutes ces raisons et tous ces titres, qui avoint autrefois exité le zèle de M. le procureur général, se sont évanouis à la veue de madame la duchesse d'Aiguillon. Il s'en remet à la décision de la Cour après avoir fait croer (*sic*) dans les préliminaires de ses conclusions la prétendue inutilité des titres du Roy.

Enfin, arrêt le 1er décembre 1736, par lequel M. le duc d'Aiguillon est maintenu dans la possession de la terre de Madaillan au préjudice du roy quant à la justice et quant à la directité, la surcharge des rentes interloquée, et le sindic condamné aux trois quarts des dépens, avec 140 après dinées.

Tout le barreau et toute la ville de Bourdeaux crie à l'injustice. En effet il n'en est pas de plus criante et qui soit pratiquée avec plus d'artifice.

Cet arrêt, malgré les jugements rendus en faveur du roy, a transporté une partie de son domaine à M. le duc d'Aiguillon, et quoyque les habitants de Madaillan, en proposant leurs défenses ayent soutenu les droits de la Couronne, abandonnés entièrement par ses officiers, ils ont été condamnés à des dépens immenses.

Le motif de ceux qui ont été de ce dernier arrêt est que les jugements qui adjugent au roy les paroisses de Madaillan sont des jugements de confiscation qui sont sujets à la loy de la prescription, surtout n'ayant pas eu d'exécution.

Quatre grands juges, qui sont MM. Bigot, Leblanc, Baritau et Richon, soutinrent que ces jugements ne faisoint aucune mention de confiscation, et que, quand ils en dépouilloint l'usurpateur c'étoit parce que les paroisses étoint originairement domaniales.

MM. les présidens de Gasc et Dangear avoint intérêt à soutenir le parti de M. le duc d'Aiguillon : le premier possède par concession une terre confisquée par félonie d'un de ses autheurs qui prit le parti des Anglois contre le roy de France ; le second a des terres dans l'Agenois qui, selon l'enquête de 1311, ont été usurpées sur le domaine du roy.

L'un et l'autre se sont montré dans ce procès contre ces malheureux habitants de Madaillan, dans la veue sans doute d'intimider ceux de leurs terres, afin qu'ils ne soint point tentés de faire une même levée de boucliers.

Que deviendroint ces tenanciers si l'arrêt était mis en exécution ? Epuisés par les frais immenses qu'ils ont été obligés de faire dans le cours de ce procès et par les contraintes qu'ils ont essuyé, ils se trouveroint exposés à la rapacité des gens d'affaires du duc d'Aiguillon, qu'ils n'ont que trop souvent éprouvée et qui ne manqueroint pas d'user de toutes sortes de contraintes pour leur faire payer des sommes qui excèdent la valeur de leurs biens, et cela dans la veue de les leur faire abandonner et de faire changer ce pays de face, ce qui est contre l'intérêt de l'état, car comment payer les charges réelles et royales des biens dans toutes les justes circonstances ?

Cet arrêt ne sauroit subsister et, quoy qu'il ne paraisse pas encore, il se présente d'abord deux moyens de cassation invincibles.

[Suit la discussion de ces moyens.]

Pièce *i*, manuscrite, de 91 pages.

Mémoire du syndic de Madaillan contre la surcharge, signifié le 15 novembre 1736 [1].

Les arguments sont tirés des baux à cens du moyen-âge produits par le duc d'Aiguillon. Tous comportent des devoirs moindres que ceux qui résultent des transactions modernes.

Pièce *j*, In-Folio, 84 p., s. d. (après 1736). Rapport au Parlement par M. de Cézar, rapporteur, et Bourgade, procureur [2].

---

[1] Arch. dép. Don de M. Saint-Marc.

[2] Arch. dép. Don de M. Saint-Marc. Les 4 premières pages manquent à cet exemplaire.

Conclusion contre le duc d'Aiguillon pour la réunion au domaine des paroisses contentieuses. Cette pièce est la contre-partie complète, tant pour la discussion que pour les conclusions, du rapport du même conseiller (pièce *ee*), antérieur de quelques années.

Pièce *k* [1]. Mémoire manuscrit de 17 pages in-4°. « Observations « à consulter au sujet des paroisses qui compozent aujourd'huy la « terre de Madaillan ». Cette pièce, non signée, non datée, est postérieure à 1732 ; elle doit être l'œuvre ou d'un agent du domaine ou d'un jurisconsulte favorable à la cause des tenanciers de Madaillan. Son auteur cite les documents qui paraissent probants en faveur du domaine, il détermine la portée des quatre arrêts rendus par le Parlement de Bordeaux sur cette affaire, en 1709, 1715, 1727, 1732. La perte de ce procès et les frais énormes qu'il entraîna ruinèrent « les habitants de Madaillan, puisque plusieurs furent « obligés de vendre grande partie de leur fonds pour payer les « arrérages et qu'on a continué de les forcer à payer ladite rente ». En somme le mémoire semble rédigé comme préliminaire d'une reprise de l'instance [2].

NOTE N.

Recherches sur la quotité des droits féodaux et des charges diverses de la propriété dans l'Agenais.

Le sujet qui fait le fond de cette note est des plus complexes. Aucun de nos historiens ne l'a traité. Les renseignements que

---

[1] Arch. dép, don de M. Saint-Marc.

[2] Indépendamment de ces pièces, le dossier formé par la réunion des documents que M. J. de Bourrousse de Laffore a bien voulu nous communiquer et de ceux qui ont été donnés aux archives par M. Saint-Marc, en renferme une foule d'autres : requêtes, notes, copies ou cotes d'actes du moyen âge, brouillons de mémoires, comptes, textes des divers arrêts, dont quelques-unes ont été utilisées. Si quelques factums ne nous sont point parvenus, on a du moins un ensemble suffisant pour déterminer la suite de la procédure, et plus d'éléments qu'il n'en faut pour apprécier la valeur des arguments et des preuves contradictoires.

La réunion de tous les factums imprimés sur cette affaire formerait un gros volume in-4°. D'après les comptes d'Uchard, les factums pour la communauté de Madaillan étaient tirés au plus à cent exemplaires.

j'ai pu réunir en combinant des chiffres tirés de pièces de diverse nature, bien qu'assez nombreux, n'ont pas, il faut l'avouer, toute la précision désirable ; du moins j'indiquerai les sources, les éléments des calculs, les objections même, de telle sorte que la vérification de la méthode et des preuves soit toujours facile.

Pour plus de clarté, je diviserai cette étude de la sorte :

1º Quotité des redevances seigneuriales dans l'Agenais, évaluée par carterée [1].

2º Comparaison entre les redevances payées au roi, comme seigneur, pour les terres situées dans les juridictions royales et les redevances payées aux seigneurs pour les terres situées dans les juridictions seigneuriales.

3º Comparaison entre le total des redevances féodales diverses et le total des impositions diverses.

4º Comparaison entre les charges de la propriété foncière avant 1789 et ses charges à notre époque.

5º Difficultés pour décider en 1789 entre la suppression pure et simple ou le rachat des redevances seigneuriales.

I.

Des transactions passées entre seigneurs et tenanciers, analogues à celles que nous avons citées pour Madaillan et Bajamont, et quelques registres de reconnaissances fournissent des éléments précis non sur l'origine souvent obscure mais sur le taux des rentes ou des censives dans quelques-unes des seigneuries de l'Agenais. Afin d'être plus complet, j'étendrai l'enquête sur la rive gauche de la Garonne, hors de l'Agenais, mais sans dépasser un rayon de 12 kilomètres autour d'Agen.

Voici quelques indications :

Monbalen. — Fin du XVIᵉ siècle. — Les rentes dues au seigneur

---

[1] Je rappellerai que la carterée représente environ les **trois quarts** d'un hectare. Elle varie dans l'Agenais et le Condomois de **65 à 88 ares**. A Madaillan et à Montpezat on appliquait la mesure d'Agen, qui était de près de 73 ares, soit exactement 78.85. C'était la plus communément employée.

sont d'un sou, de deux picotins de froment, d'un tiers de picotin d'avoine par carterée. Le seigneur se réserve les droits d'acapte, de lods et ventes, etc. — (St. E. 727).

Aubiac. — Commencement du xvii° siècle. — Par une transaction passée entre François de Narbonne, seigneur d'Aubiac, et les habitants de la seigneurie, ceux-ci doivent payer huit sous, de rentes par carterée. Sont réservés au seigneur les droits d'acapte, de lods et ventes, de prélation, de retrait féodal. Les tenanciers payeront une rente double au seigneur l'année du mariage de ses filles ; ils renoncent au droit de faire paître leur bétail dans les prés du seigneur. — (St. E. 409).

Galapian. — 1631. — Aux termes d'une transaction passée entre François de Lusignan, seigneur de Galapian, et les habitants de Galapian, ceux-ci doivent payer par carterée un sou en argent, quatre picotins de froment, autant d'avoine et un sixième de poule. L'acapte était d'un tiers seulement en argent. Le seigneur se réservait tous droits de lods et ventes ; il renonçait à ses revendications sur un bois commun. Cet accord mit fin à un procès qui durait depuis 58 ans au Parlement de Bordeaux. — (St. E. 928).

Fals. — 1719. — Les habitants de Fals s'engagent à payer, au seigneur, comme par le passé, six deniers de rente annuelle par carterée. — (St. E. 185).

Laroque-Timbaut. — 1720. — Les rentes à payer par les habitants au seigneur, sont par carterée, de deux sous, deux picotins de froment et autant d'avoine. A ce taux, le syndic des tenanciers estime dans les mémoires produits au Parlement de Bordeaux que les rentes perçues depuis 29 ans en plus des chiffres portés par les baillettes primitives *équipollent la valeur de la seigneurie.*—(St. E. 697).

Cours. — xviii° siècle. — Les rentes annuelles à payer au seigneur sont, par carterée, de vingt-trois sous, deux picotins et demi de blé, un picotin et demi d'avoine. — (St. E. 1008).

Ces actes concernent un bien petit nombre de juridictions.

Sur 36 autres des principales seigneuries de l'Agenais [1] nous possédons des éléments d'information malheureusement moins précis car ils appartiennent par moitié à deux époques différentes.

Dans le cours des années 1604 et 1605 on exécuta un arpentement général des juridictions de l'Agenais. Le nombre total des carterées de chaque juridiction est soigneusement relevé dans le registre auquel j'ai déjà emprunté la note sur les limites du bailliage d'Agen. Nous ne possédons pour aucune époque plus rapprochée de 1789 une série de cadastres qui donne un pareil ensemble.

D'autre part, dans les mémoires rédigés, en 1715, à l'Intendance de Guienne se trouve un état des revenus des principales seigneuries de l'Agenais [2]. Une simple division peut donc nous fixer sur la quotité des charges par carterée. Seulement, dans l'espace de 110 ans, quelques seigneuries ont pu changer de superficie [3], par suite de ventes, d'achats, d'échanges ou d'alliances. Faute de mieux, nous avons rapproché les deux documents, persuadé que les trois quarts au moins des seigneuries avaient gardé leurs délimitations depuis l'année 1605.

Comme dans nombre de statistiques modernes [4], il faut donc prendre le tableau suivant pour son ensemble, sauf à vérifier les détails, si c'est possible, quand il s'agit d'étudier une seigneurie en particulier.

---

[1] En 1605 il y avait un peu plus d'une centaine de juridictions seigneuriales dans l'Agenais, et 118 au XVIIIe siècle. Voir *Esquisse d'une géographie historique de l'Agenais et du Condomois* par M. Bladé. *Revue de l'Agenais*, t. III, 1876, p. 232, et une note dans *Cahiers des doléances* p. 65.

[2] *Nos Pères sous Louis XIV....*, par M. Faugère-Dubourg, p. 86.

[3] Ainsi l'arpentement de 1605 fixe à 2,377 carterées la superficie de la baronnie de Lusignan. D'après un cadastre de l'année 1686 (St. E. 942,) la contenance de cette juridiction n'aurait plus été à cette époque que de 1,832 carterées, non compris 40 carterées appartenant au seigneur. La différence est de plus d'un cinquième.

[4] Combien sont peu concluantes ! Combien de chiffres sont discutables ! L'administration de l'Enregistrement et des Domaines a exécuté il y a quelques années un immense travail qui pourrait servir pour égaliser les charges des départements? Ce travail serait constamment à refaire, tant la valeur des propriétés est changeante.
Qui pourrait dire le chiffre exact des contributions indirectes qu'il paye chaque année, tout simplement en consommant les denrées sujettes à des droits?

Signalons aussi une autre cause d'erreurs. Il faudrait pouvoir déduire du nombre total des carterées d'une juridiction seigneuriale la contenance des propriétés personnelles du seigneur. Ces proportions sont fort variables d'une juridiction à l'autre [1]. A cette occasion, il faut dire que dans les baronnies de Madaillan et de Bajamont, qui nous ont particulièrement occupé, les propriétés personnelles des seigneurs sont d'une valeur insignifiante. D'après les cadastres de Madaillan et les actes de vente des biens nationaux, les ducs d'Aiguillon ne possédaient guère que le château dans leur baronnie. A Bajamont, en 1737, le seigneur possédait seulement 46 carterées. (St. E. 1.)

Une observation importante reste à faire. Le chiffre des revenues d'une seigneurie comprend non seulement celui des censives ou des rentes annuelles mais encore celui des revenus de la justice des banalités, et des droits de mutation divers, acaptes, prélation, lods et ventes, etc. Il serait intéressant de séparer les deux éléments. Nous trouvons dans notre tableau que dans dix seigneuries le total des charges était de moins d'une livre par carterée, soit 10 à 17 sous. Une grande partie de cette somme représente sans doute les revenus de la justice et des mutations; le taux des censives devait être fort modéré dans ces juridictions. Les censives sont d'un sou par carterée dans les terres royales ; elles sont moindres (6 deniers) dans la petite seigneurie de Fals, au sujet de laquelle nous avons eu à citer un document précis.

Le respect des contrats primitifs à clauses perpétuelles n'était pas fait pour enrichir les seigneurs qui perdaient beaucoup, d'un siècle à l'autre, en raison de l'abaissement du pouvoir de l'argent [2].

---

[1] Par exemple, la baronnie de Lafox, non comprise dans notre tableau, se composait de 183 carterées de biens nobles appartenant au seigneur contre 185 carterées de biens roturiers. (St. E. 1125.)

[2] On sait combien il est difficile de déterminer la valeur extrinsèque d'une monnaie à deux époques éloignées l'une de l'autre.
Des observations concordantes, faites par M. Edouard Forestié, pour le Montalbanais et, sur d'autres points, par MM. Viollet-Le-Duc et Alexis Monteils, fixent à vingt centimes de notre monnaie le pouvoir du denier tournois dans le milieu du XIV° siècle. (*Bulletin histor. et philol. du comité des tr. hist.* 1885, p. 94.)
Ainsi l'oublie d'un sou tournois par carterée que payaient au XIV° siècle

Mais ceux-ci, pour être sans reproche, ne devaient par moins respecter les anciens contrats.

En raison des écarts constatés d'une juridiction seigneuriale à l'autre il faut bien se garder de généraliser les appréciations. Souhaitons que chaque seigneurie soit l'objet d'une étude spéciale au point de vue de la censive, étude à faire avec impartialité, sans parti pris pour ou contre l'ancien régime. C'est un point de vue absolument nouveau. Je parle pour l'Agenais.

On cite pour le Périgord des surcharges de rentes imposées même au XVIII° siècle [1]. Je n'ai pas trouvé d'exemples pareils dans l'Agenais. Ces surcharges étaient établies au moins depuis le commencement du XVII° siècle.

En somme les documents que l'on trouve ici réunis font poser plus de questions qu'il n'assurent de réponses. Pour chaque seigneurie en particulier des dossiers plus complets permettraient seuls de résoudre le double problème de l'origine légitime ou non des devoirs et de leur quotité exacte.

---

quelques tenanciers de Madaillan valait 48 sous de notre monnaie et environ 15 ou 20 sous au XVIII° siècle. Les redevances étaient de 50 sous lors du procès que nous avons étudié : non seulement les seigneurs avaient modifié sans droit des contrats à clauses perpétuelles pour élever les redevances selon le pouvoir de l'argent, mais encore ils avaient dépassé de beaucoup les proportions. Ceci pour les tenanciers. Leur conduite à l'égard des propriétaires libres est de tous points injustifiable.

[1] Au moins à Paussac. Voir p. 105 du chapitre VII (*Doléance sur les rentes féodales*) t. II des *Études historiques sur la Révolution en Périgord*, par Georges Bussière. Bordeaux. Chollet, 1885.

En tous cas, j'ai à rectifier une appréciation que j'avais ainsi formulée p. 67 de *Cahiers des doléances du tiers-état du pays d'Agenois*. « Indépendamment des droits de justice, de lods et ventes, les seigneurs jouissaient d'autres droits fort variables et de plus en plus réduits depuis le moyen-âge. » Quant j'écrivais ces lignes, je n'avais pas encore étudié cette série de transactions entre seigneurs et tenanciers, aux termes desquelles ceux-ci avaient vu augmenter leurs redevances à l'époque moderne. Si les servitudes personnelles du guet et des corvées s'étaient atténuées de plus en plus depuis le moyen âge, le chiffre de la rente à payer avait grossi démesurément dans quelques seigneuries.

TABLEAU DES REVENUS DES PRINCIPALES SEIGNEURIES DE L'AGENAIS.

SEIGNEURIES.	TITRES.	NOMBRE de PAROISSES.	CONTENANCE en carterées en 1605.	DROITS FEODAUX en 1715.	QUOTITÉ par CARTERÉE.
Allemans........	marq.	1	837	4.000 liv.	4 liv. 1 s.
Bajamont........	bar.	2	2.170	15.000 liv.	6 liv. 18 s.
Birac............	bar.	3	1.896	3.000 liv.	1 liv, 11 s.
Boville.........	bar.	6	7.515	4.000 liv.	11 s.
Cancon	bar.	7	8.186	5.000 liv.	12 s.
Casseneuil......	bar.	6	5.030	6.000 liv.	1 liv. 3 s.
Castelmoron.....	marq.	4	2.583	4.000 liv.	1 liv. 4 s.
Clermont-Dessus.	marq.	3	4.922	4.000 liv.	16 s.
Cours...........	vicomté.	2	1.400	2.000 liv.	1 liv. 8 s.
Duras...........	duché.	8	13.000	15.000 liv.	1 liv. 3 s.
Fauillet........	bar.	3	2.300	2.000 liv.	17 s.
Frespech	bar.	4	4.227	5.000 liv.	1 liv. 3 s.
Fumel..........	vicomté.	2	2.743	6.000 liv.	2 liv. 3 s.
Gavaudun.......	marq.	4	6.327	5.000 liv.	16 s.
Grateloup......	bar.	5	4.700	5.000 liv.	1 liv. 1 s.
Hautevignes....	bar.	1	1.230	3.000 liv.	2 liv. 8 s.
Lacapelle-Biron..	marq.	1	1.420	3.000 liv.	2 liv. 2 s.
Laugnac.........	comté.	1	1.296	2.000 liv.	1 liv.11 s.
Lauzun..........	duché.	33	15.070	18.000 liv.	1 liv. 4 s.
Lévignac	bar.	5	4.550	5 000 liv.	1 liv. 2 s.
Luzignan	bar.	3	2.337	4 000 liv.	1 liv. 14 s.
Montaigut	vicomté.	6	7.598	6.000 liv.	16 s.
Monteton........	bar.	2	1.940	4.000 liv.	2 liv. 1 s.
Montpezat.......	comté.	18	8.445	18.000 liv.	2 liv. 2 s.
Pardaillan	marq.	1	1.915	2.500 liv.	1 liv. 7 s.
Pujols..........	bar.		11.500	6.000 liv.	10 s.
Saint-Barthélemi .		6	5.720	6.000 liv.	1 liv. 1 s.
Sauveterre......	bar.	1	3.888	2.000 liv.	10 s.
Seyches	bar.	3	4.540	3.000 liv.	13 s.
Soumensac	comté.	3	3.790	4.000 liv.	1 liv. 1 s.
Théobon.........	marq.	5	2.560	4.000 liv.	1 liv. 11 s.
Tombebœuf.....		7	8.940	5.000 liv.	11 s.
Tonneins-dessous.	bar.	4	1.024	5.500 liv.	2 liv. 18 s.
Tonneins-dessus .	bar.	3	2.445	5.500 liv.	2 liv. 5 s.
Valence.........	marq.	2	1.418	3.000 liv.	2 liv. 2 s.
Viruzeil........	bar.	2	2.715	4.000 liv.	1 liv. 9 s.

II

Ainsi la quotité des redevances pour les propriétés situées dans les juridictions seigneuriales de l'Agenais variait, au XVIIIe siècle, de 10 sous à près de 7 livres, par carterée [1].

La comparaison avec les rentes dues au roi pour les propriétés situées sur le territoire des juridictions royales est bien facile. On payait au roi, comme seigneur, ou aux engagistes qui le représentaient un sou par carterée. Tel est le chiffre indiqué dans les factums des syndics de Madaillan et non contesté. D'ailleurs quelques actes nous permettent une vérification. Lorsque, au XVIIIe siècle, il n'y eut plus que des engagistes, le roi ayant cédé tous ses droits, nous voyons les seigneurs obligés de se contenter de bien petites rentes sur les propriétés des habitants des communes. En 1767 et 1768, tout le territoire de la juridiction d'Agen ne rapporte au duc d'Aiguillon engagiste que 242 et 280 livres (St E. 870.) En 1785, le territoire de Laplume, de 6,280 carterées ne rapporte que 100 livres au duc de Narbonne engagiste. Même la quotité des censives à payer au roi avait dû augmenter : en 1686 elle n'était à Laplume que de 4 deniers par carterée, à Sérignac d'un sou. (St E. 453, 488).

Des droits de greffe, de mutation se payaient aussi dans les juridictions royales. Ils ne devaient pas être plus onéreux que dans les seigneuries où, selon toute vraisemblance, ils ne s'élevaient pas en moyenne à 10 sous par carterée.

Le rapprochement des chiffres si différents des rentes suffit à nous donner la raison de la prospérité des juridictions royales de l'Agenais, comparée à la ruine et à la décadence des juridictions seigneuriales [2].

III

Le poids des charges nombreuses que supporte de tous temps la propriété ne peut être estimé que par comparaison. Quelle est la proportion de ces charges entre elles pour la même époque? Quelle

---

[1] Fals, qui fait exception avec sa modique redevance de 6 deniers, est dans le Bruilhois.
[2] Voir à ce sujet *Cahiers des doléances*, p. 65.

est la proportion de l'ensemble des charges d'une époque à l'autre ? Nous allons essayer de répondre à ces deux questions.

Sur toutes les terres de l'Agenais, pays de tailles réelles, la propriété était soumise également aux impositions royales très-lourdes, aux impositions municipales relativement légères.

Prenons, pour éviter de plus amples explications un modèle tout fait. Il importe peu que l'exemple soit tiré du Bruilhois plutôt que de l'Agenais, où les charges étaient les mêmes.

Voici quelles contributions payaient les habitants de la juridiction de Laplume en 1785 (E. 488.)

Taille...	Tailles............ 8.394 livres Accessoires........ 4.884 —	13.278	34.262
	Capitation roturière............... 7.922		
	Vingtièmes..................... 10.895		
	Vingtième d'industrie........ 61		
	Octroi, abonnements, droits réservés. 2.106		
Impositions municipales, environ.....................			700
Au duc de Narbonne, comme seigneur engagiste.......			100
		Total............	35.062

La juridiction de Laplume comprenait 6,280 carterées. La quotité des impositions par carterée était donc en 1785 de 5 livres 11 sous [1]. J'ai choisi du coup un exemple très-clair et une quotité

---

[1] En 1773, dans la juridiction de Port-Sainte-Marie, on payait exactement le même chiffre d'imposition par carterée, 5 l. 11 s.
Ce renseignement est tiré du livre de raison de Gratien de Raymond, qui fut maire de la ville d'Agen. Il décrit sa propriété, le fief de Lagarde, qui comprenait 201 carterées, dont 20 nobles de taille et 181 nobles de rente. Il payait 1116 livres d'impositions : 66 l. de vingtièmes nobles : 630 l. de vingtièmes roturiers ; 420 l. de tailles. Le revenu brut de Lagarde était de 7,000 livres, d'où il fallait, après l'impôt « tirer encore les réparations, frais de culture, cas « fortuits, innondations de la Garonne ; il ne nous reste presque plus rien. « Dieu nous est en sa miséricorde ! Ainsi-soit il. » (*Le livre de raison des Daurée d'Agen*, p. 50.)
Que dire alors des propriétés pour lesquelles on payait en plus des redevances seigneuriales ?

maximum. On sait assez dans quel état étaient nos finances en 1785 et comment, malgré tous les expédients pour réaliser beaucoup d'argent et payer les dettes, il fallut, en dernier recours, songer à convoquer les Etats généraux.

Les notes suivantes extraites des archives de diverses communes nous fixeront sur la moyenne des impositions durant les deux derniers siècles. Cette quotité est toujours ramenée à la carterée. Les chiffres cités se trouvent dans les barrêmes des collecteurs ou résultent d'un calcul fait d'une division établie entre le chiffre total des impôts et le chiffre total des carterées.

Nicole. — En 1679, 3 livres par carterée (St. E. 952.)

Frégimont. — En 1751, 2 l. 5 s.; en 1752, 1 l. 18 s. (St. E. 922.)

Sauvagnas. — En 1747, 4 l. 1 s.; en 1758, 3 l. 2 s.; en 1765, 2 l. 15 s. 5 d. (St. E. 731.)

Castelculier. — En 1724, 2 l. 9 s. (St. E. 1103.)

Sainte-Colombe en Bruilhois. — En 1716, 2 l. 5 d.; en 1726, 2 l. 3 s. 4 d. (St. E. 625, 627.)

Layrac. — En 1651, 4 l.; en 1703, 2 l. 3 s.; en 1746, 3 l. 6 s.; en 1777, 2 l.; en 1786, 3 l. 13 s.

Laplume. — En 1627, 2 l. 8 d.; en 1753, 1 l. 17 s. 7 d.; en 1758, 2 l. 4 s. 6 d.; en 1779, 2 l. 6 s. 4 d.; en 1785, 5 l. 11 s. (St. E. 452 bis, 478, 488.)

On voit combien les écarts dans le chiffre des impositions sont considérables d'une année à l'autre. La moyenne des impositions dans le cours du xviii° siècle paraît être d'environ 2 l. 10 s.

La moyenne des redevances seigneuriales est d'environ 1 l. 10 s.; c'est moins d'une moitié du chiffre de l'impôt. Par exception, comme à Bajamont, elles sont deux fois plus élevées que l'impôt.

Parmi les charges il faut aussi compter la dîme. Avant de passer à la deuxième question, il convient de voir quelle en était la proportion.

En Agenais, la dîme était plus généralement d'un douzième que d'un dixième. Il semble que l'on fraudait beaucoup sur les redevances de cette nature. De même pour les redevances féodales, quand on n'avait pas affaire à des fermiers, toujours plus intraitables que le seigneur, on obtenait facilement des réductions ou même des remises complètes, surtout pour les droits de mutation tels que les lods et ventes.

Il est difficile de mettre en compte le résultat de ces dissimulations ou de ces faveurs, en faisant le calcul des charges de la propriété, dans lesquelles les dîmes entraient dans une proportion variant d'un huitième à une moitié comme on va le voir.

IV.

En 1884, la Section des Sciences économiques et sociales du Comité des travaux historiques et scientifiques a publié un questionnaire provoquant des recherches sur l'organisation de la propriété foncière avant et depuis 1789. Cela m'a engagé à faire quelques comparaisons de l'état ancien avec l'état présent.

J'ai déjà eu l'occasion [1] d'énumérer les charges qui, en 1788, grevaient les propriétés dans la juridiction seigneuriale de Cuzorn : rentes au seigneur, 6,000 livres; dîme, 2,000 [2]; impositions royales, 8,167; total 16,167 livres. Et, le seigneur possédant noblement une grande partie des meilleures terres, les tenanciers payaient la taille pour lui. La commune actuelle de Cuzorn représente l'ancienne juridiction seigneuriale, limitée autrefois par les seigneuries de Blanquefort, de Gavaudun et de Fumel, devenues également des communes. La comparaison est donc possible. Le total des impositons a été, en 1882, sur ce même territoire de Cuzorn, de 18,003 francs. Etant donnée la diminution du pouvoir de l'argent, on voit combien, dans cette région, les charges étaient plus considérables sous l'ancien régime que de nos jours.

---

[1] *Cahiers des doléances du tiers-Etat de l'Agenais...*, p. 164.

[2] Les dîmes étaient donc d'un huitième du total des charges. Les tableaux ci-dessous donnent les résultats suivants : à Bajamont un quart, à Madaillan un tiers, à Agen une moitié.

Mais nous possédons assez d'éléments pour faire des comparaisons sur l'ancien territoire de la juridiction d'Agen.

Je prendrai comme type une propriété de 27 hectares, de moi bien connue, située dans la commune de Madaillan, complètement défrichée depuis des siècles, et dont le rapport moyen est, en grosses récoltes, 24 barriques de vin et 130 hectolitres de blé. Tout fait présumer que la production était à peu de choses près la même au XVIIIe siècle[1]. Le total exact des impositions en 1886 est de 350 fr. Les prestations sont de 37 fr. En admettant une mutaton tous les vingt ans comportant 1,200 fr. de droits, nous ajouterons un vingtième de cette somme, soit 60 fr., au chiffre total des charges annuelles : 447 fr., c'est tout.

Ramenons cette propriété et ses revenus aux anciennes mesures : 27 hectares = 37 carterées environ. Pour calculer les dîmes, d'un douzième, nous évaluons les 130 hectolitres de blé en sacs = 147 sacs. La dîme sera : de 12 sacs valant, prix moyen, 10 livres ; de 2 barriques de vin valant, prix moyen, 13 livres. Je supposerai ensuite cette propriété ou dans la baronnie de Bajamont ou sur le territoire d'Agen.

Voici maintenant les résultats :

MOYENNE DES CHARGES, AU XVIIIe SIÈCLE POUR
UNE PROPRIÉTÉ DE 37 CARTERÉES.

A Madaillan.

Redevances seigneuriales, 2 l. 10 s. par carterée..	92 l. 10 s.
Impositions. Moyenne, 2 l. 10 s. par carterée.....	92 l. 10 s.
Dîmes. Vin, deux barriques, à 13 l...............	26
— Blé, 12 sacs, à 10 l......................	120
TOTAL..........	331 l.

---

[1] A supposer qu'elle fût moindre, il faudrait mettre en compte pour la dîme prise en gerbes la valeur de la paille, de plus les droits perçus sur les menues récoltes. Dans l'évaluation de la quotité des dîmes, je crois rester au-dessous du chiffre réel.

A Bajamont.

Redevances seigneuriales, à 8 l. 18 s. par carterée..	255 l.	6 s.
Impositions.	92 l.	10 s.
Dîmes	146	
TOTAL	493 l.	16 s.

A Agen.

Redevances au roi, 1 s. par carterée	1 l.	17 s.
Justice, mutations, 5 s. par carterée	9 l.	5 s.
Impositions	92 l.	10 s.
Dîmes	146 l.	
TOTAL	249 l.	12 s.

En comparant ces divers chiffres, qui représentent les charges anciennes, avec le total des charges actuelles, 447 fr., en tenant compte de la différence du pouvoir de l'argent, on constate que, même dans nos juridictions royales, restées pays de franc-alleu, la propriété était plus lourdement grevée au XVIIIe siècle que de nos jours.

V

Comme partout en France, les redevances seigneuriales ont été abolies dans l'Agenais, de 1789 à 1793. M. Paul Viollet[1] a fort bien démontré que dans le généreux entraînement de la nuit du 4 août, on avait tenu peu de compte des origines et des formes si diverses des redevances féodales. Toutefois on avait réservé — comme il le fait aussi remarquer — la distinction à faire entre les droits abolis définitivement et d'autres droits déclarés rachetables. En raison des difficultés sans nombre que présentait une pareille vérification, la mesure radicale de l'entière abolition prévalut peu à

---

[1] *Précis de l'histoire du Droit Français*, p. 647. — *Droit coutumier Français.*

peu dans le cours de quatre années, par la force des choses. Comment faire une enquête sur la constitution, sur l'histoire de chaque seigneurie? Quels conseils suprêmes instituer pour juger en dernier ressort ? Un personnel nombreux, à la fois intègre et instruit, bénédictins, feudistes, jurisconsultes, aurait-il pu, même au prix d'un temps infini, faire le jour dans le chaos des chartriers seigneuriaux? Les seigneurs se comptaient en France par milliers, les emphytéotes et les censitaires par millions. Voilà donc des millions de vérifications à entreprendre. Comment suppléer à la perte de tant de contrats primitifs, les moins onéreux de tous pour les tenanciers? Comment interpréter ces contrats? Sont-ils de mainmorte réelle ou de cens non mêlé de main-morte? Quelle condition différente du Midi au Nord! D'une part, un pays comme le nôtre, où l'on avait si longtemps proclamé et où l'on soutenait encore la maxime *nul seigneur sans titre*; de l'autre, les trois quarts de la France où prévalait depuis si longtemps le principe contraire *nulle terre sans seigneur*. Ici le réseau féodal s'était bien étendu, mais en laissant de larges trouées, comme dans l'Agenais, où quelques grandes villes avaient résisté à tous les assauts ; là, de ses mailles serrées, il enveloppait jusqu'au dernier grain de sable de la dernière motte de terre. Ces envahissements, cet accaparement partiel ou absolu étaient-ils fondés sur des droits légitimes? Pour décider, il aurait fallu, pour chaque cas particulier, invoquer les coutumes si variables d'un pays à l'autre, fixer la jurisprudence si contradictoire, apprendre l'histoire des institutions alors si peu connues. L'œuvre était assurément irréalisable.

La liquidation du passé fut complète ; la féodalité rentière, à jamais détruite et la propriété également libérée du Nord au Midi.

Cette expropriation générale par mesure législative, sans audition des causes et sans jugements particuliers, confondait les droits légitimes et les usurpations, mais, en raison des difficultés que je viens de signaler, elle paraissait inévitable. Elle consacra une grande somme d'injustices. Toutefois, dans certains cas particuliers, comme pour certaines seigneuries des environs d'Agen, dont nous savons l'histoire, elle rétablit le droit en libérant les tenanciers.

Essayons, par exemple, de préjuger les résultats d'une enquête qu'on aurait pu faire en 1789 sur la baronnie de Madaillan. Tous les éléments en étaient préparés : rien à ajouter aux pièces du procès connu de nos lecteurs, pas même la sentence. L'arrêt du Parlement de Bordeaux de 1727 pouvait être purement et simplement réédité et mis à exécution. L'équité exigeait que l'on maintînt le droit qu'avait le seigneur de percevoir de petites redevances sur un petit nombre de propriétés personnelles ; les droits usurpés au xvie siècle sur de nombreux francs-alleux roturiers auraient été abolis ; on aurait prononcé la restitution des rentes indûment perçues, au moins pour les trente dernières années : voilà ce qui eut été à la fois conforme aux principes de la justice et absolument ruineux pour le duc d'Aiguillon.

Et de même à Bajamont, de même à Laroque, de même à Montpezat.

Si pareille enquête avait porté sur toutes les juridictions de l'Agenais, on aurait peut-être reconnu un fait étrange : en 1789, dans notre pays, nombre de seigneurs avaient plus à gagner à la suppression pure et simple de leurs rentes qu'à la vérification de leurs titres qui aurait entraîné des restitutions onéreuses.

CORRECTIONS ET ADDITIONS.

Pages	Lignes	
22	19	*Au lieu de :* juillet 1325, *lisez :* février 1325.
29	15	*Au lieu de :* Le sire d'Enguerry, puis Le Gallois et le comte de Foix, *lisez :* Simon d'Arquéry, Galois de La Baume et le comte de Foix..... (Voir *Hist. gén. du Languedoc,* édit. Privat, t. X, p. 433.)
32		3 de la note. *Au lieu de :* commme, *lisez :* comme.
44		*Ajoutez à la note :* Les *titres scellés de Gaignières* ont été vainement compulsés pour retrouver la pièce citée si vaguement par M. l'abbé Barrère. Le t. X de l'*Hist. gén. du Languedoc* (édit. Privat, p. 1101) contient quelques détails sur ce siège de Madaillan, auquel prirent part 200 Lombards sous les ordres de Jehan de Cazals. Ces derniers, en désaccord avec les Gascons, furent chassés avec de grandes pertes et obtinrent pour ce fait une indemnité de 316 écus d'or du comte d'Armagnac.
53	5	*Au lieu de :* xive siècle, *lisez :* xve siècle.

TABLE DES MATIÈRES

INTRODUCTION.

PREMIÈRE PARTIE.

LES LIMITES DE LA JURIDICTION D'AGEN.

La juridiction d'Agen sous Henri IV. — Cette juridiction était plus étendue au moyen-âge.

I.

Limites de la juridiction d'Agen au nord. Usurpations des seigneurs de Madaillan et de Bajamont.

PAGES

Difficultés pour déterminer les limites de la juridiction d'Agen avant le xiiie siècle. — Renseignements à tirer des actes de serment de 1271. — La fondation de la bastide de Poncheville, en 1283, réduit le domaine du bailliage au nord. — Etat de la ville d'Agen à la fin du xiiie siècle. — De nombreux châteaux-forts sont construits sans empêchement sur son territoire. — Dangers qui en résultent. — Conséquences de la mort d'Alfonse de Poitiers et de la réunion d'Agen, tantôt à la couronne de France, tantôt à la couronne d'Angleterre. — L'anarchie au commencement du xive siècle. — Usurpations simultanées des seigneurs sur tous les points du bailliage d'Agen.................................... 1

PAGES

Les du Fossat, seigneurs de Madaillan. — Leurs prétentions limitées d'abord aux paroisses de Fraysses et de Cardounet. — Ils tiennent le parti anglais, de même que les seigneurs de Bajamont, durant la guerre de 1325. — Leurs châteaux sont épargnés malgré les clauses du traité de 1327. — Nouvelles usurpations. Les du Fossat occupent six paroisses. — Ordonnance rendue à Langon par une commission internationale (1334) qui condamne les Durfort et les du Fossat à restituer le territoire qu'ils ont usurpé. — La guerre (1337). — Prise du château de Madaillan. — Philippe-de-Valois rend à Amanieu du Fossat, qui se rallie à sa cause (1342) le château de Madaillan et lui cède les paroisses usurpées. — Privilèges concédés aux Agenais par Philippe-de-Valois. — Politique des rois obligés de ménager à la fois les communes et les barons. — Contestations terminées par des lettres patentes (1350) révoquant la cession des paroisses faite à du Fossat, retourné au parti anglais. — Nouvelle guerre. — Echec du sénéchal français devant Bajamont (1346), — Lutte acharnée des Agenais, du parti français, pour défendre leurs frontières contre les barons, du parti anglais.................................. 19

Evènements qui suivirent le traité de Brétigny. — Enquêtes ordonnées par le Prince Noir sur les usurpations des barons. — Transaction de 1369 terminant le procès entre les Agenais et le seigneur de Bajamont. — Transaction sans effet avec A. du Fossat, au sujet des paroisses de Madaillan. — Cette baronnie passe aux Montpezat qui, durant la dernière période de la guerre de cent ans, s'allient aux Agenais pour combattre les Anglais. — Procès entre les Agenais et Charles de Montpezat au sujet des paroisses de Madaillan. — Enquête prescrite par le duc de Guienne. — Transaction de 1470, par laquelle les Agenais sacrifient six paroisses pour en sauver deux. — Nouvelles limites du bailliage, maintenues jusques à la Révolution....................... 46

II.

Limites de la juridiction à l'est et au sud.

Occupations temporaires de territoires du côté de Castelculier. — Le château de Castelnoubel, vivement disputé, est maintenu dans la juridiction. — Au sud, sur la rive gauche de la Garonne, les Agenais exercent la justice sur le territoire de Bráx. — Conflits avec les vicomtes de Bruilhois, terminés par une transaction entre les consuls d'Agen et le maréchal Poton de Xaintrailles (1461). — Le territoire du bailliage réduit sur la rive gauche aux deux paroisses de Monbusc et de Dolmayrac.. 67

DEUXIÈME PARTIE.

CONDITION DES FORAINS DE LA JURIDICTION D'AGEN.

I.

Forains de la Juridiction.

Diversité des institutions au moyen-âge. — Etude de six conventions passées entre les consuls d'Agen, d'une part, et les habitants de hameaux et de paroisses de la juridiction, ou de voisins, d'autre part. — Les *petges*, le *tengh*, le *destregh*, le *dex*, l'*honor*. — Forains privilégiés pour les impositions. — Condition des forains de la juridiction dépendant d'un seigneur. Lamothe-Bézat et ses coutumes. — La directe du Roi. — *Cot* et *gardiage*. — Révolutions dans un sens démocratique à la fin du xv° siècle et au commencement du xvi° siècle. — Le principe que les forains de la juridiction d'Agen, ayant les mêmes privilèges que les habitants de la ville, doivent supporter les mêmes charges prévaut au xvi° siècle..... 73

II.

Forains détachés de la juridiction. Procès entre les tenanciers de Madaillan et leurs seigneurs, les ducs d'Aiguillon.

PAGES

Baronnie de Madaillan. Condition des habitants des paroisses aunexées. — Comment les barons, après avoir usurpé la justice, ont-ils usurpé la directe ? — Incertitude sur les moyens qu'ils employèrent et sur la période de transition. — Trois paroisses de la baronnie de Montpezat dans les mêmes conditions que les six paroisses de Madaillan. — Transactions et reconnaissances consenties par les propriétaires, de 1558 à 1614. — Surcharges et nouveautés. — Comparaison du régime déterminé par les transactions avec celui qui dérivait des baux emphytéotiques du moyen-âge. — Hypothèse pour expliquer les usurpations et les surcharges au point de vue de la directe.................... 101

Procès du XVIII° siècle entre les ducs d'Aiguillon, barons de Madaillan et les tenanciers de cette seigneurie. — Ces tenanciers ne sont pas seulement des paysans mais aussi des bourgeois et des nobles. — Débuts du procès (1701). — Les empiétements des ducs d'Aiguillon dans tout l'Agenais, comme engagistes. — Principes soutenus par le syndic de la communauté de Madaillan. — Effet moral produit dans le pays par ce procès. — Les tenanciers soutenus par les agents du Domaine et par les intendants. — Comment fut traitée la thèse historique. — Arrêt du Parlement de Bordeaux qui donne gain de cause aux tenanciers (1727). — Intrigues de la duchesse d'Aiguillon. — Le Parlement se déjuge (1732 et 1736). — Ruine des tenanciers. — Discours du dernier baron de Madaillan à l'Assemblée Nationale le 4 août 1789. — Dure condition des forains rattachés à la baronnie de Bajamont : 6 livres 18 sous de redevances par carterée. —Conclusion..... 127

NOTES.

                                                      PAGES

A. — Procès-verbal de l'arpentement de la juridiction d'Agen. (1605) 155

B. — La bastide de Lacenne...... 160

C. — Les châteaux-forts de la juridiction d'Agen........... 161

D. — L'anarchie dans le bailliage d'Agen, de 1300 à 1311, d'après l'enquête faite par les commissaires du roi d'Angleterre à cette dernière date.................. 166

E. — Les deux baronnies agenaises du nom de Madaillan. — Liste des barons de Madaillan, près Agen. — Le château de Madaillan............................. 173

F. — Ordonnance de restitution des paroisses usurpées dans le bailliage d'Agen, rendue par les commissaires du roi de France et d'Angleterre. (Langon, 8 juin 1334)....... 185

G. — Privilèges accordés aux Agenais par Philippe-de-Valois 187

H. — Mémoires produits dans leurs procès par les consuls d'Agen, d'une part, et Charles de Montpezat, baron de Madaillan, d'autre part. (1466)..................... 193

I. — Transaction passée entre le procureur du duc de Guienne et les consuls d'Agen, d'une part, et Charles de Montpezat, seigneur de Madaillan, d'autre part, au sujet des limites des juridictions d'Agen et de Madaillan. (31 juillet 1470)............................... 200

J. — Pièces relatives aux limites de la juridiction d'Agen, du côté du Bruilhois. (1299 et 1461.).................. 209

PAGES

K. — Extraits de la transaction passée entre Henri de Lorraine, duc de Mayenne et d'Aiguillon, seigneur de Madaillan, et les habitants de Madaillan, sur les devoirs seigneuriaux que doivent payer ces derniers. Cet acte comporte une reconnaissance générale desdits habitants. (1614).. 214

L. — Le franc-alleu dans l'Agenais. 219

M. — Factums imprimés et pièces diverses relatives au procès entre les ducs d'Aiguillon et les tenanciers de la baronnie de Madaillan. — Historique du procès (pièce *h*.).. 226

N. — Recherches sur la quotité des droits féodaux et des charges diverses de la propriété dans l'Agenais........ 243

Agen, Imprimerie V° Lamy.

www.ingramcontent.com/pod-product-compliance
Lightning Source LLC
Chambersburg PA
CBHW050645170426
43200CB00008B/1164